影响力学校研究书系

教师学记

李秀伟 著

广西师范大学出版社
GUANGXI NORMAL UNIVERSITY PRESS
·桂林·

图书在版编目（CIP）数据

教师学记 / 李秀伟著. —桂林：广西师范大学出版社，2015.7
（影响力学校研究书系）
ISBN 978-7-5495-6491-0

Ⅰ. ①教… Ⅱ. ①李… Ⅲ. ①中小学—教学研究 Ⅳ. ①G632.0

中国版本图书馆 CIP 数据核字（2015）第 063369 号

广西师范大学出版社出版发行
（广西桂林市中华路 22 号 邮政编码：541001
网址：http://www.bbtpress.com）
出版人：何林夏
全国新华书店经销
桂林漓江印刷厂印刷
（广西桂林市西清路 9 号 邮政编码：541001）
开本：720 mm × 960 mm 1/16
印张：17.25 字数：255 千字
2015 年 7 月第 1 版 2015 年 7 月第 1 次印刷
定价：35.00 元

自序

我教初中，教小学，教高中，教大学，已二十年，做好一名教师，足矣。

为什么还要写下来？

“我希望用教育来改变这个世界，或者至少是善待。那么，我需要这些文字能赋予教育以影响世界的力量。”

为什么能这样说？

南宋大慧宗杲(卒谥“普觉禅师”)曾做过注脚——“无著云：曾见郭象注庄子，识者云：却是庄子注郭象”。如此“注教育”，每一个通宵达旦，于我便也心安了。

拙作《教育言无言》出版于2009年，《教育言无邪》出版于2010年，时间过去，再次翻检那时的记忆，其中值得关注的教育现象，值得思考的教育问题，特别是值得坚守的教育探索，需要重新定位与分析。“李秀伟工作室”“影响力学校联盟”留下的文字也已成书，共4本，分别为《课程范式》《教学发生》《教师学记》《学生乐之》，此次合并出版。

师友鼓励，亲友相守，感恩之心无法释怀。

教育是切入学生生命过程时间最长的社会活动，透过课程、教学、教师、学生来发现学校，赋予所有与生命相关事物以生命，无言亦足。

李秀伟

2015年1月1日于桂林

目　录

校本研修的价值起点来自于对学校层面变革得以发生的期待,通过这种变革促进发展。可以理解为学生、教师、学校的协同发展,什么样态的校本研修能够促进这种协同发展呢?……

教学是一种身心的历练,每一节课都是不可重复的师生之间的认知与情感相谐的生命历程。最细微的实践又孕育着最伟大的创想,而课堂实践与课堂创想又如此积极地进入到了教师发展与学生成长的灵魂深处……

名师成长是需要环境支持的，许多人都在探讨促进名师成长的良好教育生态，也在为培养更多的名师以及发挥名师的作用研究出路。中国历史上大师辈出的时代与今又有什么样的关联？

人的行走路径决定着人的发展轨迹，如果说教学是“建立在科学基础上的真实艺术”，那么，作为课堂教学的主体之一，教师所拥有的就不仅是教学的“艺术技巧”，而且还有无时不在的“科学基础”。

引 论

求诸于己

“走出大学校门，你的学习生活又将重新开始。”

“不要怕，在人生中，学习是唯一的只带给你幸福快乐的事情。”

这是我送给即将走出大学校门的我的学生的两句话。

孔子是教师，他谈治学在《论语》中有38句，他谈施教在《论语》中不过6句。一位好教师就是一个好的学习者，一个好的学习者才有条件成长为一位好教师。“教师学记”作为本书的主题，希望带来的就是这样的一种经验与记忆。

人生的方向已经确定，我们的成长需要改变的只是自己的行为方式，这就是对专业发展模型的诉求。能够给出学校教育改革与教师成长的若干专业发展模型不是一件容易的事情，也是一个无限制的命题，从哪些领域入手成为我专业行走和结论构建的第一要务。不同领域里的主要观点引领我做出了选择。

一百多年前，约翰·杜威带着他的实用主义教育思想来到中国，那时的中国刚刚经历战火并即将面对更深重的灾难和苦难。杜威在华的两年零两个月里，作了两百余场报告并回答了中国教育界的若干提问。择其要者体现为下述三个问题：[①]

---

① 周洪宇、陈竞蓉主编：《民主主义与教育——杜威在华演讲录》，33～34页，合肥：安徽教育出版社，2013。

1.照现在巴黎和平会议结果，公理未能合胜，武力就有压制公理之势，此后教育中对于造就军国民一端，是否不宜完全放弃？

2.实业教育在小学校之位置当若何？

3.德育问题，是否须借家教教育以补助之？

百年以后，带着“第56号教室奇迹”的雷夫远渡重洋来到中国，引发了中国基础教育又一轮对异域教育探究的欲望。一批专家、校长也有着与雷夫的深度交流，其中也不乏一些问题提出，来看其中位居前面的问题：①

1.由于受传统观念的影响，在中国，考试分数一直是使广大教师困惑的一个重要的问题。作为一名教育工作者，虽然我知道分数并不能代表孩子的能力，但在现实中，我们又无法摆脱分数的约束。请问雷夫老师，如何处理分数与能力之间的关系？特别是孩子们在学校学习期间应该怎样解决好这个问题？

2.在许多人看来，中国和美国基础教育的最大区别在于教育的个性化，即美国教育更加注重培养孩子的个性。那么，在当前中国教育的大背景下，您认为中国的教育应该如何做好和实施学生的个性化教育？

3.在中国教育界，流传着一句人们耳熟能详的话语：“没有教不会的学生，只有不会教的老师。”这句话时时鞭策和激励着广大教师，从您的角度谈一谈对这句话是如何理解的？

这两次对话显然不在同一个层次上。前者是面对世界著名的哲学家、教育家，适逢中国处于风雨飘摇的“乱世”，教师们为寻求救国图存道路急迫与渴求着答案，是一种不知之问。后者则是在一个各种先进思想冲击的现代社会面对一位取得非凡成就的美国小学教师，教师们是对现实的困惑、不满或者不

---

① 据网络整理。

解的投诉。

百年前的三问，其一是教育要造就什么样的人，特指在战争威胁下的中国社会是否需要将“军国民”作为教育的目的，培养什么样的人的思考与国家民族的生死存亡紧密结合；其二是“实业教育在小学校”的问题，这切中教育最为要害之处，百年后的中国教育仍然没有答案，不仅是小学，大学也迎来了这样急迫的追问；其三是家校教育结合的问题，特别是道德教育的问题。学校教育的出路在哪里？先师在问。

百年后的三问，让我们来看这样三句之中前提性的话语：“由于受传统观念的影响……虽然我知道……但在现实中……”，“在许多人看来……”，“流传着一句人们耳熟能详的话语……”。从这样的三句话的表述来看，起码这几个问题不代表提问者本人的观点，甚至很难代表某一部分教师的观点，代表谁？这是非常模糊的。这些问题是中国当前教育的切肤之痛还是教育流行语中的不问之问？我们在问。

与杜威同一个时代来华的，还有西方大哲学家罗素，他从 1920 年 9 月到 1921 年 7 月在华，曾对教育发出这样的声音：“教育之效用，可分为三要端：（一）教人能做事，（二）教人能做国民，（三）教人能做人。中国今日于此三点，均能同时并进，实为极好之机会。”①

还有 1913 年获诺贝尔文学奖的印度诗人泰戈尔来华，那是在 1924 年和 1929 年，他也曾通过徐志摩的美妙翻译警示教育：“我一直努力想从这样邪恶的教育方式中将孩子拯救出来，令他们的心灵免于异化，远离偏见，因为那教育方式下的课本以及讲述的历史、地理和一切课程都充满了偏见。”②

今天看来，我们既没有回到罗素的赞赏，又没有避免泰戈尔式的提醒。

还是大约一百年前，潘光旦先生写过一篇文章，叫《国难与教育的忏悔》，开篇即是：

---

① 袁刚等编：《中国到自由之路：罗素在华讲演集》，5 页，北京：北京大学出版社，2004。

② 泰戈尔：《泰戈尔对中国说》，徐志摩等译，93 页，南京：译林出版社，2013。

近代所谓新教育有许多对不起青年与国家的地方。自国难一天比一天的严重,而此种对不起之处才一天比一天的无可掩饰,至最近且到一完全暴露的地步。这种对不起的地方可以用一句话总括起来说:教育没有能使受教的人做一个“人”,做一个“士”。

什么是“士”的教育? 包含“理智的”和“情志的”两个方面的教育才是“士的教育”。理智的即“推十合一”;情志的包括在平时是“不可以不弘毅,任重而道远”,处危难则是“见危授命”与“可杀不可辱”。

一百年后的今天,从国难到国兴,然而,我们能忘却“国兴与教育的反省”吗?

规模越来越大,从基础教育到高等教育,人被持续忽略;

效率越来越高,单位时间被挤压,人在流水线中翻转;

领域越来越全,在知识的饲料堆里,人被支架化;

视角越来越低,既没有仰视天空又难以脚踏实地,人格被评价攫取;

思维越来越窄,读书实践让位于课堂与作业,人被课本学习绑架;

……

笔者所虑非偏执,潘光旦面对国难发出了“士”的教育的呐喊,在“永无止境”的国家复兴面前,教育的热点却依然是“高考”“成绩”“顺应”……培养什么样的人? 为什么样的社会培养人? 为人塑造什么样的社会?

教育需要回归沉思!

熊十力先生“体用无二”的思想回到宇宙本体来思考现象:

宇宙实体,简称体。实体变动遂成宇宙万象,是为实体之功用,简称用。此中宇宙万象一词,为物质和精神种种现象之通称。

本体具有何等意义。一、本体是万理之源,万德之端,万化之始。始,犹本也。二、本体即无对即有对,即有对即无对。三、本体是无始无终。四、本体显为无穷无尽的大用,应说是变易的。

教育无体就无用。哲学家上思宇宙大一,下关生命皈依。教育有体,那就是“君子不可以不修身。思修身,不可以不事亲;思事亲,不可以不知人;思知人,不可以不知天”。(《中庸》)教育有用,那就是“以乡三物教万民,而宾兴之。一曰六德:知、仁、圣、义、忠、和。二曰六行:孝、友、睦、姻、任、恤。三曰六艺:礼、乐、射、御、书、数”。(《周礼》)

教育成就“人而有格”。教育成就人,成就的是人的人格。

一层层推延,我们每一天的教育行为就已经关乎于宇宙万象、家国天下、人的发展,从这样三个方面出发,教育的关注点就有了一统性。体用为一,我们纠结于“用”,不善于“体”的思辨。只思考“用”,探究一种行为、作为是否“有用”,只能将教育带入死胡同,就不可能超越所谓“分数与能力”“个性与统一”“学生与教师”的“今日之问”。体用为一,教师成长归一。

本书所成,即如笛卡尔所言:

我们要透彻领悟一个问题,就必须把它从任何多余的观念中抽象出来,把它归结为一个十分简单的问题,并且把它分割为尽可能最细小的部分,同时却不忽略把这些部分一一列举。

班固评价司马迁的《史记》:

不虚美,不隐恶,故谓之实录。

第一章

成长的“发生”

从农村初中到市区小学、高中、大学，职业生涯伴随着教学我一路走来，其间的风雨变幻已逐渐模糊，留下来的始终是在教育现场那些触动灵魂的时刻，教师专业发展最终体现为自我成长。所谓自我成长，是指教师清晰地认识自己角色的时代内涵与历史职责，领悟教师的职业价值和生命尊严，在强烈的自我发展意识推动下，自觉自愿地承担专业发展的主要责任，勇于自我超越，乐于实践创新，致力于通过有效的教育教学实践与研究，提升自身的专业素养和生命质量，实现自身的专业发展。教师的专业发展有着自由创造的内涵，自由从哪里来？创造基于怎样的人格品质呢？在每一天的教育工作过程中，教师是否能够找到自由创造的激情与方向呢？最终还是要寻找，教育的灵魂将栖息何处？

一、成长为真正的自己

2014 年 4 月 15 日下午，张志勇研究员让我谈谈自己的成长感悟，此时，做教师，做初中、小学、高中、大学教师已整整二十年。于是我开始了四十岁以后的第一次职业生涯成长回顾，也是对自己一次次超越之旅的理性化。

（一）“创新共同体”的无限价值

世界很大，但是属于每一个人的资源都是稀缺的，你拥有什么？这很重要。

在一个公共性逐渐获得尊重的公民社会里，如何从集体、团队中获得成长的支持决定着一个人的发展资源甚至发展境界。“独学而无友，则孤陋而寡闻”，很简单的道理，却也意味深长。“暮春者，春服既成，冠者五六人，童子六七人，浴乎沂，风乎舞雩，咏而归”。如果是自己一个人，怕是难有此时的心境吧。

我很幸运，我的成长中有三个团队构建成了三个“创新共同体”，我与他们一起收获成长。

1999 年的创新教育团队，至今仍然是许多教师心目中难忘的精神家园，在这个团队中，一批有着十多年目标教学研究成功经验的教育科研先行者带领着另外一大批第一次步入教育科研领域的追随者开始了一段创新的经历。在这里，我开始内省自己的教学，学会了在每一天的教学中寻求思想和智慧；在这里，我开始整理自己的行动，用研究的方式走自己每一天的教学之路；在这里，我开始走近我所敬佩的师者，在一个个长者的关注下坚实起步；在这里，我开始学着一点点自我超越，升华的是智慧也是境界。从最初写不出一份像样的课题研究方案到后来一部部著作陆续出版，从最初满足于执行一份份教学设计到关注学生的生命价值，与学生一起成长。我相信，我所经历的，也是这个团队中众多的年轻教师们所经历的。

创新教育研究已经走过十六年，这是一个创新共同体的十六年超越之旅，自主学习、问题探究、情境体验、实践活动，这些教学实践远远早于课程改革，直到活动建构、智慧复演这些领先于时代的思想体系，让教师们、校长们的成长成为一种必然。

2003 年的齐鲁名师团队，在这里开始有了信念与坚守的生长。用一种方式，让名师的成长有迹可循，让跨越学段、跨越学科的交互实现，这是困难的，山东省的齐鲁名师建设工程人选给了名师们这种可能，同时给予我们的是更为重要的信任与尊重。“教师的工作本身就是一种研究”“培养山东省自己的教育家”，我想，这都是有着现实根基的教师成长的理性追求和现实状态。被尊重了的个体与被尊重了的创新由此而被确立下来。的确如此，在这个团队中显现出了一种影响深远的能量，那就是价值的力量。在这样一个名师团队里，创新意味着价值的再造，一切的创新与发展都有着名师的价值理解，课程、教学、学生、未来被紧密结合在一起。常常在激烈的碰撞和深度的交流中达成了价值理解上的高度一致，这是一个创新团队最难能可贵的品质。

齐鲁名师建设工程从启动算起也已超过十年，作为亲历者和受其影响者，我有资格赋予其更多的价值认知。今天，一个“颠覆性创新”的时代、一个“众创新”的时代已经来临。五年前，我在潍坊有了自己第一个“工作室”，今天，我在山东省有六个“工作室”，100 多位教师团队组成一个个新的“创新共同体”，就是我对成长的反馈。

对于学校来说，一个个创新共同体的构建，是否也意味着一批批的教师的成长呢？

2010 年开始的我的“工作室”团队是我成长中最重要的一个新的群体，从潍坊市奎文区到博兴县实验中学、威海市千山路小学等，我有了一大批志同道合的朋友，从此开始，我们一起前行。

(二)生命中有一种力量是“信仰”

我很“听话”,常常把一些“无用”的事十遍、百遍、千遍地做下去。

还在小学教语文的时候,从2001年新课改的思想那里获得了“写案例”可以成为一种研究方式,就相信了,于是,在那些不眠的夜晚,一个人坐在桌前,记录、思考自己日间的教学所得、教学遗憾、教学所思,常常不知不觉到天亮,如此周周、月月、年年。我从原先那从未生长过智慧的课堂里每年写出了近200万字的纪实案例,我从未奢望思想的诞生,但是在每天接近5000字的反思中,我得到了真理的力量。同样,为了写下这些文字,我愿意凌晨两点起床;重要的,不在于写,而在于写了十五年。

今天,我可以把这样的重复称作“信仰”。“仰视、仰慕、信服”人世间那些简单的事情。这就是马克思说的:“个人怎样表现自己的生命,他们自己就怎样。因此,他们是什么样的,这同他们的生产是一致的——既和他们生产什么一致,又和他们怎样生产一致。”

你想成为什么样的人,那就从今天开始做那样的人该做的事情,只有今天,没有明天。但是,一个人的成长最容易被“有没有用”迷失了双眼。许多教师讲过高一级的公开课便对低级别的公开教学再无兴趣,因为那已“无用”;许多教师发表过几篇文章便不会在夜深人静的时候进行苦苦反思,因为那已“无用”;在职称、称号已然不再具有吸引力的时候我们需要问问内心:我还有没有力量?“只问收获”常常使我们忘记了“耕耘”,忘记了我们手中还有的那一把“种子”。

所以,当山东省几十万教师在暑期开始网上远程研修中经历“三次设计两轮打磨”的课例研修历练时,我愿意将这样的一种方式变成常规,我和我的工作室的教师们迁移创立了“校本研修模型”,一节课留下10万字的研修资料,没有教师叫苦叫累。过程是艰辛的,我们常常在几个月的坚持中看不到结果在哪里,但是我们需要这种坚持,这是信仰。2012年,我们做出来的《中小学校本研修的改进路向与模型建构》发表在《教育研究》第7期。当我和教师们一起在进行“第二课程”开发的时候，课程开发已经不再是一个时髦和具有吸引力的话题，但我们老老实实地一遍一遍地写我们的“课程标准”，从目标到内容，从实施到评价，一点点写，一次次修改，没有人告诉教师们这有什么用，但是教师们就在自己与学生的交流中做着这样一件三年如一日的小事，在课程开发中与学生一起成长，教师们做到了。2014 年，我们做出来的《中小学校本课程开发异变的若干问题与改进》发表在《教育研究》第 4 期。我们愿意在国家标准面前检验自己的实践。

执着于心，敬畏真实，我需要谦卑地面对所有小事，甚至“无用”之事。

（三）唯有“超越”永无止境

教师在乎对自我的超越，因为教育只有一个主题，那就是多姿多彩的生活。

潘光旦将思想领域喻为天地人的思想，人在中间链接天与地，这就为人的发展提供了无限可能。以人为本可不是“唯人论”，因为蔽于人的文化终有一天不知天高地厚，甚至于不知天地为何物。人在借助天地万物丰满完善自己的过程中成其为人。

我该怎样呢？连自我都无法超越，故步自封、陈规陋习中能做出真正的教育吗？我慢慢学着超越自我，“为之，则难者亦易矣”。超越自我实则是一种必须。

超越课堂。十六年前从课堂教学的技术研究开始，那也是一种必然，我构建了多维互动的课堂教学操作体系，进而结合语文学科特点进行了情境体验教学的研究，从多维互动到情境体验，不是为了改变的改变，至少是对自己的一次超越。后来关于生态课堂的研究，则是基于对学科和学生发展双重关注中的更深一层思考。然而，仅仅停留于课堂是不够的，思考学科课程带来另一种超越。

超越学科。从语文、品德与生活、品德与社会的学科认知到课程开发，我走过的是一条在专业人员带领下深度切入课程改革的路径，我曾经在教学之余背诵《语文课程标准(实验稿)》,这样便于自己回到课程教学。从开发学校“绿色系列”校本课程到参与省地方课程、国家课程的教材编写,慢慢有了系统的课程观。从在潍坊教科院开始,研究义务教育,高中阶段所有学科的“课程标准”;而现在,在山东省基础教育课程研究中心我须以遍读课程著作、深研所有学科课程标准为目标,这是超越学科应有之意。

超越轨迹。改变自己以适应环境,但我们也可以能动性地改变我们的环境,环境是由人构成的,如果人人被动,则教育没有希望。十六年来,我教过了小学、初中、高中、大学,我相信自己不是浅尝辄止,只要愿意超越,在每一个领域内都能够寻找到内在的规律。所以说,超越不是惊天动地波澜起伏,而是一种在内省与思考中的渐进。

与学生一起超越。工作变更频繁非自己所愿,但毕竟时常在发生着,然而,我并没有离开过教学现场,即便是在潍坊教科院最繁忙的时候,我也每年听 100 多节课,每周上几节读书课,在诸城市枳沟小学、昌邑市奎聚小学,吕映红老师的班级里、徐丽霞老师的班级里都有学生把我认作是朋友。今天在大学,我在和我的学生(未来的教师)一起成长和超越自我。我是幸运的,我能够始终和学生在一起,享受教育,自我实现。

教育是一种自组织的视野,说到底是由教师的自觉来实现的,制度性变革与非制度性实践的双重构建缺一不可,对教师自身来说,超越自我是唤起了自己内在的情感和动力,是追寻卓越的必由之路。

(四)你必须把自己作为“经典”

关于教师成长,经典诵读是必不可少的,然而,我们该怎样保持与经典的一致性?让经典成为与教师相伴相随的一部分。

谈教育,绕不过孔子,读经典,也绕不过孔子。孔子用自己的课程来教学,他的课程是什么?大儒学家马一浮曾这样说:“六艺者,即是《诗》《书》《礼》《乐》《易》《春秋》也。此是孔子之教,吾国二千余年来普遍承认一切学术之原皆出于此,其余都是六艺之支流。”而且,他还认为,“六艺”不仅统摄我国一切学术甚至可以统摄西方一切学术，他说：“六艺不唯统摄中土一切学术，亦可统摄现在西方一切学术。”这些判断是有道理的。

这就是经典。

经典是孔子的经典，孔子也是经典的孔子。孔子与经典相互成就，依马克思的标准来判断，人与经典应该是具有一致性的。经典不是我们的工具，它必须成为我们自己。因为，用卡尔维诺的话来说：“经典作品是这样一本书，它使你不能对它保持不闻不问，它帮助你在与它的关系中甚至在反对它的过程中确立你自己。”

对教师来说，置身于经典之外读经典还是将经典与自己相一致，建立属于自己的经典体系，用卡尔维诺的判断无疑是不错的选择。

我也读经典，我希望自己的读书与自己的行动具有相关性。

所以，我选择“尽信书”！

读苏霍姆林斯基《给教师的建议》不是泛泛去读，而是保持着发自内心的所有的景仰，逐字逐句去读、逐字逐句批注、逐个关键词地联系我的教育实践进行批注，一本《给教师的建议》读完了，我在整本书的空白处写下了 10 多万字的思考、感悟、批注。我相信，从我读完这本书开始，苏霍姆林斯基的智慧便永远与我在一起了。有些书，读一本就够了，我读《学习论》也是如此，把一本书读进自己的灵魂深处，它就伴随我一生。

年少时没有读过多少书，特别像我这样在古典著作领域先天积淀几乎为零的人，读经典意味着一种涅槃般的恶补。除了背诵，别无他法。可是这又谈何容易，在潍坊教科院上班的时候，我常常步行两个小时到单位，路上车少人稀、绿树成荫，正是我背诵经典的难得时光，背《老子》《孙子兵法》都是在那个时期。时间总是会有的，关键在于我们是否相信，经典能与我们在一起，构成为我们这个生命体的一部分。

我和工作室的教师们这样读书：选择经典，选择我们感兴趣的研究领域，将经典诵读与教育研究结合起来；让经典与生命一致性。

孙云霄读书笔记的题目可见其读书的视野与境界，她写下的文字是其成长过程的重要部分：

(1)林黛玉与潘金莲——《红楼梦》与《水浒传》纵横谈

(2)孤独方能咀嚼孤独——读《百年孤独》

(3)人生,一次偶然的异乡之旅——读《不能承受的生命之轻》

(4)不太喜欢他,是因为太喜欢他的对手——读鲁迅

(5)谁都不会空手而归——读《金刚经》

赵楠在读《谈谈方法》,这本书的作者是欧洲近代哲学的奠基人之一,被黑格尔称之为"近代哲学之父"的笛卡尔。

他说:"如果在幼年的时候,人家就把我多年来没法加以证明的那些真理全部交给了我,学得一点都不费力,大概我是决不会知道什么别的真理的,最低限度在寻求新的真理的时候绝不会总是那样熟练、那样得心应手的。"我国教育长期以来既不重视知识从哪里来的,也不重视知识在现实的生活中有什么用处。笛卡尔告诉我们,回到过程的教育才是有意义的。

庄明华在读卢梭《社会契约论》这本书时,"社会"一词比较容易理解,即为共同生活的人们通过各式各样的社会关系联合起来的集合,而觉得"契约"一词则有些抽象晦涩。

卢梭利用一个简单的例子形象地说明了契约的概念:你和你的父亲实则存在一种契约关系,家庭作为政治社会的第一个模式……所有生来自由平等的人只有当他们在放弃自己的自由中看到好处时,便会放弃自由来拥有一个契约关系,依顺于国家的管辖而保障其自身利益和权益。从这个角度来说,师生也是一种契约关系,在拥有自由与放弃自由的过程中存在着的契约关系。

书还该怎样读?

一是读,日有所诵乃至一天(几天)读完的书,感受灵魂的力量,分享心灵的震撼,回归本真的诉求,挑灯夜读,对话生命,此中的滋味在掩卷后益发真切;周有所悟乃至一周(几周)读完的书,诵读人文,反思生命,寻找我们可以找得到的规律与意蕴,改变自我,可以相信生命因此与众不同;月有所研乃至一月(几月)读完的书,与大师对话,与智者同步,走一条具有智慧与情感归属的

研究之路，建构属于自己的思想与精神体系；年有所依乃至一年（几年）要读的书，耐得住寂寞，守得住底线，用漫长的精神与体力投入破解思维、情感、行为的难题，成就自己的辉煌事业；生涯所属乃至一生要读的书，到伟大的心灵中荡涤灵魂，到不朽的事业中寻求永恒，人生境遇不同，因有书相伴而拥有、享受共同的财富。

二是写，不是为了写而写，是为了内化与重新建构而写。泛泛去读与边读边记，边读边希望能够实现与作者的重新对话，显然所得必然有不同。梁启超先生认为："先辈每教人不可轻言著述，因为未成熟的见解公布出来，会自误误人，这原是不错的，但青年学生忠实于著述也是实际上鞭策学问的一种妙用。譬如同是读《文献通考》的《钱币考》，各史中钱币项下各文，泛泛读去，没有什么所得，倘若你一面读一面便打主意做一篇中国货币沿革考，这篇考做得好与不好是另一问题，你所读的自然加几倍受用。"教学与教学中的成长何尝不是如此呢？以写促教，以写促思，"书到用时方恨少"，则读写已附会。

对于经典的读写附会，这是教师成长继而促进教师的教学的应然选择，是成长也是教育价值实现的必然关系。

（五）终究是一场"人格"历练

最终才发现，教育的一切技术与方法归属于人格的完善。

虽然我的经历算不上复杂，但是每当遇到问题，解决问题的最终方法是自己能否从一个完整的人的视角来重新看待问题本身。教学如此，改革创新如此，生活亦如此。没有人格保障，或许我至今不知在何方甚至会不会还在这里。

爱因斯坦这样来评价居里夫人："第一流的人物对于时代和历史进程的意义，其道德的方面，也许比单纯的才智的方面还要大。即使是后者，其取决于品格的程度，也远远超过通常人们以为的程度。"我自信远没有居里夫人那样的品格高度，但是"第一流人物"人格境界是值得映射我身上的。"取法乎上"，至少可以"得乎其中"吧？

世界名著的开篇之语也能够引发深思：

天命之谓性，率性之谓道，修道之谓教。（《中庸》开篇）

大学之道，在明明德，在亲民，在止于至善。（《大学》开篇）

求知是人类的本性。（《形而上学》开篇）

每种技艺与研究，同样的，人的每种实践与选择，都以某种善为目的。（《尼各马克伦理学》开篇）

人格是性格、道德、能力等的综合体，其核心在于一个人的心智的完善程度，在于一个人面对纷繁复杂的世间万物时一以贯之的行为准则和自由状态。

教育之道是为“人之道”，教育的一切努力须以教育者的人格完善来引领学生完善人格的建立。没有了“崇高”教育就改变了其本意。

同样的，人格之教也不是一种口头表述，也应当是一种在行动上可以观察可以关注的。我所认知的教师的完善人格至少包含这样的层面：

归属真实的目的，好的教育是学生获得真实发展的教育，教育贵真，贵在学生的发展，在教育现场发生着的教育才是真正良好的教育。

发自内心的热爱，具有强烈的教育热情，是生命深处具有教育归属感的热爱，是须臾不可失去的一种关联性的热爱。

成就卓越的艺术，能够透过形式植入教育的本质的艺术是唤起学习者学习与发展的艺术，教育是在行动中进行的，这就是艺术诉求。

面向未来的研究，为了教育价值的实现，研究永无止境，求真和向善的结合给了教育研究一种可行性与可能性的路径。

“譬如为山，未成一篑，止，吾止也。譬如平地，虽覆一篑，往，吾往也。”（孔子）人总是靠自己来成就自己的，而“每个人的自由发展是一切人的自由发展的条件”。（马克思）成长需要细细把握，深深领悟。每个人的成长都具有各自不同的特点，当我做这样的梳理，也只是将自己的实践进行了感性的提取，更多可行而未言尽的教育选择仍在前方和远方。

二、改变也是一种坚持[①]

许多教师问我，是如何走上教育研究的路，又是如何在教育研究的过程中收获的。我想，坚持是唯一的秘诀。既然选定了教育人生的道路，只有坚持不懈地走下去才能够有走好的可能，坚持是一种品质。

然而，坚持却不是一种固守，而是需要在这一过程中不断提高和超越，有些时候甚至需要在否定自己的过程中获得新的发展可能。单是我在教学研究与实践中的一些做法，就有着许多次大的改变，我想，改变也是一种智慧。

（一）"多维互动"：教学技术的悄然改变

工作六年后，我才开始真正用研究的视角来关注教学，来思考学生的发展与需要。1999 年 11 月，在魏永真校长的鼓励下我选择以"多维互动，自主探究"为主题进行教学研究。事实上，关于什么是"多维互动，自主探究"，为什么选择"多维互动，自主探究"，完全未经思考论证，我想，这只是任意选择的一个话题，借此展开研究罢了。可是，这样无意识的选择，由此而进行的行动有价值、有意义吗？答案是有的。

确立研究题目后，写下了第一份课题研究方案，也是我工作六年后第一次写与教学有关的文字。交上后，时任临沂市教科所所长齐健的评价是：这是一篇不错的中学生作文。即便这只是一篇"不错的中学生作文"，恩师齐健老师却没有因此放弃对我的关注。那年寒假，我对照着山东省创新教育总课题研究方案，从"问题的提出""课题内涵的界定""课题研究的假设""课题研究的理论基础""变量分析""研究内容""研究方法""研究过程"等方面，极尽模仿之事。模仿也是苦差事，这其中，逼迫自己研读了十几本书，浏览查阅了数十

---

① 本文发表于《当代教育科学》2010 年第 2 期，被《我的教育科研之路》《第三次成长》等收录。

种研究著作：从学习论到教学论，从心理学到哲学，从陶行知到杜威，从康德到马克思……似懂非懂地一路读一路借鉴，最终“拼凑”成了那篇2万多字的研究方案。在2000年4月的莱州会议以及2001年8月的济南会议交流中，该方案成为“最成熟规范的研究方案”之一。

“书到用时方恨少”。因为“用”，我才知道“少”，在“多维互动”教学研究方案的撰写过程中，短短两个月的读书量，甚至超过了我此前六年的总和，一切皆因为“用”。那年寒假的那一次“拼凑”，成了我最珍贵的成长记忆，有时候，人是需要自己逼迫自己做一点超越的。

即便有些随意而选择的“多维互动，自主探究”教学研究在学理上不乏困惑，然而，基于语文课堂的深入研究之后，我仍然能够发现其意义。因为教学存在于广泛的关系之中，包括学生个人与他人的关系，以及学生个体与自身的关系，以及更广泛的多元“人—人”关系，还有人与物之间的关系等。这些关系始终决定着学生的学习效果，亦即决定着学生是否具有主体的地位，学生是否有主体意识和主体能力，决定着学生是否能在自由中实现作为一个“人”的“整体的发展”。

在研究中，我对“多维互动”教学有了自己的认识：

多维互动是一种主体多元视角关注下的互动观。教师是教的主体，教师对于教材、教学目标、教学结果的认识都清晰地反映在教学过程中；学生是学的主体，学习过程中的一切因素都以学生的学习而得到体现；一个学生是主体，一个学生群体也是“类主体”，这就是多维互动的认识支点。课堂互动既包括师生之间的双向交流，更包含着师生、生生、教师与学生个体、教师与学习小组、学生个体与学习小组、学习小组与学习小组之间的多维互动交流。这是从外在形式上来看的，从课堂交往的内在本质上看，仍然是多维互动的，即师生之间认知的互动交流、师生之间思想的互动交流或交换、师生之间价值观的互动交流、师生之间情感的互动交流等，而这些内在的互动形式，则是使课堂焕发出生机与活力的核心因素，也是课堂教学多维互动的突出价值。

在“多维互动，自主探究”的语文课上，学生有了主体地位，学生真切地感受到了自己的存在，学生参与了语文，成了语文学习的“自主者”。学生自己研究、自己表达，实现了师生之间、生生之间、师生与教学文本及环境之间的和谐互动，我的语文课发生了形态上的根本变化。

三年过去了，我的语文课逐渐呈现出了生命力。然而，“多维互动，自主探究”的研究却没有让我总结出有效的教学流程，更没有以此发现语文教学的内在规律。

我还需要新的选择。

（二）“情境体验”：教学思想的术业专攻

语文内在的本质和规律是什么？如何实现语文课堂的重建？经历了三年的教学研究后，我开始思考更深层次的问题。于是，我尝试着从更全面的视角来观照自己的课堂，我希望学生能够在课堂上实现认知与情感的同步发展，于是，我思考、研究并实践着的课堂具有“情境体验”的特质。

在进行“情境体验教学”研究不久，一位专家曾给过我一次直接的否定，他认为：情境教学已经没有研究的必要，李吉林等进行过长期系统的研究，作为一名小学教师，我不可能超越他们，所以这一研究没有价值。

在这样的压力下，从 2002 年开始，我埋头读了十几本国内外情境教学、体验教学的著作，搜集了几百篇相关的文章，在作了理论梳理之后，我有了到实践之中去研究与思考情境体验教学的底气。

我在不同的教学内容、不同的课型中反复实践并探索情境的作用，各种手段与方法的应用，让课堂充满了人文气息。然而，情境毕竟不能只是物化的，而应当是进入心灵的。

那节课，我让学生自己读书。学生一如往常地懒洋洋读开了，在平时，一旦要求学生自己读书，而且是读好几遍，学生往往读完一遍就没了兴趣。学生一开始就没了精神，有的学生象征性地大声读了几句，声音就低下来了，而有的学生则干脆与同桌聊了起来。我想，学生需要一种读书的情境，这种情境是需要我参与的，于是我没有要求学生什么，而是也拿起书，一本正经地大声朗读起来。很多学生读完一遍后，习惯性地停了下来，此时，我读书的声音仍然那么专注、沉稳，似乎一点都没有在意学生的表现。片刻停顿后，停下来的学生又开始朗读起来，这一次，学生不再懒洋洋，而是声音越来越大，精神越来越高昂……

《月光曲》中的美好意境是借皮鞋匠的联想表达出来的。在教这一片段时，我曾经采取过多种方式营造情境，试图让学生还原音乐的意境，包括让学生边听配乐朗诵录音，看投影片（月下大海三幅图），并让学生充分讨论、展示情感经历等，引导学生感受并欣赏美的意境，唤起学生的联想。然而，丰富多样的教学情境并没有产生理想的效果。通过反思我发现，语文教学情境并不能一味地激情与活跃，个人的静心冥想，让思绪独立地自由驰骋也是非常重要的。

由此，我试图以全面的系统性眼光来看待情境体验教学中的诸多问题，“情境”作为课堂教学中富有感情色彩的场景和氛围，在完整意义上应分为人文情境与科学情境。无论哪一种情境都是一种特定的情感场。

人文情境是感性的、具体的、情感化的，强调想象与迁移，审美与思辨；科学情境则是理性的、抽象的、简化的、实在的，强调的是理智与逻辑。两种情感场和谐自然地并存于课堂教学中是至关重要的，这也是情境体验教学的首要操作目标。

二者对课堂教学都具有积极的促进作用，如果人为地夸大某一方面，则会造成对课堂教学其他方面的抑制。课堂教学必须实现人文情境与科学情境的融合，这一观点，正是我们对情境体验教学的基础性认识，也是支持本课题操作体系的核心理念。作为一种新的理解与认识，我们将这种看待问题与分析问题的方式放置到研究与实践的全过程中去，遇到问题通常会换一个角度来思考，从而多层面地看待课堂教学。

我所认识的情境体验教学范式是从构建良好的课堂教学情境入手，以学生的体验、反省和感悟为组织依据，实现师生之间生命与生命的交流、沟通，是一种动态发展的教与学相统一的交互影响和交互活动的过程。在这个过程中，强化人与环境的交互影响，以产生教学共振，达到提高学生参与兴趣，激发创新潜能，促进学习成果内化的目的。

情境体验教学是这样的一种教学思想：

情境体验教学将情境作为一种教学手段。在一般的情境教学观念中，着力于情境创设方法的探讨，将如何设置教学情境和设置怎样的教学情境作为课堂教学的着力点，而对于情境在具体教学中的功能却挖掘甚少。而体验性教学也在寻求实施的支撑点。情境体验教学将体验教学纳入情境的视野之中，把情境的应有之义具体化了，可以说，情境与体验的“联姻”，使情境的教学功能得到了全面的体现，并使其最终生成为一种教学手段。

情境体验教学以情感作为教学起点。以学生的体验、反省和感悟为组织依据，这是学生主动参与的学习行为。而其参与的前提是具有参与的意愿和情感。因此，情感因素是制约情境体验教学的首要因素，如果没有学生情感的涌动，没有学生积极投入，情境体验教学是无法展开的。虽然情境本身即具有情感色彩的教学场景，但情感也非单一，如问题情境、想象情境、迁移情境等，则需要从学生学习的情绪和动机上来寻求教学的起点。情境体验教学实现生命的关照。由于课堂教学在学校教育中的特殊地位，师生的交流活动更多地集中在课堂上进行，课堂经历成为师生经历中最为丰富、复杂的过程。师生是以全部的精力投入课堂中去的，情境体验教学将学生在一定情境中的亲身体验纳入教学视野中来。由于“在体验世界中，一切客体都是生命化的，都充满着生命的意蕴和情调”，因此，课堂教学的生命性便得到了关照和生成。

情境体验教学关注学生在课堂上的“幸福度”。让学生从自信走向自信，从成功走向成功，从幸福美好的学习经历来认可人生的幸福与美好价值。因此，学生的学习才能够由乐趣到兴趣，到志趣，让学习成为学生的一种内在需要，这样的教学才是具有持续价值的教学，这样的语文才是属于学生的语文。

为了实现语文教学的目标和情境教学的思想，我也尝试构建情境体验教学的阶段与过程，操作流程大致包括“创设情境”与“发现”——“情感促进”与

“感悟”——“价值实践”与“生成”——“精神审美”与“升华”四个阶段。在每一个阶段中,都包含了课堂教学的行为以及阶段目的。由此,一种旨在唤醒情感的“情境体验”教学成为我和我的工作室的教师的教学选择。

在情境体验教学的研究中,我自信自己找到了语文教学应有的规律,也构建起了一整套具体有效的实践策略。专著《唤醒情感:情境体验教学研究》一书 30 多万字,就是我与学生一起经历情境体验教学的真实写照。

然而,每天与学生在一起,我却发现许多的教学思想还仅仅是教学的思想,是为了教学而研究最终优化了的教学,而对于学生的关注,却往往无能为力,或者说流于一般。教学还需要更深刻地走进学生的世界。

(三)“生态课堂”:教学价值的整体发现

在与学生一起学习《高大的皂荚树》时,我范读了课文的最后一个自然段,一个男生举手说:“老师,你读错了一个字!”其实我并不介意学生指出错误,平时还鼓励学生敢于指出教师的错误,笑着问他:“哪儿错了?”“‘轻烟袅袅’应该读‘nao nao’,你读成了‘niao niao’……”说到这儿,同学们哄堂大笑,很明显是这个学生指正错了。此时我并没有多想,很随意地甩下一句:“以后看拼音要仔细。”就又开始了正常的教学过程。但我发现,在接下来的学习过程中,这个男孩一直涨红着脸,再也没有高高举起过手。或许这只是我的一时疏忽,然而,对这个学生来说,现在的课堂教学环境因此而改变了色彩,他的周围已产生了浓浓的孤立氛围,精神环境的恶化与物质环境不佳同样会产生不良的心理影响。这是对个体的影响,对于集体同样重要,学生之间的情绪或心理体验是敏感的,一旦学生的整体气氛受到压抑,课堂生态便已经恶化了。

如何让学生的认知与情感、智慧与道德同步生成,实现“教书”与“育人”的同一?从 2004 年开始,在对有生命伦理的教学探索中,我悟出了“教学生态”。

生态教学要实现的是“人”与“境”的诉求——以教育的宽度来善待教学;以课程的高度来理解教学;以辩证的思维来实践教学。

课堂生态平衡是指课堂上的人与物质、人与精神、物质与精神之间关系的相互稳定状态。广义上的课堂生态平衡还包括课堂与课外的有机结合,课堂上各教学活动的合理并存等。

张志勇研究员认为,生活是课堂教学生态的源泉,真实是课堂教学生态的生命,探究是课堂教学生态的真谛。在此前提下,我想,平衡是课堂教学生态的目的。学生需要一种平衡的发展,而教学则需要调动一切生态关系促进学生的整体与平衡发展,生态教学从对环境的综合关注入手来回归教学道德。

教学环境应当是一种文化环境,生态课堂是一种有着文化关注的课堂,我在教学中,从四个方面着力:一是要让文化成为学生可感、可悟的实体。我将文化加工为学生可以感受的实际存在物,对学生产生自然的吸引力,让学生亲近它。能用故事表达的就用故事表达,能用活动呈现的就用活动来呈现,能借助多媒体手段的就借助多媒体手段,以此实现文化的情感外延性扩展。二是实现道德文化的创造性"复演"。人类文化是无法复制的,但并不意味着后人不能对前人的成果实现再创造,正如朱光潜先生谈读诗:"读诗就是再作诗,一首诗的生命不是作者一个人所能维持住,也要读者帮忙才行。读者的想象和情感是生生不息的,一首诗的生命也就是生生不息的,它并非是一成不变的。"我的教学文化环境,就是构建学生能够对文化再"复演",再"创造"的环境。三是让文化成为学生的游戏选择。我将游戏作为一种载体承载起文化的传承因子,让学生的文化环境具有游戏的特征,让学生的文化学习活动具有游戏的动感,实现游戏中的文化习得、游戏中的情感唤醒、游戏中的道德与身心发展。四是挖掘文化背景下感人至深的历史事实。一个成语、一首诗、一幅画、一个理论观点的诞生、一个文明成果的发现、一次成功的运算,等等,这些文化在其抽象、简单的外壳之下还蕴含着人性的光辉,是成功的喜悦?是失败的沮丧?是探索的艰辛?是血泪的凝聚?这都是我的课堂文化环境的移情载体。

教学应当直面社会环境,在一个不可回避而又似乎被我们回避了的国际经济与新的社会背景之下,学生的教学环境应该如何应对,如何建构呢?我让学生知道市场经济的核心是"交换",由于"交换"中产生的利益博弈必然引发了交换前的价值判断,交换中的规则执行,交换后的利益分享,等等,这种表面的物质、货币交换使得交换者的切身利益受到随时的影响。在我看来,市场经济中最富德行的是“交换”过程中的“责任感”与“信誉”的存在,这两个方面也就内含了诸如规则、诚信等一系列的道德行为的存在。而且,“责任感”与“信誉”也正是学生认知与情感发展的重要层面。从经济所含的“责任感”与“信誉”这两个条目入手,我在教学中建立了最广泛意义上的社会经济体验活动。学生的生活中并不缺乏经济活动,比如去商场购物、去饭店消费、去理发店理发、乘坐交通工具、去游乐场所游玩等。这些日常行为在学生看来并不直接具有道德的因素,也是难以让学生动情的单调简单行为。在此,我在教学中有意识地创设道德冲突的情境,或者是人际关怀的情境,让学生在我有意识的情境设置中去从事、反思上述经济行为过程,体会其中应有的每个人的“责任感”与“信誉”的支撑。埋怨这个充满竞争,甚至是尔虞我诈的经济社会背景没有意义,借助经济环境来引领并激发学生的情感,让学生在经济活动与道德实践中去生成“责任感”,去培育“信誉”观,这是生态教学的应有之意。

教学环境引导学生的传媒理性,大众传媒的影响力已经深深地嵌入了现代人生活的每一个空间,报纸、杂志、书籍等构成的印刷媒介,电视、广播、电子游戏机、电影等传统的电子媒介,以及计算机和互联网技术的普及(网络媒介成为当前影响学生最重要的传媒方式),密不透风地编织着包裹学生的信息网,日益成为他们获取知识和信息,形成价值判断的主要来源。面对纷繁复杂的传媒环境,我知道我将无力再夺回学生的情感,无法以控制来引领学生的情感,凡事“堵则废,疏则通”,因此,我让教学干预,引领学生以积极的情感、以自我的姿态、以理性的智慧,来实现“传媒成长”。我让学生迷恋文字阅读;我在个性欣赏中的谨慎疏导;我还让学生知道电脑和网络是“工作”的;我还让学生的作业中有“电视”;我还利用坚硬的政治战胜致命的温柔……

生态教学也包含一种人际生态。不同的人际交往氛围对学生有着截然不同的影响力。那么,究其根本,需要一种什么样的人际交往文化呢?生态教学基于欣赏型的同伴关系构建出一种欣赏的文化。在一种欣赏的文化环境中,人与人之间的关怀将趋于和谐,能够实现相互之间优良品质的相互影响。然而,学生之间的关系还需要进一步引领,欣赏自我才是人之天性,学生更是希望展示自己善良、强硬的一面,而有意识地掩饰自己的缺陷,并且希望伙伴不如自己。这是无可厚非的。

因此，在生态课堂上，我和学生之间建构的是“发展共同体”，相互欣赏，一起成长。每一节课都如此，学生就在健康积极的生态中主动地成长。

即便回归教学生态，我依然才刚刚起步。

(四)再超越:因教学道德而无止境

教学研究十年，研究名称就改了三遍，我自己都在问，这是标新立异之举，还是自然发展之需呢？

子曰:“志于道，据于德，依于仁，游于艺。”这何尝不是教学的总则？教学要经历一定的层次，从“志于道”到“游于艺”，是基于审美的境界来唤起教学之道，这是一种超越“自律”的“审美自觉”的境界。我深知，穷极一生的精力与追求，这一境界我也很难达到，但是，我希望通过我的努力，让我的教学和我的学生能够进入自由自觉的“大”状态。教学之大，应大在“天人合一”的生命境界；教学之大，应大在“实用理性”的教育职责。即便无言与无形，教学是一种道德存在。

十年的教学与教学研究，我走过的是“分析与概念化”之路。

教学是不能失去理性的，教学成长也是一种理性的成长，这就需要分析。我在学校里、课堂上也曾日复一日、年复一年地单调重复，是分析让我的教学过程成为我和学生共同构建生命成长场的过程。每一节课后，我和学生同写反思性教学与学习心得，几年下来，学生学会了学习，学会了在自律中自由学习，我则从教学中收获了成长的必要因素。每年我都有 100 多万字的教学笔记、反思案例，皆由分析所引领，这是一种行为方式，也是成长的力量源泉。

仅有分析就够了吗？还要概念化。

教学研究是举一反三与举三反一的结合，需要演绎，更需要归纳。这就需要概念化。分析能够让我们“每天进步一点点”，而“概念化”则能够实现对自我的超越。我在教学中不断分析、总结，一点点积累着经验的时候，却不能够清晰、整体地认识自己，于是，我试图用一个个“概念”来重构教学。这一概念化过程虽然没有创生出什么崭新的、意义深远的教学概念化成果，但却是我成长中一个一个的点，构成了我对自己不断的元认知。

这才有了我对“多维互动”——“情境体验”——“生态课堂”，乃至对“教学道德”的追问。

写作不是我的专长，可在这一过程中，伴随着教学思考、分析与概念化，我提起了笔，而且欲罢不能。十年写下了 1000 多万字的研究笔记，发表、出版 200 多万字的文章与著作，全国各地几百场的学术报告……我与教学一起在成长。

书的撰写、出版和获奖不是目的，目的是以此承载我对学生“爱与责任”同步的承诺，目的是我对于教育的执着和永恒的信念。

2006 年以来，我有了教师与研究者的双重身份，从一所普通的农村小学来到专业研究非常规范、成果极为丰富的潍坊市教育科学研究院，在潍坊这方不断涌现教育家和名师的土地上，教育创新与教育改革是两大主题词，我也因之有了“与教学一起成长”“在教学中成长”的生命选择。

我和学生在一起……

我和教师在一起……

我和学校在一起……

我和教育在一起……

长路在前，与教学一起，在坚持与超越中，才可以走得更远、更稳。

三、一节课里的研究①

以《列夫·托尔斯泰》（初中语文中的一篇课文）这节课来回答教学研究与成长，可以呈现一段举一反三的心路历程。在本课教学中，结合对语文课程

① 2011 年 6 月，笔者在山东大学附中执教的一节示范课。

工具性、人文性、发展性的价值理解，在目标设计上，体现三个方面：（1）通过学习作者刻画托尔斯泰外貌、眼睛的创作特点，学习以理解字词、整体阅读、句段发现、反思领悟、读写运用来进行语文课程学习；（2）学习运用比喻、夸张等修辞手法进行肖像描写的方法，领悟其作用；（3）领悟茨威格呈现的托尔斯泰深邃卓越的精神境界与高贵不凡的灵魂，体会二人共通的人文情怀。

这一节课聚焦的语文课程目标是“语文学习的一般过程”。

教学过程

（一）引读理解

教师引导：同学们好，十几分钟以前，我和每一位同学都是陌生的，但是没有关系，书籍承载我们共通的语言，文章可以架起我们沟通的桥梁。我们今天一起来读《列夫·托尔斯泰》（板书：列夫·托尔斯泰），这是一位驰骋文坛近六十年的文学大师；文章作者是斯蒂芬·茨威格（板书：斯蒂芬·茨威格），这是享誉世界的著名小说家、传记文学作家。

今天我们要读托尔斯泰这个“人”，这也是茨威格呈现的“文”，而“人文”则是一体的。下面让我们一起开始大声地快速朗读。

（注意：遇到不认识的字自己想办法解决，实在太难就写在黑板上。有不理解的词语读书后小组内解决，解决不了的以小组为单位写到黑板上。）

1.学生读书，读书后小组交流。

（针对黑板上写出的字词，视问题为依据，提示同学们感谢这些同学提供的学习资源。）

2.学生在教师帮助下正音。

3.对文中的词做解释。

（二）课程整合，整体领悟

1.初步感知交流。

通过刚才的自由朗读和对语义的简单理解，你从文中读出了什么？

总结：我们读到了一个外表平庸忧郁（1～5 自然段），而精神深邃卓越（6

~ 9 自然段）的托尔斯泰，也读出了茨威格在写作时的精湛的手法与真诚的心。

2.补充资源分析。

这样一个列夫·托尔斯泰，是由茨威格还原而来，对于这两个人生平背景的了解，或许能让我们更好地读好这两个人。因为我们课前没有任何的交流，所以大家也没有搜集资料，我提供两份，大家选择其中一份来阅读，说一说自己有了哪些新的认识。

通过这些资料的阅读，同学们又对托尔斯泰有了哪些新的认识？

学生说。

教师总结：是的，托尔斯泰一生著作等身，其文学作品是人类共同的财富，但对于他自己来说，他的晚年却在对专制主义的反思、对受剥削阶层的同情中痛苦不堪，特别是在对贫民的深情关注中彷徨、忧郁，一个伟大的文豪，也拥有着伟大的人道主义情怀。

通过这些资料的阅读，同学们又对茨威格有了哪些新的认识？

学生说。

教师总结：是的，茨威格的小说、人物传记具有不朽的艺术感染力，他的许多书至今仍在影响着一代又一代的人，同时，他先后经历了两次世界大战的炮火，亲眼目睹了人类的深重灾难，他无力面对、无法容忍，以生命的毁灭来向这个世界发出控诉。

3.深刻领会反思。

通过了解才华与精神，大家对这篇课文会有哪些新的理解？快速默读课文，从文中找出最震撼你的段落、语句来谈对托尔斯泰、茨威格"人"与"文"的再次解读。（先看 1～5 自然段，在自己思考之后可以同桌或者小组交流一下。）

学生读书，教师酌情指导。

（三）精读品诵，学以致用

1.阅读品诵。

教师引导：同学们又一次阅读课文的 1～5 自然段，文章描写了列夫·托尔斯泰哪几个方面的特点？哪位同学来谈一谈托尔斯泰外表是怎么样的？文中哪些句子、段落打动或者震撼了你？结合文章来谈一下。（1～5 自然段）

（板书：外貌特征）

（1）须发；

（2）面部轮廓、结构；

（3）面容表情；

（4）长相平平、普通一员；

（5）令人失望的外貌。

（尽量关注到每一个自然段，在每一个环节中都可以渗透朗读能力的培养，并且各种读的方式穿插。）

这些段落的写作手法是什么？体现在哪些方面？

2.方法总结。

总结一下我们在学习中的方法和顺序：

（1）读书；（2）发现；（3）品读领悟；（4）交流提升；（5）领会写作方法。

3.方法运用。

眼睛是心灵的窗户，人的精神世界是可以从眼睛里传递出来的，在描写眼睛的这一部分里，又给了你怎样的感受呢？运用刚才我们一起学习时使用的学习方法，先自己思考，再小组交流，自学自悟？（6～9 自然段）

思考核心：从哪几方面写了托尔斯泰的眼睛？分别运用了什么样的写作手法？

（四）核心探究

1.问题引思。

文中最后一段是这样说的："具有这种犀利眼光，能够看清真相的人，可以任意支配整个世界及其知识财富。作为一个始终具有善于观察并能够看透事物本质的眼光的人，他肯定缺少一样东西，那就是属于自己的那一份幸福。"

为什么说"可以任意支配整个世界及其知识财富"却"肯定缺少一样东西，那就是属于自己的那一份幸福"？

（1）从他的生平来看，这是一位智者的痛苦，如果他还是一位仁者，那么痛苦是双倍的。他看透了暴政、丑恶、虚伪和苦难,也看清了罪恶的原因,却无力改变,这是痛苦的根源。

(2)从这两个关键词来说“整个世界”和“自己的”二者是双关的,他就是整个世界的财富,而他却放弃财产、家人,客死途中,他自己的幸福是遥远的。

(3)能够看透事物本质的人,不只列夫·托尔斯泰,还有作者斯蒂芬·茨威格,还有卢梭、雨果,还有我们国家的屈原、杜甫。他们有着共同的情怀与境遇,作者不只写一个人。

2.概括总结

从这样的眼睛里,我们看到了托尔斯泰的精神是怎样的?他的灵魂呢?

从平常甚至丑陋写起,逐渐呈现出崇敬与赞美,这是茨威格一种什么样的写作方法呢?

3.激发提问

老师提出了许多问题,其实这是没有道理的,阅读是同学们的,收获自然也应该是同学们的,疑惑也应当是同学们的,面对托尔斯泰和茨威格,同学们还有什么问题吗?

(五)课程拓展,巩固迁移

1.本文作者在肖像描写方面有许多独特的手法和细致、夸张的刻画,力透纸背,观一般人所不能观,你积累了哪些?读一下,背一下。

结合罗曼·罗兰《贝多芬传》以及老舍《骆驼祥子》的两段肖像描写,体会不同的写作手法和风格。

2.进行一次肖像描写练习,选择一个人,通过自己独到的观察,写出属于个人风格的肖像描写,可以比喻、可以夸张、可以想象、可以对比,还可以……字数不少于200字。

(六)建构模型

“(举)观一隅不以三隅反,则不复也。”一篇课文可以承载语文,也可以承载人生,但这不是我们语文课程的全部。

那么,我们该怎样走进文学大师,走进他们的内心世界,继而走进人类广阔的文化呢?推荐大家阅读茨威格的《昨日的世界》,罗曼·罗兰的《名人传》

以及托尔斯泰的《战争与和平》。以足够的信念，向人类的经典靠近。

大致板书设计：

(人)列夫·托尔斯泰：外表、精神、灵魂
读{　　　　　　　　　　　　　　　　　　　再读
(文)斯蒂芬·茨威格：手法、结构、情感

自我反思

第一课时上完了，学生在我的带领下学习了课文《列夫·托尔斯泰》和作者"斯蒂芬·茨威格"，学生经历了一个完整的语文学习过程。我预设了以两条线索分别感悟人物的特征、情感与作者的写作手法和情感寄托，学生是能够接受的，但是学生也创生了我意想不到的精彩。收获与问题体现在三个方面：

(一)课文是实现课程目标的例子

学生要学习语文，而不仅是学习课文，那么，语文教学就应当以落实学生的语文素养为核心，借助祖国的语言文字、借助课程呈现的丰富资料，让学生至少实现课程标准所能够涉及的相关语文目标与价值。这篇课文3700多字，即使仅限于掌握字词、分析句子也足够几节课去完成，可是那样，我们的教学就将受制于"课文"，而放弃了"课程"，所以，我将目标定位于课文分析的方法和修辞手法的体会上，在这两个课程目标实现的基础上，自然迁移到对"托尔斯泰""茨威格"的人文精神的培养上，放弃了对课文知识面面俱到的训练，学生学得轻松，而人文精神的体现也显得自然。

(二)课文是语文课程资源的桥梁

在本节课的设计过程中，我感觉到，这是一篇学生很难理解的课文，不仅在于课文思想境界远远高于学生的认知水平，而且学生透过语言文字所能掌握的只是表层的肖像描写，很难进入到对作者的"智慧复演"。因此，我分别在教学中进行了课程资源的补充整合和外在拓展。整合进去的不仅是托尔斯泰的创作与生平，而且包括了茨威格的创作与生平，这样一来学生既更好地理解了托尔斯泰的外貌特征与精神境界，又体会到了作者之所以这样写的情感归依；补充进去的关于肖像描写的另外两个例子，也让学生开阔了读写结合的视野，语文能力的形成得到了锻炼。

（三）学生生成性发展受到了制约

由于教师对教材内容的熟悉程度远远超过了学生，特别是教师对于老年托尔斯泰以及临终前的茨威格的心身感应特别强烈，在设计教学以及实施教学时往往是先入为主，力求全面、规范、无懈可击，正是这种无懈可击，让学生在教师所设定的圈子里难以突破，甚至不愿意突破，就造成了生成性的问题匮乏、个性化的解读欠缺，因此，必须加以纠正。在下一次上课时，适当增加学生讨论的时间，让学生在自己平等的碰撞中发出属于自己的声音；在资料的收集与利用方面，也充分发挥学生的主体能动性，通过学生自己的资料，让学生有自己的感悟；鼓励学生对教科书的质疑，包括对一些比喻、夸张的准确性进行大胆的、有突破性的质疑。

为学生整合的课程内容

（一）关于托尔斯泰

托尔斯泰1828年9月9日出生于俄罗斯图拉省克拉皮文县的亚斯那亚波利亚纳。托尔斯泰出身名门贵族，父亲尼古拉·伊里奇伯爵参加过1812年的卫国战争，以中校衔退役。母亲玛丽亚·尼古拉耶夫娜是公爵的女儿。1852年，他的《童年》在《现代人》杂志上发表，之后，创作了《少年》《青年》等。

从1863年开始，他历时六年紧张地投入了史诗性巨著——《战争与和平》的创作。小说是从1805年在贵族沙龙里争论拿破仑入侵欧洲写起的，集中表现了俄国贵族的命运和前途。整部作品在战争与和平交替的画面中，揭露了宫廷官僚和上层贵族的腐败，赞扬了人民大众的爱国主义精神，同时提出了许多重大的社会、哲学和道德问题。

1870年，他进入了以探讨现实生活为主要内容的《安娜·卡列尼娜》的创作。在安娜的人生中,醉心于功名利禄、冷酷无情的官僚代表卡列宁以及彼得堡的富家子弟渥伦斯基,都没能给她真正的感情。社会拒绝了安娜,安娜最终熄灭了自己一度明亮起来的生命烛光,毅然投身于火车轮下。在这个悲剧故事里,作家有力地揭露了贵族资产阶级社会窒息人性,摧残自由,破坏幸福的罪恶。

后期,托尔斯泰除撰写了许多充满宗教道德倾向的政论性作品和民间故事等外,还写出了大量剧本、小说、文艺论著等。1889 年以后,随着世界观的转变和对社会问题的深入思考,托尔斯泰越来越渴望再写一部长篇小说,他数易其稿、前后迥异,最后终于变成了卓越的、以对社会空前批判而著称的杰作《复活》。

他同情农民生活,一直致力于"平民化",持斋吃素,从事体力劳动,耕地、挑水浇菜、制鞋,并希望放弃私有财产和贵族特权。后来他因自己同农民的思想情绪有距离而不免悲观失望;对自己的地主庄园生活方式不符合信念又很感不安。最后,他于 1910 年 10 月 28 日秘密出走,在途中患肺炎,11 月 7 日在阿斯塔波沃车站逝世。遵照他的遗言,遗体安葬在亚斯纳亚·波利亚纳的森林中。坟上没有树立墓碑和十字架。但他的思想与成就却高高地耸立在欧洲 19 世纪文学的顶峰,并放射着巨大的光辉!茨威格称之为这是"世间最美丽的坟墓"。

(二)关于茨威格

斯蒂芬·茨威格(1881~1942),奥地利著名作家、小说家、传记作家,生于维也纳一个犹太资产阶级家庭。青年时代在维也纳和柏林攻读哲学和文学。后去世界各地游历,结识罗曼·罗兰和罗丹等人,并受到他们的影响。第一次世界大战时从事反战工作,成为著名的和平主义者。20 世纪 20 年代赴苏联,认识了高尔基。1934 年遭纳粹驱逐,先后流亡英国、巴西。

斯蒂芬·茨威格从 20 世纪 20 年代起,"以德语创作赢得了不让于英、法语作品的广泛声誉"。他善于运用各种体裁,写过诗、小说、戏剧、文论、传记,还从事过文学翻译。他在诗、短论、小说、戏剧和人物传记写作方面均有过人的造诣,但他的作品中尤以小说和人物传记著称。其作品在世界范围都有着经久不衰的魅力,被公认为世界上最杰出的中短篇小说家之一。

中国多家出版社在近年内出版过几乎所有他的传记著作和小说文集。其代表作有小说《最初的经历》《马来狂人》《恐惧》《混乱的感觉》《人的命运转折点》《一个陌生女人的来信》《象棋的故事》《一个女人一生中的24小时》《滑铁卢之战》《危险的怜悯》等；回忆录《昨日的世界》；传记《异端的权利》《麦哲伦航海记》《人类的群星闪耀时》《同精灵的斗争》《三位大师》《三个描摹自己生活的诗人》《三作家》《罗曼·罗兰》《断头皇后》等一些极好的作品。他的作品《伟大的悲剧》(选自《人类的群星闪耀时》)被选入人教版七年级下册。《列夫·托尔斯泰》被选入人教版八年级下册。

1933年希特勒上台，茨威格于次年移居英国。1938年入英国籍。不久离英赴美。1940年到巴西，时值法西斯势力猖獗，作家目睹他的“精神故乡欧洲”的沉沦而感到绝望，写下了回忆录《昨日的世界》，并在孤寂与感觉理想破灭中，于1942年2月22日同他的夫人在里约热内卢近郊的寓所内双双服毒自杀。他的《昨日的世界》(1942年)、小说《象棋的故事》(1941年)以及未完成的长篇传记作品《巴尔扎克》都在作者死后先后出版。1982年在作者的遗稿中又发现了一部长篇小说的手稿《富贵梦》。

(三)课程拓展

他短小臃肿，外表结实，生就运动家般的骨骼。一张土红色的宽大的脸，到晚年才皮肤变得病态而黄黄的，尤其是冬天，当他关在室内远离田野的时候。额角隆起，宽广无比。乌黑的头发，异乎寻常地浓密，好似梳子从未在上面光临过，到处逆立，赛似“梅杜斯头上的乱蛇”。眼中燃烧着一股奇异的威力，使所有见到他的人为之震慑；但大多数人不能分辨它们微妙的差别。因为在褐色而悲壮的脸上，这双眼睛射出一道犷野的光，所以大家总以为是黑的；其实却是微蓝的。平时又细小又深陷，兴奋或愤怒的时光才大张起来，在眼眶中旋转，那才奇妙地反映出它们真正的思想。他往往用忧郁的目光向天凝视。宽大的鼻子又短又方，竟是狮子的相貌。一张细腻的嘴巴，但下唇常有比上唇前突的倾向。牙床结实得厉害，似乎可以磕破核桃。左边的下巴有一个深陷的小窝，使他的脸显得古怪地不对称。(罗曼·罗兰：《贝多芬传》)

三、“行”与“止”皆是自我

“君子求诸己”。教师的自我发展来自于对自我的认识和自我的历练。在这个过程中,必然经历“知之为知之,不知为不知”“君子之过也,如日月之食焉:过也,人皆见之;更也,人皆仰之”“温故而知新,可以为师矣”三个阶段。前两个阶段是后一个阶段的基础和条件。

(一)认识自我

只有我才能够认识我自己,但是,我们自己认识自己也是很困难的。美国经济学学者约翰·肯尼思·加尔布雷思说:“当人们面临改变思想和证明没有必要改变思想的选择时,几乎人人都忙于证明后者。”我们呢?受制于自我认识才是成长中的最大困境,从我开始出发,便能够寻找到专业发展的路径。

1.自我发现

教师的专业成长需要从参与教育的过程中来寻找智慧。教师获得自我发展的先决条件是价值认识,对教育的认识、对学生的认识、对教学的认识、对自我的认识等。而对教育等的认识必须要与对自我的认识融为一体,才能够产生对于教育的“心向往之”的情感与意识,没有什么能够与心灵的力量相比,认识是情感发生的第一步。

解析教师专业成长的轨迹,我们能够获得多维度的启示,其中有一个根本性的前提条件是教师对自我的深刻认识,由此发现自我,进而才会生成基于自我发展意识之下的不懈努力。发现自我才能修炼和谐的自己,有专家认为:与外在的认识者相比,教师最了解自己,最清楚自己的工作背景和工作对象,最知道自己工作中的优势和困难。教师是能够给予自己一个理性的发现。

教师自我发现的领域包含综合素质的自我发现、教学行为的自我发现、教学成绩的自我发现等,发现自我的途径应当来自教育教学活动过程中,也可以来自教师的日常生活。发现自我,生成信念,这是教师自我发展的起始。

2.自我评价

教师发现自我是发展自我的前提,但是发现和发展之间还隐含着自我评价的过程,教师只有对自己有一个清晰的定位,才能够以此来规划自己的发展。所谓"知者不惑,仁者不忧,勇者不惧"。不同的特点、不同的优势,发展的选择自然不同,能对自己作出准确的评价,才能立于发展的正确道路上。

教师的自我评价基本包含四个问题:一是综合素质的自我评价,教师的综合素质主要从五个方面来评价,即道德素质、教学理念、知识素质、教育能力、教学能力等;二是教学行为的自我评价,教师的教学行为包括创新教学行为和常规教学行为;三是教学成果的自我评价,成果评价是一个特殊的评价指标,在传统教师评价中,对教师成果的评价占据绝对的主导地位,但是教师对自己可以取得怎样的成果却不能够进行自我评价;四是研究发展的自我评价,教师的专业发展特别强调教师搞研究,在教学研究中提升自己的专业发展水平。

有了上述的评价依据,教师可以综合地,也可以从一个侧面来评价并重新发现自己。发现自己、评价自己只能是途径或者基础,其目的在于生成更重要的教育教学行为,即规划自我发展。自我发展的规划要从目标入手,落实到具体的行动上,最后还要有发展结果的呈现形式。

3.自我规划

在教师的自我发展视野之内,有许多的关键因素,这里面包括关键人物的帮助、关键事件的启迪、关键书籍的引领等,很多时候是可遇不可求的。但是,就教师自身来说,与其等待机遇的降临,不如主动寻求发展的可能。教师的自我发展需要教师自己的系统规划,只有建立起了规划意识,教师才能够一步一步循着目标前行,即使遇到暂时的困难,也可以迎头克服。

规划是一个多元概念,对教师来说,包含人生规划、职业生涯规划、专业规划、现场规划等。人生规划是一个"君子务本"的过程;生涯规划是一个"不为而成"的过程;职业规划是一个"人一能之,己百之"的过程;现场规划是一个"以学术为志业"的过程。

教师自我规划的第一个主题词是“阶段”。教师的成长是有阶段的，并且对每个教师来说成长的阶段是大体一致的，这就说明教师自我发展是有规律可循的，遵循不同阶段的发展规律进行科学规划才是应该的。当然，规律只是宏观的指向，教师的自我规划恰恰就是根据个人的特点及目标等所进行的有意识的个性化的打算。教师自我规划的第二个主题词是“科研”。进行教育科研是教师自我发展绕不过去的一个槛，也是必须走进的一个新世界，所以，教师在规划自己的未来发展中，不但要对发展阶段有清醒的认识，而且要规划好自己的科研方向，在科研的背景下进行规划，让自己的每一步前行都有研究相伴。教师自我规划的第三个主题词是“超越”。只有教师自己知道自己的可能空间，但是，教师也应当更大限度地拓宽这一空间，在自我发展的规划中，如何不断实现“超越”显得困难而重要。从严格意义上来说，超越自我并不是需要规划的内容，但是，它却是能够实现自我规划、自我发展的一个重要品质。

总起来看，教师的自我规划可以从上述几个方面来具体设计，而“读书计划”“教学计划”“写作计划”“研究计划”等都可以纳入规划领域，进行统整。让自我规划既有主题又有阶段，从设计现场与人生目标入手，有意识地实现自我发展的理性回归。

（二）反思自我

教师的自我反思构成了教师自我发展得以深入的基本路径。反思是人的一种认识行为，也是一种具有普遍性的心理现象。反思之所以引起越来越多的关注，并成为“促进教师专业发展的有效策略和途径”，来自于反思本身所具有的理论观察与实践意义的结合。反思并不能解决教育的、教师的所有问题，但反思却能够融合教学研究的理论与实践断裂之痕，让中小学教师在实践中穿行于理论的空间并实现发展的深入。

1.反思性教学范式

我们要探讨的是教师的教学反思，也就是如何将切入到每一天所要进行的教学活动中去，如何将反思与教师最习惯的教学行为相联系，由此一方面使得反思有立足点，另一方面也提升教师的教学水平。

教学是教师每天在教育过程中所从事的实践活动，当我们已经领略了反思的内涵以及对于教师专业发展的巨大价值时，我们亦应当更多地来反思教学，而教师就是在教学反思中走向精神与理论的提升。其实，在教学反思过程中，教师便在不断地实现着对自我、对真理的追问，寻根问底地问，问技术、问结果、问伦理、问价值……这样的一种追问，涉及教师的思想所能够顾及的一切。

反思性的教学范式就是多问一些“为什么”的教学范式。其实，我们不缺先进的思想，也不缺可操作性的教学模式，从根本上说，教学与发展的办法都很多，可是为什么我们的教学和我们的发展却往往停滞不前呢，为什么教师的实践离发展的距离那么远呢？是因为我们不习惯问为什么，我们只习惯问怎么办，当我们问为什么的时候，我们就开始一段哲学思考，一段可能我们看不懂自己的思考。

教学反思的切入点很多，从实践需要来看，这四个问题是必须要反思的：“我为什么而教学？我为什么这样教学？我这样教学的效果怎样？我该怎样教得更好？”即便是由此得到的仍然是技巧性的问题，只要坚持，教师就将走向深刻的哲学观察，而看似平常的教学之中也就能够源源不断地生发出思想来，教师的自我发展不也就在其中了么？

2.基于教学设计的反思

反思从教学设计阶段就应当开始了，为什么要设计教学？为什么要这样设计教学？这样设计教学的依据在哪里？还有没有更好的设计思路？这一系列问题其实都伴随着教学设计而产生，而在日常教学中，我们恰恰忽视了这些问题的存在，使得教学设计过程成了一个单调重复的撰写教案的过程。可见，教学设计是需要我们认真进行反思的。

教学设计过程中的反思，所涉及的问题来自不同的层面，有课程领域内的、教师能力领域内的、学习需要领域内的、整体发展领域内的，等等。有些是可以通过教学分析来获得的，而设计过程中的着力点则是基于对学生的反思，因为最动态的因素是学生。

教学设计应当反思学生的哪些需要呢？一要反思学生学习兴趣的激发，二要反思适宜所有学生的教学氛围的营造，三要反思对学习者的个体差异的关注，四要反思学生自主建构条件的提供，五要反思学生主体感悟的唤醒。此外，在反思教学设计的某些环节中，教师要尽可能地分析和预测可能的“学情”，尤其要对课堂中的生成性问题进行充分地预计，对可能出现的各种“意外”状况进行多种应对策略的设计。

3.基于教学过程的反思

只有进入教学过程，才能够真正发现教学的变幻与美丽；同样，教师也往往是在教学过程中才真正进入反思状态。教师的自我反思更多的是在教学过程之中进行的，当然，在反思中教师必须拥有一定的教育教学思想，并且通过反思进一步有所建构。教学过程的影响因素有很多，包括教学的组织、教学的推进、教学的效果等。在教学过程中，教师一方面是教学的组织者和直接参与者，与学生一起共同构成教学的主体，另一方面教师还肩负着发现教学的问题，进而实现教学优化的职责，这一职责才体现了师生在教学过程中的地位的本质不同。也就是说，教师不仅是教学过程的参与者，是学生学习的帮助者、指导者和引领者，而且更是教学过程的诊断者和修正者。

那么，教师该如何来发现、反思教学过程中可能出现的问题呢？(1)教师善于观察学生的学习状态，学生在教学过程中所整体展现出来的学习状态，以及个体的学习困惑是教师发现课堂问题的直接信息源，由此可以看到学生的学习需要，看到学生的学习优势与不足，进而对教学作感性的判断，由此进行理性的反思；(2)教师善于比较预设与生成之间的距离，教学是以预设开始的，往往却又将焦点集中于生成，这体现了现代教学思想对于课堂的动态生成的尊重，这种尊重也是对学生的尊重，预设是教师的一厢情愿，生成却是师生之间交流后的即时产物，二者的最大不同在于体现了教师的教学思想与教学实践之间的差异，那么，把握这一差异，准确判断二者之间的距离，则能够改进教学，是教师必须要反思的；(3)教师善于判断并反思教学目标的达成度和达成率，对于一节有效的课来说，判断的标准有很多，可是教师应当有自己的基本判断，那就是教师所希望学生达成的教学目标实现了没有，伴随着教学过程的一步步推进直至结束，教师应当始终关注并思考教学目标的达成度，进而再关注并思考有哪些学生超过了预期，哪些学生还没有达到预期目标，伴随着对教学目标的反思，对学生发展，特别是所有学生发展的关注就得以实现了。

4.基于教学策略的反思

只有在对教学策略的反思中教师才能从点滴入手，逐渐改进自己的教学。这就需要教学来关注细节，其实不仅教学，教育的细节不都是需要教师关注和反思的吗？正因为是细节，所以教学策略往往体现着教师的教学关注点，然而在不同类型的关注点背后，却可以发现教师对于教学价值的理解与把握。教学是艺术与科学的综合体，既要有灵活的教学策略，又可以升华为教学的艺术，又必然受制于“教学必须促进学生的身心发展”这一核心价值观。因此，我们对教学策略的反思必须回归到教学的价值取向上来，回到教学的有效性上来。就在如此的反思与改进中，教师才会开始理性的思维走向，教师才能够获得现实的教学策略与基本的教学理念。

那么，怎样的反思才是基于教学策略而又关注到了教学的基本理念呢？一是把握并反思课堂上生成的问题价值所在，教师对教学策略的运用，一般是从问题开始的，教师提出的问题要与学生生成的问题相结合，共同推进教学，一个良好的问题不仅反映的是学生的智慧发展，而且也是学生情感状态的标志，所以，反思生成的问题是反思教师的教学策略的载体；二是反思课堂教学中的学生思维的广度，良好的教学策略一定是有利于学生的思维的，高智慧的教学是借助学生不断流动着的思维来实现的，当学生面对学习中的问题能够产生众多解决问题的方案，能够发现不同的思考方向时，才是我们期待的教学，然而，课堂上平静如水，思维上没有波澜，这时候就需要对我们的教学策略进行反思了；三是反思学生的参与程度，再好的教学也难以切合所有学生的需要，所以，采取什么样的教学策略保证所有学生的参与，保证每一个学生都能够有所收获，是教学反思的应然，也是教学反思能够实现的价值，那么，教师的提问、辅导等是否关注到了所有学生，就是教学反思应有的切入点了。

5.基于学生管理的反思

教学的组织以及推进需要良好的秩序，而学生在整个教育过程中会伴随着不断的犯错与改正的过程,这时候,教学管理就显得非常必要。很多教师愿意就自己的管理行为进行反思,以提高教育的水平。课堂教学中,需要我们教师反思的问题并不仅仅限于学生出现的问题,还应当包括是否创生了符合学生价值观生成的教学。

学生课堂管理的反思应当从哪些方面入手呢?一是从课堂的“动”“静”结合上来反思,观察学生思考的深度和活动的效度,让课堂“动”“静”结合,和谐有序,这是教师管理课堂的基本点;二是从学生合作的角色配合上来反思,课堂管理当然不是以“管住”为最高境界,而是以学生自由而积极地活动来展示其高效,这一点从学生的合作学习上能特别明显地展现出来,从某种意义上说,合作学习的效果代表了教师的课堂管理效果。

当然,课堂管理还包含着纪律管理,学习积极性的调动等,伴随着教学的推进,这些因素自然会被教师关注到,关键在于教师能否就此进行反思,能否从中抽取出具有规律性的管理策略。

6.基于学生评价的反思

评价是广泛存在的,正因为如此,教师可以反思自己对学生的评价,从中能够找到自身不足,寻求改进的策略,实现自我发展。评价不在于对知识的判定以及基于知识前提之下的对于人的机械鉴别与选拔,而是在促进人的发展的价值体系中作出点什么,这就是学生发展评价的方法与技术问题。

有了这样的认识,反思对于学生的评价就有了立足点,对学生的评价是否得当,在于评价是否引领了学生的发展方向,是否激起了学生发展的内在动力,还应当反思评价是否打动了学生的心灵。这三点是统一的,是立足于发展性评价之下的基本目标,然而,却往往难以做到。从引领学生发展方向来看,应当反思的是评价是否符合学生的发展期望,是否准确地关注到了学生的最近发展区,而不在于评价是鼓励还是批评,关键在于评价对学生学习和发展有没有真实的作用,这就要求教师在作出评价之后要自我反思一下评价的效果;从激起学生发展的内在动力来看,应当反思的是学生是否在乎教师的评价,是否将评价作为自己一笔珍贵的财富,所以,教师在评价学生的时候,要让学生感受到评价带来的巨大推动力,这种推动力可以转化为学生的内在发展动力;

从评价是否打动了学生的心灵来看，教师应当反思的是对学生的评价是否饱含深情，是否让学生感受到了教师平等的关注，感受到了学习与进步的喜悦，因为即使作为价值判断的最为理性的评价，也附带着教师的情感，这种情感是否对学生拥有良好的影响，显然，需要教师的反思。

如此看来，在教师专业发展的路上，前行还是停止，外力已经“力不从心”，起决定力量的是教师的内力支撑。发展在心，教师在自我的认知与超越中，真正的发展才会到来。

五、文化与精神的历练

在教师自我发展的生命成长历程中，文化涵化不仅是一个可能的结果，而且是一个可行的目标。为什么说是文化“涵化”而不是文化“积淀”？文化涵化具有“使文化移动”“使文化适应”等含义，也可以指两种文化群体在相互的或双边的接触影响中获得本体文化以外其他群体文化元素的能力和发生文化演绎的过程。教师本身就是文化的载体，而教师的文化因其受教育过程的限制，并不足以具有个体的发展性，那么，教师如何以多元文化为载体，寻求自我发展的正迁移，就是一种必然。

（一）“境由心生”乃无止境

文化与精神统一于个人的职业情怀，外显于个人的职业实践。教师是一个实践工作者，实践中体现着精神境界，展示着文化素养。

1.舒展良知的情怀

教师自我发展并不仅仅是教育理论和教学技巧的提升，而是教师整体生命价值的实现，是教师个性的充分舒展。由此，我们还可以获得一个基本判断,那就是教师必须拥有完满、积极、健全的人格。换言之,教师是可以追求一点“境界”的。教师依然是奉献的群体,最纯净的心依然属于教育者。所以,不管我们是否承认,教师之魂就应当永远是像蜡烛一样在悄然燃烧着自己,照亮着别人。

这就是一种境界,一种类似宗教的忘我之境。教育需要一种信仰和追求,一种倾情投入的坚守和痴迷。率真、热忱、执着、坚韧是为人师者不可或缺的精神状态,然而在我们的教师队伍中不乏慵懒、懈怠、愤懑的情绪存在,这正是一种类似宗教精神的缺失。陶行知先生那“捧着一颗心来,不带半根草去”的博大胸怀,“为一件事来,做一件事去”的敬业精神,坚守了一份从容,成就了一番事业,令人敬仰!

齐健教授曾提出了新时代教师的灵魂:善于思辨的大脑,能够充满教育智慧,成为学生情感生成与智慧生成的良师益友,做学生成长的引领者;不息的生命激情,以教书育人为己任,将自己的生命激情与生命价值融汇于教育事业中,奉献自己与发展自己紧密结合,享受教育教学带来的生命感动;执着的进取意识,坚守自己的教育理想和人生目标,在每一天的教育生活中享有一份从容,于平淡中向着未来进取;独立的精神操守,拥有属于自我的精神境界,拥有高尚的人生信仰,在教育事业中创造属于自己的个性空间,与学生一起拥有人生的境界。拥有完美的心灵才能得此境界,才能体验教育的美好。

2.理想引领人格的完满

教师应当拥有高远的理想,并且具有为理想而实践的勇气和韧劲。这一点,在教师自我发展的专业成长过程中是不容忽视的要素之一。置身于这样的教育希冀中的教师,自然也是受到生命关注的教育本体,如果对学生来说教育意味着对未来生活的基础性建构,那么教师的教育活动自然也是生命投入的价值之旅,而且是不断成长与成熟着的不可复制的生命建构活动。

教师的自我发展有没有终点?从理想意义上说是没有的,是永无止境的,但如果说无止境也是目标的话,这一目标就是追寻完美,人格的完满、精神的丰富以及学识的渊博当含其中。

这就是一种教育之道。人之为人必有其道，道之所生，顺天而成，道之所存，为师之责。作为教师，知识的传承固然重要，但是隐含在知识背后的人性内涵，诸如关爱、仁慈、悲悯、孝道……无不影响着人类文明的传递和民族精神的发展，这才是教育最本真的内涵。对教师的人道精神，我们可以理解为对人的发自内心的敬畏、尊重、关心，拥有善意的关怀、同情和信任，宽宏大量，同时也要求自己做到谦虚、正直、真诚。

教师的人道精神是社会期望，也是自我理想。教师也有一个做学生的过程，他们早已在自己的长辈和教师那里接受了最基本的人道精神的熏陶，形成了一定的人道精神的基础。随着年龄的增长，他们对人道精神的理解会进一步加深，当成为一名教师以后，他们便成为人类文明的传承者，在教育的朝圣之路上，这种精神使得教师变得完美、健康，拥有阳光的生活。

3.经典阅读成就文化素养

教师的专业发展必须是自身人文精神的发展，人文精神并不抽象，指人的情感、信仰、态度、意志、价值观等精神气质的各个方面——科学精神、艺术精神、道德精神等，都与人文精神具有相融性。具体说来，就是要做有文化的教师。而自觉读书，走进经典是教师力争成为“有文化的教师”的最有效的途径之一。

文化是构筑教师精神的基因，一位优秀的教师是有着广博的文化和儒雅的情怀的。作为一名教师，是否问过自己：我拿什么来奉献给我的学生？是一本教材，还是一片爱心？教材和爱心都是必需的，但也是不够的。“教无止境，学无涯。”要想让学生学有所得，学有所成，我们教师首先要做到博学多才，要有高屋建瓴的本领，要有谦谦君子的儒雅之风。当我们博览群书充实了自己的文化功底以后，博雅之风也就会自然形成；课堂教学中才能做到旁征博引、左右逢源；也只有这样，我们才能渐渐靠近大师，步入教育的理想家园，成为大地上厚重的生命歌者。

读书是要读经典的，朱熹说：“为学之道，莫先于穷理；穷理之要，必在于读书；读书之法，莫贵于循序而致精；而致精之本，则又在于居敬而持志；此不易之理也。”以一种坚定的信念，以一种精益求精的姿态，才能够获得真理，才能够在浩瀚的书海中寻到文化的珍贝。的确，读书可以积淀文化，而只有把书读透，才能够实现文化的涵化。所以清代人张潮说：“藏书不难，能看为难；看书不难，能读为难；读书不难，能用为难；能用不难，能记为难。”看来，让我们自己成为经典藏书、看书、读书、用书、记书，一个也不能少。

4.走向自我发展的“化境”

从文艺美学的角度来说，发展的境界要经历“疵境”“稳境”“醇境”“化境”。（朱光潜《谈文学》）如果我们借鉴其阶段理论来关注教师的发展，那么，教师的自我发展是否也能够寻到一些境界呢？

“疵境”可以看做是初始教师的阶段，在这一阶段里，教师对于自己的职业会经历不断熟悉、不断进步的过程，其进步是不需要自身刻意追求的，在人的发展的本能作用下，教师就可以走出疵境。

“稳境”和“醇境”是教师生命成长的主要存在方式，到达“稳境”已然是一名优秀的教师，然而，“稳境”却是最需要变化的，这是一个平庸的境界，不是“庸”就是“俗”，虽是天天在弄那些东西，却到老也没有进步。由此，教师就必然应当实现由“稳境”向“醇境”的跨越。

对教师来说，“醇境”不仅是更纯熟的教学技能、技巧，而且意味着教师宽阔的专业视野，特别是对教育教学规律的掌握与哲学反思，这就需要教师在不断完善自我中追求思想的深刻。

“化境”则是道德人格与专业素养的生命耦合，这是把教育置于人类关怀的视野之下，以“大爱”“唯美”为追求的教育的生命走向。成就为教育家应是教师应有的追求，由是，追求教师生命发展的“化境”亦就成为应然了。

（二）“精神审美”以升华

教师的专业发展是需要一点精神力的，特别是从教师自我发展的角度来看，失去了精神力，也就失去了发展的可能。教师自我发展需要的精神力，在于教师对于教育职责的“认识力”,教师面对问题时的“持久力”,以及教师德性的“保障力”。合二为一,则是一种“游于艺”的审美境界,有了这样的境界,教师在自我发展中才能够具有内在动力,即便遇到问题时仍然会乐此不疲,孜孜以求。

1.自我发展是一种责任

爱学生、爱教育是教师的道德准则,也可以说是教师职责的体现,那么,教师的自我发展也是一种职责吗?

教育以培养人作为其目的,就存在着培养具有不同差异的人、培养不断变化着的人、培养不同发展方向的人的意义,教育便成为动态的活动,成为发展的不断更新与超越教育本身的活动。创新成为教育的本质属性之一,而实现教育创新的因素之一即教师,这也是核心因素。国家的宏观发展在于创新,准中观层面的教育事业的出路也在于创新,而教师是否具有创新的专业意识必将决定教育的基本走向,这也决定着国家的创新发展。教师创新显然不是对于历史文明或者人类文化知识的变革与更新,而是如何在不断超越自我的基础上促进学生的发展与创新。教师的“自我超越”便是一种职责,也是教师职业的一种新的价值取向。看来教育没有爱是不行的,然而,“爱”的体现却有很多内在的呼唤。

既然教育是人类“爱”的承载,同样教育也应当传递“爱”的信息,而这也是学生发展的核心因素。“爱”是生命的主题,让学生认识爱,学会爱,进而对社会具有感恩的意识,不仅是让学生对社会有所回馈,更重要的是,学生在亲情中体验到“爱”的时候,会使他们更加感觉生命的美好。生命的幸福来源于对生命与健康、生命与安全、生命与成长、生命与价值、生命与关怀的认识与体验。从学生的生命整体发展的意义上来说,教育承载的责任将是一个持续、健康的促进角色。然而,当前仍广泛存在的“知识中心”“课堂中心”“教师中心”等教育教学现象却在异化着学生的发展与需求本质,破坏了有助于人的生命发展的教育生态。从根本上说,学生的生命发展注定了教育没有停滞的理由,教师在学生的发展需要中发展,这就是教师专业化的成长过程。

爱是责任的升华，爱也是教师对自我的最高约束，对学生爱的实现不是一般意义上的关爱与体贴，更非单纯的母爱、父爱的教与学转向，而是教师能够切实从学生一般发展需要来提升自己的教育水平，以更好地满足学生所得。由此可见，对学生的爱亦应建基于教师的专业水平的提升，教师的专业发展更大的意义来自于对教育爱的责任的承担，因此，专业发展不是外铄于教师工作以外的附加要求，而是教师实现其教育责任的现实关怀。

2.征服困境是一种常态

即便教师始终在努力着，然而，在理想与现实之间总会有距离，总会有鸿沟，而且在很多情况之下理想的彼岸永远都在不远的地方。教师的自我发展已经有了历史的与现实的根基，而且我们也已经勾画出了教师自我发展的一条阳光普照的大道。但是，在我们前进的过程中，问题总是与成功相依相伴。在走向成功的道路上，教师实际上也是在不断克服这些困难的过程中。

实现自我发展并不能轻而易举，这里的轻而易举更多的是一个时间的概念，即愈是需要等待的教育的效果、教师的发展成就愈是需要相对漫长的时间。从教师发展所进行的“研究”来看，教师采取一种新的教学方法、教学思路，究竟能不能成功，不仅要看当时的教学效果，更要看持续性，即现实的教学效果也不是一朝一夕即成的，所以，教师的研究与发展往往要经历一个寂寞的等待。正因为寂寞，我们才说教师的成功往往是厚积而薄发的，教师的成功是孕育着生命的价值甚至是人类的未来希望的成功。即使寂寞又何妨？在寂寞中努力并美丽着，在这种境界里发展才是教师的价值之源。

即便坚持，失败也往往难以避免。失败对于希望有所成就的教师来说是司空见惯的事情，正是因为有了发展的要求、有了上进的行为，教师才可能会经历刻骨的失败。失败与成功的关系问题，是一个人人皆能有所己见的人生智慧。在此，我们无意从哲学的层面进行赘述，关键在于教师应当意识到教育的过程就是在教师不断地发现缺陷、发现自己的失败中来追寻教育结果的最终成功的。一次次的失败对于教师来说，积淀的不仅是自身发展的成功经验，更是对于教育结果成功的一种获得。

其实，征服寂寞、征服失败的过程也是教师自我征服的过程，战胜自我的人才能够超越自我，才能够成就自我。

3.德性的自觉是最终保障

教师德性是一种精神品质的再现，存在于教师的教育教学行为之中。教师德性是具有道德和伦理价值的综合体，体现的是教师对职业道德的认同以及对自身人格特质的自我意识。关于教师的自我发展，首先在于教师德性的自我意识，由德性基本内涵可以发现，教师的德性强调的不仅是教师在工作中的无私奉献，而且最关键的是在于教师通过良好的德性意识实现对自我精神的满足和愉悦，因为德性的价值是对人也是对己的。

在教师自我发展的意义之中，教师德性的自我意识与建立应致力于这样四个方面：一是教师审美感的自觉，二是教师公平意识的自觉，三是教师责任感的自觉，四是教师幸福感的自觉。

关于教师德性的自我意识与建立，首先，教师应当有一颗感受美的心和一双发现美的慧眼，美存在于教育生活的每一个方面，学生的生命之美、教育事业的求真之美、人际的和谐之美，等等，美的感受必须经过心灵的发现与创造，所以，教育是用心经营的事业。其次，教师应当以公平的意识面对自己的专业对象，也就是公平地对待每一个学生。或许谁也不会承认自己的教学不公平，但事实却是，在我们的教育教学中存在着过多的盲点，这些盲点已经成为制约学生发展的“节”。公平的前提是认识到教师言语行为可能会对学生的一生具有促进、限制或者生命力的扼杀等不同的结果，公平地关注每一个学生，促进他们向积极的人生方向努力和自我建构，是教师能够而且必须要做到的。再次，教师德性包含着教师责任感的建立。如前所述，我们反复强调教师的责任意识，责任是压力和动力的结合体，同样，责任也意味着人生的成熟，意味着人生价值的体现，责任意识的强弱在某种意义上决定的是教师生命感受的程度。最后是教师幸福感的生成，幸福并不存在于口头的表达之中，切身感受教育的幸福是自我发展的前提，同时，也只有在不断的自我发展中，教师才能够感受成长的快乐，才能够自由畅快地享受生命赋予的生机与尊严，所以，即使我们不能清楚地解释幸福是什么,我们也应当在自我发展的过程中寻找幸福的感受。

这是一种审美关怀,当自我发展进入精神超越的审美阶段,自我发展将从无序、他律、自律而进入自由的阶段,而精神的自由无疑就是教师生命整体性发展的境界,是不存在技巧、不留痕迹的认知与情感的真正统一。真正的自我发展是“移情”和“忘怀”的,是在摈弃了强迫、摈弃了功利、摈弃了私我、摈弃了形式的境界里进行情感的和精神的自由遨游。

第二章

“工作室”成长范型

2010年,潍坊市奎文区成立了“李秀伟工作室”。当时,我是以名师的身份成为这个团队主持人的。然而,短短几年过去,我却发现,在与教师一起探索、成长的过程中,真正蜕变的却是我自己。现在,在潍坊市奎文区、博兴实验中学、济南胜利大街小学、齐河三中、龙口一中、威海市千山路小学、济南历城五中等,我拥有了一百多位固定的、定期深度进行课程与教学以及自我成长研究的“工作室”团队,老师们的智慧和付出,让我从一位名师走向真正的研究者,又从研究者反身回到教学现场成为一位教师。在跨越学科、学段,跨越时空的交流中,以专业的方式行走,以专业成长影响学生、影响学校、影响教育以至影响这个世界,我和工作室的教师们在自组织的成长中收获。

一、“工作室”:又一个成长模型

在进入新世纪这十几年的教育生涯中,我从教小学、初中、高中,到现在教大学生《课程与教学论》,走过的是一段团队“众创新”、共超越之路,而我的工作室给了我成长的专业支撑。

(一)跨越学科、学段的第一次自我超越

2010 年,在潍坊市奎文区,“李秀伟工作室”建立。一整年的摸索中,我们工作室始终没有找到可以更好地促进我们自身发展的切入点。研究先行,于是我们 25 位教师第一年从课题研究入手,每人承担一项潍坊市级课题,内容为现实的教学问题。从课题论证、方案设计、课题实施、课题鉴定到结题,我们用了一年的时间,走过了一条规范的专业课题研究之路,一年之后,教师们成功地掌握了教育科研的一般方法,为走入科研之路奠定了很好的基础。我在和教师一起进行课题规划、设计、指导实施,并充当最后鉴定者的过程中,首次实现了跨越学科、跨越学段对于不同课题的深度介入,为我后来纵览整个基础教育阶段的学科教学奠定了基础。

在这一段摸索、探究中,包含着自我质疑,的确,名师工作室、工作坊、名师书院等在全国各地已经建立了很多,并且有着很多成熟的经验,但也存在着诸多的问题。我们是采取拿来主义还是创造自己的行走路径?这一个问题实际上困扰着我们整整一年,即便是在深入开展课题研究的全身心投入阶段,也一直是在探索和自我否定之中。

好在课题研究很快取得了成效,这个成效体现在教师慢慢享受研究过程本身的快乐。即便是一个课题研究报告,我们也要求自己的独立创造,结合规

范的格式一步一步呈现研究经历，遇到困难时向两个领域寻求帮助：一是继续反思自己的教学实践，从实践中发现新的问题，找寻新的智慧；二是查阅资料，倒逼自己去读书。一年下来，教师们感觉自己能够在繁杂的工作之余静心思考、潜心研究了，这就是研究带来的思维境界，很幸运，教师们触摸到了。

至今，在我的电脑文档里留着25个课题，接近50万字的课题实施方案稿，留着60多万字的各个课题研究报告终稿，每一个字、每一句话都经过我的细心揣摩，过程艰辛，但是收获却是如此之大。对中小学教师，包括我来说，完成一项课题研究并不是最重要的，最重要的在"结网捕鱼"的过程中学会"结网"、学会"捕鱼"，即在研究中先成为一名研究者。比如"'双整谐动'的课程开发研究""小学语文本真教学研究""小组合作学习中的小组文化建设实验研究""初中单亲学生心理状态调查研究""初中历史影视教学研究""物理生活化教学研究""英语快乐生活教学研究"等一项项课题研究在促成教师们走进研究的同时，引领了教师对于教育价值的再认识，提升育人水平；也让我有了第一次超越自我的发展与提升。

研究是一种经历，代表一种过程，正如教育也是一个过程一样，我们在探索教育的过程也在实现着对自我的教育，求得发展的唯一路径是进行你所选择的事情去做。你和你的成果与你的生产是一致的。工作室的行动理念就此确立。

（二）课例研修中的第二次自我超越

2011年，我带领我的工作室成员承担了山东省首批小学语文远程研修课例开发的任务，我和工作室成员李蓓蓓、孙云霄、李蕾、候忠彦、王安存、张婷娟等老师接受了"阅读教学的基本流程"的研修课程开发任务，也充分参与领悟了山东省远程研修当时提出的"三轮备课两轮打磨"的研修理念，半年时间，从没有讲过潍坊市级以上公开课的李蓓蓓老师在这种理念的引领下，经历了多次备课、多次反思、多次打磨、多次授课的层层历练，对语文、语文教学有了自己的独特领悟，课越上越好，关键的是成为了小学语文领域的专业性名师。

教师在成长，然而，远程研修启动后来自基层学校教师的抱怨却深深触动了我，抱怨这样的一种网上研修方式过于复杂、工作量过大、操作过程非常辛苦。是这样的吗？结合李蓓蓓老师的成长经验，我希望在工作室里和教师们迎难而上：大家暑假里一周研修就觉得痛苦不堪，我们将其变成常态会怎么样？

这就有了我和工作室教师们创生出来的“非制度性校本研修模型”，其四个要素是“建立学习组织——确立研修主题——实施课例研修——评价研修成果”，充分展现了在“个人设计”——“组织设计”——“改进设计”——“有效设计”中。四环之下具体化为十大研修要素：建立组织、多次设计、反复授课、同课异构、异课同构、分工观课、专业评课、有据反思、跟进测评、笔墨人生；工作室的25位教师们每人一个研修团队，每人一个研修主题，每人都开始了一段“艰苦卓绝”的研修之旅。一节课的研修就留下接近10万字的材料，两周时间，一些很少写论文、写案例的工作室成员大多写下了接近3万字的教学反思，借助一课、研修一课、超越一课，最终超越自我，工作室的教师们感受到了真正的研究之幸福。我曾不止一次地记起李蕾老师凌晨五点发来信息，说她的研修材料发到我邮箱里了，这是她一夜不睡自觉自愿的研修过程。

对我来说，校本研修的迁移应用给了我人生第二次重要的超越，使我认识到了“行动的智慧”，无论是人类的文明成果、精神财富，还是人类创造的一切文化资源，我们都能够去学习，然而却常常“视而不见浅尝辄止”，这不怪我们默然，应当是怨我们没有找到一种方式重新经历一次，没有回到前人创造成果的过程中切身体察！这就是智慧复演！我们自己首先来一次的智慧复演！学生的学习当然也应有此意。

虽然只是一次研修经历，但是在这一年里，我们工作室的教师们白发渐浓、夜不成寐，然而，却创造了一节课留下10万字，两节课的课例研修完成一部著作的壮举，重要的是我们乐此不疲、欲罢不能！

远程研修的抱怨被我们证实是因为没有真正投入，25位教师今天仍然走在这样一条研修之路上。我也从中收获了专业认知，关于校本研修的学术论文发表于《教育研究》《中国教育学刊》以及被人大复印资料全文转载。在校本研修领域,我的成长又一次大于教师们,谢谢这个了不起的团队。

(三)课程开发中的第三次自我超越

2012年,我们走进课程。教师第二课程开发是张志勇研究员对山东省中小学教师的期待,然而,查阅文献资料却没有教师第二课程的概念与开发策略,更谈不上开发什么。工作室进入第三个年头,我深知,我们不能再单纯地进行课堂内的研修,研修需要一个有关课程的支撑,那么,我们就从教师第二课程开发入手吧。

一开始,老师们问我:我开发童话课程可以吗?我开发诵读课程可以吗?我开发面塑课程可以吗?我开发论文写作课程可以吗?等等。面对25位老师的求助,我深知不帮助他们是最好的帮助。原因有二:我个人的认知水平和认知视野远远无法满足不同学段、不同学科教师们的需要;教师们需要在自己的经历中对课程开发全过程实现"智慧复演"继而探索成熟带有自己烙印的课程研究成果。

于是,教师们从3月开始自选自己的第二课程主题,按照我的规划开始撰写个人的"课程纲要""课程标准",这对教师们来说是一次前所未有的开拓性研究过程。没有人告诉他们课程是什么,他们只能从国家课程标准、学生发展需要、自身专业特长里寻找;没有人告诉他们这门课程的性质、目标、内容、实施、评价,他们需要自己去读书、思考;没有人告诉他们这门课程的内涵和外延,他们只有自己历练力图成为这门学科领域内的"专家"。半年下来,有些教师的第二课程名称还没有最终确定,但他们俨然成了这门学科里的专家:宋燕老师的"剪纸"课程本来很简单,然而,通过写《剪纸课程标准》,她几易其稿,遍查古今、各地剪纸艺术的特征,在与学生一起进行这门课程开发的过程中,他们一起成了"最明白剪纸是怎么回事的人"。徐文艳老师成为"童话专家",孙晓燕老师成为"引桥课程专家",谭伟老师成了"历史影视文化专家"……

第二课程为学生的发展带来了新的选择空间,为教师们的成长带来了专属于自我的课程领地,使师生在经历课程过程中发展。

对我来说，收获同样大于教师们。教师第二课程开发过程是教师们将自己的学科课程进行加工再造、拓展创新的过程，一个个鲜活的课程体系被教师和学生建构起来。孙晓燕老师的“物理生活观察课程”将物理学习引入生活，实现了学生理科学习的“智慧复演”；孙云霄老师的“复调语文课程”将语文学习与古典、经典“复调”结合，实现了文科学习的“智慧复演”。而我在教师们的启发下，对学科课程领域内的智慧复演开始主动设计。贯穿课内外的学科教学因第二课程开发有了真正的可能。

教师们也帮助我成为课程专业领域内的研究者，同样《教育研究》《中国教育学刊》2014 年也刊发了我在这一领域内的研究成果，我在教师们的启迪下超越原本对于课程的片面认知，我自己来到了课程深处。

（四）经典读写中的第四次自我超越

2013 年，我们意识到在工作室的发展和教师的发展中一个关键阶段的到来。如果说从“校本研修”到“课程开发”仍然是技术层面的历练与成熟的话，向我们的内心、内在挖掘潜力和力量就显得非常重要，这个时候，我们选择了“经典读写”。

什么是经典？

我国传统文化里有“取法乎上，得乎其中”的判断，经典是上位的选择，只有从经典里才能够获得真知。卡尔维诺将经典奉为“十四个关键词”；马一浮先生干脆说《诗》《书》《礼》《乐》《易》《春秋》就是经典中的经典。我们今天谈到经典一般认为包括《论语》《道德经》《周易》《孙子兵法》等。

然而，梁启超先生拟定的“真正之最低限度”书目里包括：

《四书》《易经》《书经》《尚书》《礼记》《左传》《老子》《墨子》《庄子》《荀子》《韩非子》《战国策》《史记》《汉书》《后汉书》《三国志》《资治通鉴》《宋元明史纪事本末》《楚辞》《文选》《李太白集》《杜工部集》《韩昌黎集》《柳河东集》《白香山集》等。

说法不一，我们选择按照傅斯年先生的忠告来读书，于是，教师们开始读“中国的古典书、外国的大师书”，也就是读对现实功利来说“不太有用的书”。

在读中国古典名著的同时，教师在深读《马克思恩格斯选集》《尼各马可伦理学》《社会契约论》《人类知识原理》《人性论》《人类的知识》《艺术人类学》《论自由》《爱弥儿》《西方教育思想史》《探求真理的指导方法》《谈谈方法》等哲学著作，与大师为友；深读《教育哲学》《教育学》《教育心理学》《教育伦理学》《课程与教学哲学》等教育著作，与真理为友。

经典诵读不是阶段性的，我们希望的仍然是播下种子，收获整个人生。单纯地读仍然是隔靴搔痒，于是我们一起启动了读写结合的工程。教师们不到两年的时间里写下了几十万字的读写笔记，有些教师一个人的读写笔记就达到了 20 多万字，与经典一起成长，教师们做到了。

在这个过程中，收获更大的仍然是我，我无法赶得上所有教师的节奏，只能边自己读写边为教师读写提供更多的支撑，于是，我在走进经典的同时，一方面为教师购置可读的古今经典著作 300 多部，另一方面阅读通览研究“古今名人读书法”，为教师读写提供专业、理性的支撑。构建的“经典读写模型”又是我的学术研究对自己的重大超越。

特别是在卡西尔、马克思等的人学思想，康德、黑格尔等的美学思想，亚里士多德、罗素等的哲学思想，孔子、夸美纽斯等的教育学思想，皮亚杰、罗杰斯等的心理学思想，冯契、潘光旦的现代教育思想者那里，我获得了对于“智慧复演”真正的认同、认知，跟随张志勇研究员获得的智慧得到了检验。

（五）卓越课堂中的第五次自我超越

2014 年，在厚积中开始薄发，工作室的扩大、教师们思想的成熟标志着我们可以迎来对教学的发言权，教学改革回到教师的自主与独立，回到教师的课程理解、学生理解、价值理解上去。一位位名师追寻着教学的卓越路径，在工作室中脱颖而出。

王冬梅老师的“智趣数学课”回归数学本质，与学生一起遨游于数学实践、数学探索中体验数学的基本经验，领略数学的基本思想，获得了根本性的自我发展与超越。

孙晓燕老师的“物理生活观察课”将物理放置于广泛的生活空间里，通过观察生活中的事物来搭建书本、生活、学生之间的“引桥课程”，价值无限。

赵楠老师的“主题序列公共英语教学”以主题重新建构英语课程序列，以学生自主自为的“公共性活动”为教学方式，英语的“工具性和人文性”在这里得到彰显。

王安存老师的“双动诵读法”独辟蹊径，让学生的诵读动体又动情，在这样的理念指导下系统构建了自己的语文教学诵读体系与模型，应用价值极高。

庄明华老师“三自一导”英语课堂让学生激情、快乐学习英语，在忘我的课堂上与教师一起神游于语言空间，感受语言的魅力，解决了学生英语学习的畏难情绪。

孙云霄老师的“复调语文”借助陀思妥耶夫斯基、巴赫金的智慧，植根中国古典传统文化，构建起了深度无限又灵活多元的语文课程与教学体系。

……

50 多位教师的课程与教学成果在激励着我，教师们在成就自我的同时给了我这个工作室主持人畅游于教学智慧的机会。

综合起来看，教师们的卓越课堂体系体现这样的一些特点：

一是课程与教学的结合，建基于三年前开始的第二课程开发研究，回归课堂之后，教师们自然而然地运用起了课程这一根本目标系统指引教学研究。

二是课内与课外的结合，向生活寻求智慧，向实践寻求智慧，向学生的主动探究中寻求智慧，这是教师们在学习、运用智慧复演理论的自然而然的选择。

三是研课与课研的结合，聚焦一节课但不是为了一节课，而是为了研究教学来研究学生成长的路径和自我成长的路径，蕴藉内心方成大气。

四是技术与道德的结合，热烈的人生投入与淡泊的思想境界在工作室中逐步形成，大家在“只问耕耘，不问收获”和“只为做对事情”的研究道德中超越课堂,超越自我。

这些都给了我无限的启迪,“与教学一起成长”曾经是我八年前的报告题目,然而,今天看来,与自己的教学一起成长未免视野狭窄、层次低微,与一个团队所有教师创造的教学一起成长,就有了超越和卓越的可能。

得其大者兼其小。未来一段时间,沿着已经确定的路线,我们安下心来,从具体深入处继续我们的求真之旅。

放下自我,回归团队,我希望与教师们继续一路前行。

二、让研修非制度化

关于研究,已经有很多耳熟能详的感性判断事实上来自于理性的沉思:

伽达默尔说:“理论的幸福是人类生活的最高形式,人类最高的幸福在于‘纯理论’。”

卢梭说:“对我来说,研究工作已经成了一种欲罢不能的激情,填补了我心中因其他激情的消失而留下的真空。”

拉·梅特里认为:“研究是任何年龄,任何地点,任何季节,任何时刻都可以得到的一种快乐。”

苏霍姆林斯基说:“如果你想让教师的劳动能够给教师一些乐趣,使天天上课不致变成单调乏味的义务,那你就应当引导每一位教师走上从事研究的这条幸福的道路上来。”

研究本身就是一件迷人的事情,然而,卢梭也警示:“只要这项研究工作掺杂了功利和虚荣的动机,是为了谋求职位或是著书、教书,采集植物标本的目的,是为了当作家或者当教授,这甜美的乐趣就会烟消云散,这项研究工作就没有真正的乐趣可言……结果也就是失败的。”

梳理到这里,我记起了工作室成员殷芝华老师在我的博客上一段留言:

“对于教师的‘专业发展’，正如李老师在文中所说，我们的学习组织不可谓不严密，既有年级教研组组织，又有校级组织，还有共同体（几校联合）组织，更有上级教育主管组织；上级教育部门不可谓不重视（教师专业发展），每次的督导内容都有专项，包含颇多；学校的领导不可谓不重视，每个月的政治笔记、业务笔记、教学反思、听课记录，每周的学校教学研究活动、中间穿插的共同体（几校联合）研究活动、上级教育部门的培训活动，选派外出的观摩学习活动……按理说，在如此周密的帮助下，名师该如雨后春笋般地一个个脱颖而出才是，为什么冒出来的还属凤毛麟角？而且，越来越感觉，我们的教师们越来越没有了参与的热情和激情。（当然，我的感觉也有可能是错误的。）‘我来了，但我只来了人，却并没有把心带来。’这是不是现在我们的写照呢？”

为什么“没有把心带来”，我们还能把心带来吗？

其实，殷芝华老师和卢梭一样在揭示带有“主动自觉”的研究和“被动受制”的研究的根本区别在于研究者的内心体悟。主动自觉的研究在带来甜美的乐趣的同时也将带来研究的成功。

回到教师的研究上来，当前仍在探究的“校本研修”早已不是前沿的话题，却因为其动力机制的不足仍然呈现出了前沿的问题。

怎样寻找到真正属于教师自己的研修方式呢？

从 2011 年起，我与工作室一帮不谙功利的教师们开始了“自组织”的一种校本研修。一种基于“依托组织学习”“立足课例打磨”“走向专业视角”“引领校本研修”“建构笔墨文化”“实现师生双赢”作为主要原则，以各学科课程标准为依据，以学生学科能力的表现与培养为核心目标，以学科教师自组织的校本研修为基本点，致力于教学改进与师生双向发展为价值取向的行动研究模型。

作为这一模型核心的“课例研修”，包含着九个操作要素：多次设计，包括个人设计、组织设计、改进设计、有效设计等；反复授课，一节课两次到多次授课并接受专业观摩评价；同课异构，致力于同一教学内容承载不同课程目标；异课同构，致力于不同教学内容培养同一课程目标；专业观课，主张带着问题、带着角度去教室；专业评课，从自己的专属观察角度借助观察资料数据来写成观课报告；有据反思，因为专业才有了不同视角的有根据的反思，一个循环可以呈现2万字的反思；跟进测评，就一个问题对一节课检测到底；说写结合，教师曾经为一个主题留下10万字的研究资料。

在此研究过程中，还切入“自发的学习与研究组织”的建立、来自于“价值需要”的研修主题的确立、“元评价”视角下的研究总结与反思。

自始至终以教师的主动自觉为核心，构成了一种立足于学校而又不受制于体制的“非制度性研修”。

于是就有了工作室教师们基于教学现场、基于教学改进、促进教师专业发展的自觉自愿的校本研修过程，在校本研修的相关行为方式中，我们看到了这种研究的持久性和合作性。正是建基于这样的行为基点上，才能够破解当前学校教学研究中被动控制过多而内在动力不足的问题，这就使得非制度性教学研究有了思维空间和可能空间。

每一次来到教学现场，其实这里不仅仅是教学，教育的核心价值、课程、学生、体制、流程、错误……无不在伴随着教育现象一起发生，我们需要自我发展和自我超越，“非制度化研修”让我们“把心带来”，在路上，我们继续前行。

歌德把“心带来了”，一次次重新唤醒自己。经历了二十多岁，五十多岁，八十多岁三次规划与写作完成他的巨作《浮士德》。生命在其中，不朽才成为可能：

你们又临近了，游移不定的身影，
想当初一度呈现于朦胧的目光。
敢情这次我试着要把你们握紧？
难道我的心仍然倾向那个痴想？
你们拥上前来！来吧，随你们高兴，
尽可从烟雾之中围着我袅袅飘飏；
环绕你们的行列荡漾着一股灵气，
它使我的心胸感受到青春的战栗。

三、让教学自我超越

教室的门轻轻关闭，上课铃声响过，一位教师、几十名学生，在这个场域里会有什么发生？效率至上，还是生命敬畏？现代性的目标，还是后现代的多样？在这样一个课程运作的空间里，我们相信对每一个生命来说都是一个不会再重复却会反复影响未来的多维空间段。

这是谁的时空？谁的生命在这“产生于上帝笑声回音的迷人的想象王国”，并由不断扩展的“局部普遍性”网络所构成的课程空间里进行探索。多尔建议：目标应该是有着适当的“不确定性、异常性、无效性、模糊性、不平衡性、耗散性与生动的经验”，从而促使“学生和教师产生转变和被转变”。张楚廷相信的是“直觉”，具有“和谐性、广意性、广延性”三个要点，在课程的开发与运作过程中，直觉状态是无限回到人的状态，人的自由与自由的人的直觉。

然而，效率至上在摧毁着教学个性，摧毁着教师的自由表达，教学的属性被无限扩散从而失去了教学本来的生命状态，教学的时空却被无限格式化，从而也失去了教学本来的生命状态。

在教学空间里，哪些事情是最容易的？哪些事情又是最难的？狭义的“教”是容易的，知识的传递可以运用现代性的宠儿——“模式化”来实现；然而，广义上的“教”却是困难的，因为这意味着“教”的两端：生命与生命的双重唤醒。从“学”的内在意义上来理解，这是一种旨在促成“改变”的活动，没有“改变”就没有“学”的发生，改变是内在于人并由人来实现的，学的皈依是生命。从知识授受的角度来看，“凡是可以教给别人的东西，相对来说都是无用的”。从生命唤醒的角度来看，“一旦我们开始根据人类的天性做事，过去认为复杂的事也变得简单”。

教学，需要教师生命的自由表达，需要学生生命自由思考，走向卓越的教学开始并跋涉于教师、学生的自由。那么，我们可以给出超越现代性的教学何种建议呢?

一是学生从核心概念处释放。

教学现场的开放与封闭往往出现在不同的空间里,教师愿意在拓展性的问题中让学生自由想象、充分发表建议,组织更多的具有实践性、合作性、探究性的学习活动,却在核心概念的教学中忍不住以“讲”为主。越是意识到这是学生学习的重点难点、核心概念,教师讲得会越多,甚至以讲为主,这其实也是一种狭义上的目标意识的控制。学习往往是由特殊到一般的概念化过程和由一般到特殊的模型迁移过程相互结合的,教学目标的设计指向教学的重点、难点,指向课程的核心概念,往往因此造成了教师“讲了才放心”的心理倾向。其实,释放学生的生命力,让学生的自主学习、自主探究更有意义,这恰恰需要从核心概念处让学生生发感情,把课程问题的重点难点处敢于放手给学生,在教学的困境中教师学会沉默与等待。

二是学生被尊重的无知。

学会等待往往很难,学会尊重无知显得更为不易。对学生来说,当他们遇到困难、遇到明显高于自己经验的问题的时候,往往表现出兴奋与不安相交叉的心理状态。在这个时候,如果能够以平和关照的教育方式引发学生自我超越的欲望,学生的兴奋感会占据上风,就能够正确面对这种学习常态而投入学习;然而,在高效率、快节奏地寻求教学结论的教学中,学生的不安情绪变为主流,学习则遇到阻碍。尊重无知状态就是尊重生命状态,教学的未来指向就生成了。

三是教师主导的教学方法。

我们将教学方法的名称与教师的个人姓名相链接,构成属于教师个人的教学方法论体系,这是属于教师个人的教学哲学,这里包含着课程理解、教学思想、教学主张、教学方法策略、教学评价等一系列指导教学运作的程序。让教学以教师为主宰,因为教师站立于国家课程“自上而下模式”与教师课程“自下而上模式”的中间地带,教师所理解与实践着的教学真正发生于教学现场。在这样的教学方法论体系中,教师首先唤醒自己,强烈的主体意愿使得教师能够自觉掌控更多的教学信息,并融汇于教学中,以教师对“学生需要”最近距离的判断让学生参与到教学中来。从“发生学”的视角来看,这是教学发生的主体要素。

四是让现场有另一个自己。

我国中小学课堂教学研究的“观课评课”模式很好地促进了教学的提升,因为在课堂教学现场设置另外一批人员的时候,就意味着课堂在内涵上有了实践价值取向和研究理论取向的双向支撑,能够实现的是学生、授课教师本身的发展,也意味着研究者在教学现场研究信息的获得。然而,更多的时候,是教师个人在教学现场与学生的直接互动,研究者并没有在现场。然而,真的是这样吗?如果教师主动将自己作为一个教学现场的研究者存在,边教学边观察自我,边教学边反思自我,教学现场的教师成为对立而统一的“二者”。一方面具有了本来的教学组织者的身份,另一方面也具备了教学观察与评价者的身份,这样,教师在教学现场就有了教学实践与教学研究的双重身份。如此一来,一个教学现场的“元认知”条件得以形成,因为有了研究者的存在,在促进教学的同时也促进了教师自己的发展。

四、让成长获得影响

成长源于自我,也在自然中发生,每一位教师的成长都在一个自然的生态中自然地进行着,对于大多数的教师来说,这样的一个过程是渐变的。内在动力与外在影响力的相辅相成才构成了教师成长的不断发生与发展。

探讨教师成长的外在影响力是校长思维空间内的基本实务。教师成长是很难通过管理管出来的,甚至也几乎不能用培养的方式外铄而成功。在促进教师成长的专业诉求上,校长的着力点在哪里?我们希望选择影响力。

“领导力就是影响力”,保罗·赫塞曾这样概括一个领导者的智慧。然而,哈佛大学的一些学者却也相信“领导力≠影响力”,哈佛商学院埃米·卡迪得出的判断是，当我们评价一个领导时，一般考虑两个问题：他们是否可爱（亲和度、和谐度与信任感）以及他们是否可畏（力量、执行力或才干）。因此，作为一个好的领导者，要做的是先谈感情，再做领导。

也就是说，先有影响力，才能拥有更好的领导力。

作为校长的影响力至少包含两个层次：一是人格影响，二是专业影响。我们单纯从影响教师专业成长的视角来观照校长的影响力，会有更多结构性的发现。

首先，从人格影响来说，需要校长怀有“天地人”的大道继而实现“上下同欲者胜”的发展境界，《孙子兵法》将战情考察归纳为五个方面：一曰道，二曰天，三曰地，四曰将，五曰法。为什么道为先，还要有天地，因为道者，令民于上同意，可与之死，可与之生，而不危也。上达道，下立地，并非远离了人，恰恰是将人置于其所应有位置的应有选择。

领导者的人格境界决定了其影响力的程度，这就是在“以人为本”的思想核心中注入知天、立地的大胸怀。如何才是“以人为本”？马克思认为：“人的本质不是单个人所固有的抽象物，在其现实性上，它是一切社会关系的总和。”体现“以人为本”就是要体现让每一个人在一个集体中找得到自己，在自己应该在的位置上实现自己的价值。所谓鸟在空中、鱼在水里，这是成长的应有之义和应然选择。体现在促进教师成长上，就是能够为教师营造自由发展的文化生态，构建起人人都能够感受到被尊重、感受到自然呼吸的生命场。

如何才是“知天”？“取法乎上，得乎其中；取法乎中，得乎其下。”塑造自我的精神境界是实现校长影响力的前提条件，以人类的美德、崇高来建构自我，继而超越常规管理迈向人格影响。影响力实现的核心在于凝聚核心价值观，为教师呈现具有未来吸引力的学校教育价值观，价值立校、价值领导之下的学校教育生态就具有了上位的力量取向，随着校长与教师共有的价值体系的构建，在此大境界中才能够彰显“无为之治”的超越性追求。

如何才是“立地”？“庄子贵真。”学校的一切教育实践活动都应当回到真实发生的教育上来，在教育功利主义仍旧盛行，教育官场化、教育市场化、教育短视化等大行其道的现实状态下，校长能否以真致善，能否在学校的若干细节上实现、体现人的真实的发展为本，决定着一位校长的影响力是否存在。怀特海也认为，教育最不容易的恰恰是能否让教育在每一个时刻真实地发生起来，于教师成长的影响，这也是基本要素。

其次，从专业影响来看，需要校长能够专业示范、提供工具、促成合作、善于表达。对教师专业成长具有影响力的校长必然在专业领域内有所作为，而校长的专业影响力不在于校长透彻学校专业的每一个领域，而在于能够在促成教师的专业研究中具有核心的支持力，成为教师专业研究与专业成长的背景支持。

那么，校长的“专业示范”体现在哪里呢？这种示范在于一种对于专业的认同度能够为教师所获知，一位能够促成教师专业成长的校长必然是发自内心地认同教师是具有专业研究特质并且能够获得专业研究成果并促进学生与学校发展的，在教师专业成长问题上，校长与教师之间常常貌合神离，关键在于校长并没有在内心完全认同教师的专业主体地位，控制、管理、考核等作为校长管理学校的核心语境，就失去了对于教师的专业示范。

什么是“提供工具”呢？校长作为教师专业成长的领导者和影响者，其主体行为取向应当是为教师的专业行走做好规划。当前，作为教师专业发展的同伴互助、专业引领等都有着若干的切入点，比如让教师与研究一起成长、与课程一起成长、与教学一起成长、与学生一起成长等，都是可选择的领域，然而，理想与现实实现之间还需要搭建可沟通的桥梁，这就是“工具”，这里所谓的工具是指能够让教师有所依靠并能够真正改变自己行为方式的若干专业模型。

怎样“促成合作”？教师之间需要进行专业的合作研究、相互促进、共同成长，而促成教师间的合作正是一位校长能否凝聚人心、排除偏见、形成合力的能力所在，在某种程度上则代表了校长对于教师成长密码的解析。在具体的实现形态上，在于构建学校内的一个个“创新共同体”，形成教师之间相互依存的“众创新”形态。

为什么需要校长“善于表达”？表达力是校长影响力能否具体呈现出来的关键，一位校长的表达力包括口头表达能力、书面表达能力、隐形言语的表达能力，在不同的专业领域内表达出校长对于教师专业成长的期待，表达出校长对于教师专业成长的支持。

有了这样的影响力，校长在教师专业成长中就来到了积极介入而不是主观控制的状态中。对于教师来说，面对着自己的发展环境，最终能够实现的两种境界：一是制度背景下的“自管理”，自己的行为由自己决定；二是非制度背景下的“自组织”，起点和归属皆来自于教师的主体调控。

五、让课程教学统一

课程与教学理应成为学校教育的核心领域，事实上也应当成为学校改革与创新、教师自我发展的专业领域，构成了“教什么”和“怎么教”两个问题相一致的教育实践行为，这也是发生在学校现场的最专业的行为。

从历史与发展的视角来看我国现今的学校课程与教学改革，在很大程度上还停留在概念辨析和路径探究阶段，我们还远远没有来到课程与教学的深处。许多学校并没有明晰的课程与教学哲学，甚至任由经验主义的引导，失去了方向感；教师层面的探索趋于活跃，但从整体上来看仍具有强烈的主观主义思维，虽然这已经是难能可贵了。

事实上，我国多年来对课程、教学承载的根本价值是有着很多误读的，时至今日，学校的课程开发轰轰烈烈、花样繁多，学校大一统的模式化改革让很多人趋之若鹜。而学校教育专业化最强的课程与教学领域到底应该体现什么，如何辩证而统一地看待，是值得深入探究一番的。

比如，被我们认为是以“教学论”研究为突出特点的前苏联，其教学论里包含着丰富的课程论述，却一再被我们忽略。

斯卡特金说：教学论研究教学以及通过教学所要传授的教养内容。

冈察洛夫说：教学论不仅在于答复一个问题——教什么，而且也在于答复这些问题——怎样去教。

所谓的“教养内容”“教什么”不都是对课程的关注吗？所谓“苏联的教学”是被我们将课程剥离之后的片面推行，如果能够全面认同，今天的学校教学改革至少更容易与课程“联姻”。

再比如，被我们认为是以“课程论”研究，特别是现代课程论研究为前沿的美国，其课程论里同样深含着教学，我们也需要厘清。

古德拉德认为：课程包含理念课程、正式课程、知觉课程、运作课程、经验课程。

格拉索恩认为：课程包含建议的课程、书面的课程、支持的课程、被教的课程、施测的课程、习得的课程。

其中“运作课程”“经验课程”“被教的课程”“施测的课程”以及“习得的课程”不都是课程实施吗？这也就是实践意义上的教学。

由此不难看出，课程与教学在学校教育发展史上一直以来被看做是一个问题的两个方面，而不是相互独立甚至是截然对立的两个领域。在课程改革的重心开始逐渐转向于学校层面，在教师获得更多的改革话语权的时候，从概念辨析到价值实现的课程与教学改革之路需要走得更超前一点。

那么，我们还需要什么呢？

课程与教学需要哲学。需要从“为什么”的深度来探究“教什么”和“怎么教”的问题，回到教育的基本出发点“人”的关怀上来思考课程、思考教学，继而构建关于课程与教学的价值体系。学校的教育哲学、教师的实践与发展哲学，都在深度地思考与探究中才能够实现，追问“人”，追问“为什么”，这样的课程与教学才具有现实与发展的双重意义。课程与教学是学生发展的世界观、价值观的方法论。这样就成就了以人为核心的关注“天地人”发展的课程与教学。

课程与教学需要心理学。从行为主义心理学、认知主义心理学到人本主义心理学，各种心理学研究的丰硕成果被不断应用于教学领域，当然也对课程开发产生了积极的引领，然而，心理学独特的话语体系和理论性的表述方法并没有为学校、教师所直接迁移应用。“真正的学习是不会被遗忘的”“凡是可以教给别人的东西，相对来说都是无用的”。这些心理学研究给出的判断还远远没有被课程与教学现场所实践和接纳，如何让人的发展规律为我们所认知，这是需要还原心理学原理的自我认知过程。

课程与教学需要经济学。从经济学(economics)的概念来看，所谓经济学是“研究社会如何管理自己的稀缺资源”。这是因为“社会拥有的资源是有限的，因此不能生产人们希望拥有的所有物品与劳务”。(曼昆)在我国当前的学校变革中，稀缺资源就是最珍贵的专业资源，这里面包含着人的专业化，包含着人的专业化的必由之路——课程与教学的专业研究。社会希望向教育求取更多，就需要向“稀缺资源”的管理寻求答案。我们每一个人所拥有和获得的资源都是有限的，学会从经济学的视角创造、调整并利用我们的稀缺资源是课程与教学改革和创新的应有之路。

课程与教学需要发生学。按照施良方先生的判断：学习是指学习者因经验而引起的行为、能力和心理倾向的比较持久的变化；这些变化不是因成熟、疾病或药物引起的，而且也不一定表现出外显的行为。这就是教育的发生学。发生学体现的是与现象学相关的哲学概念，我们在实践中可以将其以“生成(werden，become)”“发生(genetisch，genetic)”的视角来看待，在“事实”“时间”“历史”“语言”“回问”中来看待。教育需要发生学，课程与教学同样需要发生学，发生于学校、教师“自我意识”的持续反思与前进之中。

“超前一步”的选择是因为我们曾经落后了很多。

从不同的学理上来澄清课程与教学的关系，都面临着一个统一性的重建，重建意味着作为课程与教学研究主体的思维和意识的重建。新的课程思维、新的教学思维、新的课程与教学在育人价值一致性上的思维，必将更深层次地来到深处。

六、让教育价值内生

社会主义核心价值观怎样进入学校？类似的话题又一次来到教育者面

前。在大数据时代背景之下,远不再是教育内容的拓展与强加,而逐渐转化为学习主体自身价值、意识、信念的自我建构。社会主义核心价值观本身构成教育资源,既有着历史的、文化的、意识形态的承载,更重要的是呈现着生命个体的社会认同、自我归属过程。“富强、民主、文明、和谐”,是国家层面的价值目标;“自由、平等、公正、法治”,是社会层面的价值取向;“爱国、敬业、诚信、友善”,是公民个人层面的价值准则。对中小学生来说,这 24 个字的概述并不是抽象的,也不是遥不可及的,关键在于如何让学生与其建立某种触动灵魂的教育关联。

卡尔维诺在描述经典作品时有这样的判断:它们要么本身以难忘的方式给我们的想象力打下印记,要么乔装成个人或集体的无疑是隐藏在深层记忆中。

当前,社会主义核心价值观体现为一个民族、一个国家的经典,至少具有两点存在状态:一是它们本身以最高的善和最美好的解释来给人们的想象力打下印记;二是它们本身已经深藏在每一个个体或者集体的记忆深处。那么,由此来关注学校的社会主义核心价值观教育,其有效性基于两点——解释和唤醒。

(一)解释

解释,意味着学校、教师借助更多的信息资源,甚至是大数据平等地与学生就社会主义核心价值观,就我们这个国家、社会、个体的价值判断进行对话,这是一个对善与美的寻找与重新认知过程。

首先,对学生所进行的价值观教育力图规避的是“给予”。一方面,由于我们并没有建立起对学校、教师在这一领域的专业培训,也就是说,对于核心价值观,我们的学校、教师在认识上本身并没有比学生拥有更多的资源,以教师的理解取代学生的理解就难免有偏颇,甚至误读;另一方面,道德教育的基本规律是学生在事实积累中不断实现的领悟、澄清过程,他们需要认识到“我要成为一个什么样的人”,而不仅仅是记住“我要做对什么样的事情”,所以,不是学校、教师带着价值信条到学生那里去，而是激发学生自己去寻找建构它们。

因此，来到学校里的社会主义核心价值观教育努力实现的是课程“生成”。如果说提供课程仍然是学校教育价值实现的一种基本方式，那么，让学生自己去寻找课程就意味着对现代学校教育的一种超越，从“学校要教给学生什么知识”到“学生到哪里去学习知识”是一种从内涵到方式的时代变革，也是核心价值观教育走出外铄藩篱，继而具有学生主体自觉的必由之路。学生的课程生成意味着学生以自己所获取的信息资源生成对于国家“富强、民主、文明、和谐”，对于社会“自由、平等、公正、法治”，对于个体“爱国、敬业、诚信、友善”的结构性认知。

继而，社会主义核心价值观教育在学校里的实践方式理应是价值“无痕”。努力实现的是经典认知与实践体验的结合，即便我们没有明确倡导社会主义核心价值观教育，在我们学校的原有课程体系中，这些内容也是充分存在的，我们要做的是创造更多的活动让课程实践化、体验化；价值认知与审美构建的结合，清晰的价值观，高尚的道德感，积极的思考力，不仅充实着生命，也能够促成生命的审美感受，核心价值观带给学校教育的应当是更多的审美认同；价值整合与个体自由的结合，每一位教师、每一名学生都可以拥有自己的独立判断，并愿意创造性地投入到教与学的过程中来。

（二）唤醒

唤醒，意味着尊重人的内在道德感，遵循人的自主发展性来组织教育活动。“恻隐之心，人皆有之；羞恶之心，人皆有之；恭敬之心，人皆有之；是非之心，人皆有之。”“仁义礼智”是人所固有的，今天所倡导的社会主义核心价值观何尝不是我们国家、社会，以及中国人固有的品性和追求。所以，“求则得之，舍则失之”。这就为学校里的社会主义核心价值观教育提供了更为可行性的思维基础。

首先，良好教育的发生才是核心价值观教育存在的基础。学校教育常常随着行政、舆论等外在的作用力而不断转向，甚至常常是一种盲目的迎合。殊不知，坚守真正的价值才是学校实现一切社会文化传播的本体。从杰克森的定义来看：教育是一种促进文化传播的社会活动，其明确的目标是让受教育者的性格和精神福祉（人格）产生持久的好转变化，而且间接地让更广泛的社会环境发生好的变化，最终延伸至整个世界。让学生的性格和人格“产生持久的好转变化”，教育发生了，教育、社会，乃至整个世界的价值取向就得以实现，所以，尊重教育本身，坚守于学生的发展，唤醒学生真善美的内在向往和追求，学校教育的最终价值才水到渠成。社会主义核心价值观教育不是外加于学校的政治任务，而是唤起学校对于自身所承载的良好教育责任和使命的深度自省，唤起学校教育的内生力量。

最终，学校以可能的教育方式实现对学生的价值引领与内驱力唤醒。学校对学生的核心价值观教育既有义务又有局限。学校的课程、教学、文化、活动等无一不在学生价值意识的生成和价值准则的践行中起到关键作用，学校处处皆教育；即便在校外，学校教育产生的效应也应当是持续的，甚至需要学校做好校内外结合的工作。所以，学校承载核心价值观教育需要渗透于学校教育的若干领域，是一个综合的教育行动方式，不应是学校某几个部门、某几项教学活动的事情。即便如此，还有一个重要的实践取向是：三个层面的核心价值观在面对学生的教育中，需要将“爱国、敬业、诚信、友善”这一公民个人层面的价值准则作为基础，这是学生知情意行的切入点，是学生价值观“金字塔”的根基所在；社会取向的价值观决定学生的认知层次，国家目标的价值观决定学生的人生归属。

第三章

“自组织”研修模型

※

2011 年，与工作室成员一起为山东省中小学教师远程研修提供示范课例，并开启了远程研修与校本研修相结合的专业行走之路，历经三年研究，构建起了以学科课程与教学改进为核心的“自组织”校本研修模型。校本研修的价值起点来自于对学校层面变革得以发生的期待，通过这种变革促进发展。可以理解为学生、教师、学校的协同发展，什么样态的校本研修能够促进这种协同发展呢？教师作为主动实践者，始终是学校变革的思维与行为主体，校本研修应该也必然会切入到教师的日常教学实践中并与之融为一体，而不是在教师的教学实践之外另起炉灶“外加”一种研究。这就在教师那里产生了对于实践关注的学科教学与变革期待的校本研修两种行为之间的关系，学科教学与校本研修承载着变革的方向与意义。

一、为什么难以改变？

（一）两节课带来的思考

带着研究的思维走进我们自己的教学现场，会有许多有意义的发现：

这是一节高中历史课，教学内容是“百家争鸣的历史意义”，在这节课前，执教教师精心设计了一个导学方案，目标指向学生对百家争鸣历史意义的理解与建构。在教学中，这位教师从诸子百家讲起，略述了其中的一些主张和观点，继而将教学的重心转移到了对《庄子》的解读上，教师一个接一个地为学生讲庄子的故事，非常精彩与吸引人，足见这位教师的文化功底之深厚，最后，还剩下不到五分钟的时间，教师讲《庄子》才结束了，带领学生简单翻看了一下教科书关于“百家争鸣历史意义”的描述，便匆忙下课。课下，执教教师谈到，我本人太喜欢《庄子》了，对此研究也很多，所以课堂上的学习重点有了偏移，学生没能有足够的时间来理解、思考，继而建构起对百家争鸣历史意义的思维模型。显然，这位教师通过对自己教学的反思，明确地意识到了这节课的问题所在。研讨结束后这位教师又去上课了，接下来他还要在另外一个班里上同一节课（高中历史教师一般兼任多个班级的课），笔者希望了解这次研讨对这位教师发生的改变，于是又与这位教师一起走进一个新的班级，然而，这节课上，这位教师同样把《庄子》讲得精彩纷呈，甚至下课铃声响了，教师都没有讲完，随后重新补充了一句：同学们下课以后看一看“百家争鸣”具有怎样的历史意义。

这是一节小学数学课，教学内容是“一个数比另一个数多百分之几”。上这节课的时候已临近寒假，教师为了这次教学研究，把寒假后的教学内容临时拿到这儿来学习。这是一位非常优秀的小学数学教师，然而，由于假期将至以及师生准备不足等原因，这节课并不成功，教师匆忙地呈现给学生“一个数比另一个数多百分之几”的意义以及计算方式，学生没能展开足够的自主思考，大多数学生对于概念是一知半解的。这节课上完后，包括执教教师、学校教研组教师、区教研人员、市教研人员一起进行了研讨、会诊，形成了六个方面的改进思路。笔者建议，由学校研究团队在假期以后先行研究并观课修改，在教师第三次授课时，我们进行集体的观课、议课。在教师两个多月后的第三次授课时，整个研修团队都到了，执教教师的课显然流畅、顺利了很多，但是，在对学生的观察中却仍然发现“学生没能展开足够的自主思考，大多数学生对于概念是一知半解的”。而且，当打开假期以前的观课记录时发现，在教学的整体流程、细节指导、作业布置等方面，教师虽做了改动，但是没有实质的变化，几乎在重复春节前的教学设计。在课后的研讨中，专家组和学校研究小组重新发现的五个问题却和第一节课的完全重合，就是说，经历了三节课的修改，这节课的内涵几乎没有改变。

问题在于教师不思改变吗？显然并非这么简单。这是我们常见的学校校本研修活动，第一节课是由学校组织的听评课，当然有教师的反思，但是，仅仅靠教师的一次反思就能够解决他自己已经意识到的问题吗？事实证明这是很困难的。第二节课是专家介入的深度教研，帮助教师发现优势与不足后引领教师的改进，然而，教师却很难从根本上改变自己已有的经验与行为。马斯洛研究认为，我们每一个人的深层本性中都蕴含着两种力量：一是由于畏惧而使人坚持安全和防御，倾向于倒退，紧紧依附于过去，害怕失去已有的东西，害怕独立、自主和分离，害怕承担成长的风险；另一种力量则推动人向前进步成长，建立自我的完整性和独特性，充分发挥他的一切能力，树立面对世界的信心、勇气并认可他最深邃的、真实的、无意识的自我。① 人的成长是一个变化的过

① ［美］马斯洛：《马斯洛人本哲学》，成明编译，315页，北京：九州出版社，2003。

程,而有意识的变化是需要情境支撑的,需要增进身处其中的人的真实感受和内在选择,缺失了对自我认知与认同的自然感受和选择,变化将是困难的。

在人的学习与改变中,包含行为学习、认知学习与感情力量。然而,学校一般意义上的听评课、集体备课、教学反思等并没有足够调动教师的行为学习、认知学习与感情力量的结合,其实效性就大打折扣了。看来,改变与否并不完全是教师问题,而在于促进改变的校本研修方式有没有建立。

(二)深层次调研的发现

那么,在以校为本的教学研究中,还存在着怎样的问题呢?根据2011年对山东省中小学骨干教师培训班近2000名教师的问卷调查发现,当前校本研修中存在的问题较为集中。调研过程分三步:第一步是就校本研修进行开放式问题征集,从当前校本研修中存在众多的问题中归纳出最突出的四个焦点领域,即学生学科能力发展、课堂教学深层次改革、学习校本研修方式、教师专业发展;第二步是分析、研究进而明确这四个焦点领域包含的一些具体问题;第三步是对这些问题进行大样本调研,研究发现这些问题的存在与影响程度。由此得出以下结论。

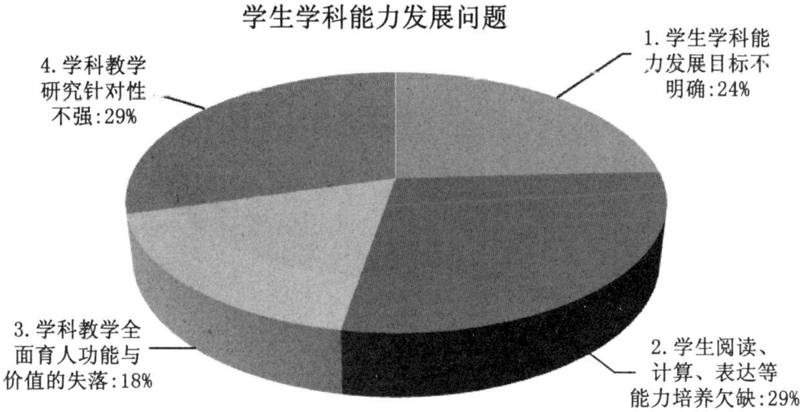

图1

一是学生学科能力发展失位。主要症结在于教学研究既无力完成宏观理论的迁移,更关注不到学科领域内学科课程的育人功能。如图 1 所示:29%的中小学教师认为“学科教学研究针对性不强”,以及“学生阅读、计算、表达等能力培养欠缺”;24%的教师认为“学生学科能力发展目标不明确”;18%的教师认为“学科教学全面育人功能与价值失落”。

教学中的基本表现是每一节课的区别大多停留在知识内容上,而学生的能力发展却没有在学科教学中明确。课堂大都“形不似而神似”,许多差不多的课累积起来之后没能促使学生有明显的提高,举个例子来说,从小学二年级起就培养学生有感情地朗读课文,要求学生读出感情来,读出自己的体会来,这种读好文章对学生理解文章也好,对学生以后形成语感写文章都是很有作用的。然而,深入教学现场却发现教师都会这么要求:同学们,有感情地朗读这一段,朗读这一篇……从小学二年级到初中,从初中到高中,教师仍然在指导:你要有感情地把这一段读出来,读出自己的想法来,学生已经学了十年了,但是仍然不知道怎么有感情地朗读,这就是在学科能力的培养方面没有深入而是肤浅的,每一节课都是点到为止的。

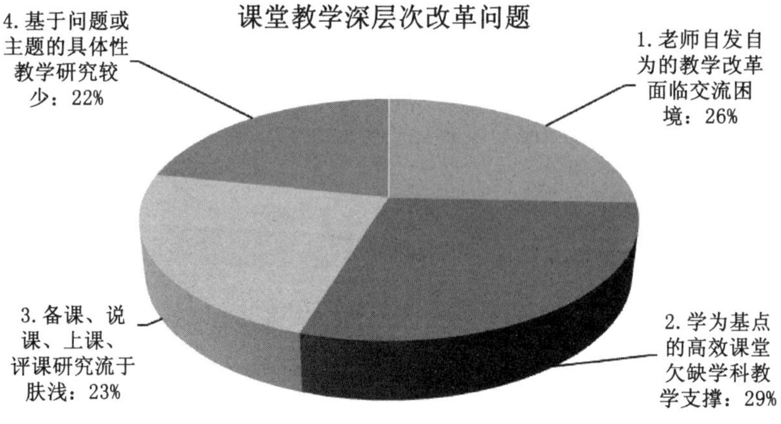

图 2

二是课堂教学深层次改革缺失。研究浮于表面,实践流于形式的现象还是普遍存在的,教师很难在关注课程价值的同时来建构相应的教学操作体系。这从教师的认知层面也能够发现,如图 2 所示:29%的教师认为“学为基点的高效课堂欠缺学科教学支撑”;26%的教师认为“教师自发自为的教学改革面临交流困境”;23%的教师认为“备课、说课、上课、评课研究流于肤浅”;22%的教师认为“基于问题或主题的具体性教学研究较少”。

正如调研发现,当前,无论是区域研究、校本研究还是教师个体的教学研究,都创生过许多有价值、有意义的成果。但是停留在综合、整体描述大致教学结构的较多,而深入到教学的内在品质层面就某一教学问题进行深入研究的较少。由此,教学研究成果缺乏成熟的系统性,缺乏有个性并能够深入推进的成果。正如十年前启动的基础教育课程改革已经将自主、合作、探究作为可以应用的教与学的方式,然而,具体到学科教学内部,呈现高度体现这些理念的教学研究成果却非常少,甚至很多理念仍然停留在口头上。

三是组织学习视野下的学校校本研修失信。学校校本研修大多数是以行政命令的方式组织起来的,呈现着非常强的外在他组织方式,教师自组织的教学研究活动得不到生存的空间。如图3所示:从校本研修的“主体与指导”来看,32%的教师认为是“教师单打独斗多,专业支持少”;从校本研修的“时间与效率”看,27%的教师认为“活动应对评检多,长期坚持少”;从校本研修的“组织与形式”看,24%的教师认为“学校常规活动多,研讨交流少”;从校本研修的“内容与形式”看,17%的教师认为“上级任务布置多,深入研讨少”。

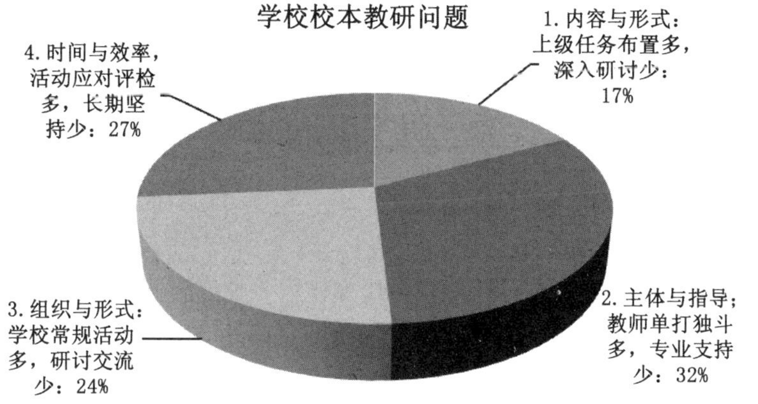

图3

校本研修既是一个美丽的现象,有时却往往成为一个尴尬的符号,“校本”并不能解决教学研究中的所有问题,缺乏教师自组织的研究活动最终并不能真正引领教师倾心于此。

四是教师专业发展与生命成长得不到根本的支撑。校本研修的重要目的是通过研究提高教师的专业水平,继而实现对学生、学校发展的引领,然而,恰恰是这一目的却没有得到教师的认可。调研数据表明,教师认为,当前的校本教研对于教师专业发展促进问题有六个不足,而且相对平均。如图4所示:12%的教师有“教师教学幸福感的缺失”;16%的教师认为“教师专业发展的组织支持力欠缺”;16%的教师有“教师内在发展需要的现实无根性”;17%的教师认为有“教师专业发展与教学实践脱节的问题”;18%的教师认为“教学研究与教学反思缺乏方向感”;21%的教师认为有“教师自我意识觉醒与组织学习的断裂”。

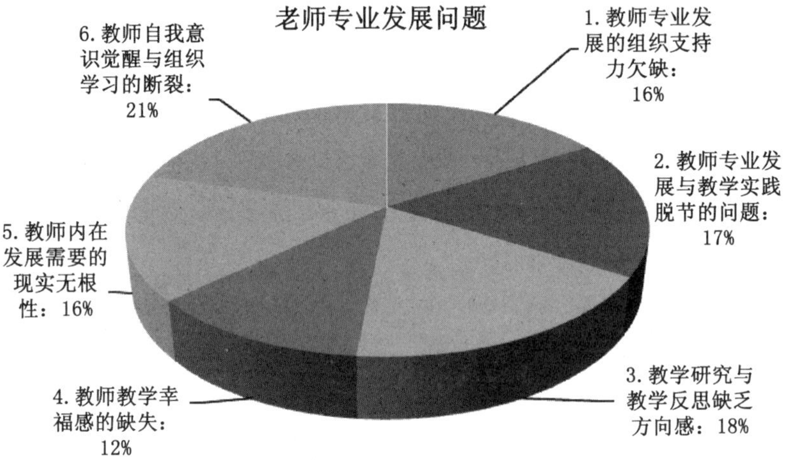

图4

由此可见,在改革的背景下,校本研修作为一种广泛认同并经验证为行之有效的研究方式在促进教师专业发展继而促进学生、学校整体发展中的作用正面临着挑战。挑战来自于校本研修的组织构建、运行方式构建、内在情感力构建等不同的层次和领域,一个原本有答案的谜题也正在面临着新的发展之谜。

二、有没有成功经验?

教学研究的综合性价值使其成为一个国际社会间共同的话题,很多成功的经验可以给我们以启迪。

日本从1955年到1962年间逐渐探索并积极进行了"授业研究",并使其教育质量实现了重大的提升。所谓"授业研究"就是一个教学研究流程,是指教师按科目、年级等分成不同的小组来准备一个"研究课"。每组定期开会,仔细讨论该研究课的学习内容,确立它的重点,分析它对于学生的难点,针对难点设计教学,并由一位教师来执教。研究课要反复进行,整个过程持续一个月到一年不等。最后,教师通过研讨会或者刊物来分享"研究课"成果。其基本流程大致是"(小组)问题探索——设计课程——实地教学——评估成效——重写教案——再次试教——评核反思——分享成果"。显然,这是一种建基于课例研究前提下的教学研究方式,实现了组织性的研究,并由教学内容(即课程)入手进行教学重点、难点的分析,然后通过一个月到一年不等的反复授课、反复研究来生成研究智慧、呈现研究成果。

2000年,由香港政府资助,香港教育学院和香港大学联合大批中小学校共同参与启动"课堂学习研究"。这是"针对每一节课的教学内容来集体备课、教学观摩、协同工作,进行系统的反思,以达到更有效的教与学的教师专业发展过程,其终极目的是让学生进行更有效的学习"①。其基本流程大致是:"(有专家介入的小组)选取课题及制定学习内容——确定学生已有知识,以便确定学习内容及关键特征——运用变易理论设计课堂,并分数轮进行教学实践——评估及修订课堂设计——撰写报告及分享成果"。作为一种促进学

---

① 卢敏玲、庞永欣、植佩敏:《课堂学习研究——如何照顾学生个别差异》,1页,北京:教育科学出版社,2006。

生学习与教师发展双重价值与功效的“课堂学习研究”在充分运用变易理论的过程中,也经历了类似于“授业研究”的建基于课例研究前提下的教学研究方式,其中从内容(即课程)入手、反复授课、反复研究等关键要素值得把握。

2002年,上海市基于青浦实验二十多年的探索,针对教师专业发展进行了“行动教育”研究。这是一种在通常的教师培训形式之外提出的,以课例为载体、在教学行动中开展包括专业理论学习在内的教师教育。基本流程:三个关注,两个反思。三个关注:(1)关注个人已有经验的原行为阶段;(2)关注新理念之下课例的新设计阶段;(3)关注学生获得的新行为阶段。两个反思:连接(1)(2)的反思是反思已有行为与新理念、新经验的差距,完成更新理念的飞跃;连接(2)(3)的反思是反思理性的教学设计与学生实际获得的差距,完成理念向行为的转移。[①] 显然,这也是一种以课例为载体的,立足于多次设计与多次反思改进的教学研究方式,其最终效果也在于促进学生学习与教师专业发展。

基于更多国内外教学研究方式的启示,让我们对校本研修的转型有了更多的认识,可以分为四个方面:

第一,对于学生学习的促进作用,由模糊发展到专属学习。囿于一般性教学研究并没有完全切入学生的学习领域,使得课堂教学更多的是一种空泛目标引领下的浅层次学习,如在小学阶段就屡屡被语文教师强调的“有感情地朗读课文”事实存在于大多数课文的教学目标中,然而,由于这一目标与语文课程的许多目标在一篇课文中共存,得不到专属于一节课或者一个阶段的重点关注,在教学过程中就很难得到强化,学生在这一方面似乎得不到让我们“看得见”的提高。而切入课程目标与课堂改进的校本研修则清晰地呈现了对核心目标的重点关注,对于每一节课来说,仅仅是学生学习与发展过程中的点,众多的点相互链接才构成发展的线。基于外在全面而泛化的目标预设让课堂教学不堪重负而每一个点的强化却往往被忽视,专属学习清晰了学生的发展

---

① 王洁、顾泠沅:《行动教育——教师在职学习的范式革新》,37页,上海:华东师范大学出版社,2007。

脉络继而带动了学生的整体发展。

第二,对于教师教学的支持作用,由问题解决到经验积累。教师通过教学研究活动解决问题是重要的,问题的解决与积累意味着教师实践性知识的获得,然而,“从教师的日常工作中可以看出,他们很少关注一般性问题,更多的是关注具体的问题”[①],一个又一个的具体问题的随机相遇与解决却并不能自然生成教师的教学经验,更难以通过这些问题的解决实现自我的超越。教学经验的积累需要教师主动地反思与不断地验证并产生个性化的认知,这一过程依赖于教师有目的的研究活动,而基于课例的集体研究、个体反思、共同改进等行为则构成了这一有目的的、不断产生积极经验的过程,教师通过对日常教学中的课例的深入研讨,产生并生成实践研究经验,促进了教师理论思维的发展。

第三,对教学行为的提升作用,从经验范式走向研究范式。如果仅仅停留在经验层面上并不能够深究教育内涵,更不会产生超越自我的思想。人们大多能够从自己的经验中抽取出理论的因子,张楚廷先生将这些人的行为同样理解为做技术性、工艺性工作,“虽然其中也有一些人能在娴熟技艺中产生特别的感悟,因而免不了有一定抽象性的理念或命题生出来,但这只是人的一种本能”[②]。“本能”之说对教师来说也不例外,只有将自己置身于日常行为之上对行为进行有意识地追问,才能够产生超越自我的思想,这才是属于哲学层次的经验。长期拘泥于教学理论、教学实践策略“消费者”层次的教师是能够走向教育创造的,当然,这一创造不仅仅是教育策略的改良与更新,而是在深入探究教学的内在规律的过程中生成属于自己的教育哲学,这一过程也只有在一个研究范式中得以形成。

第四,对学校文化的建设作用,从制度教研走向非制度教研。研究本身就是一件迷人的事情,拉·梅特里认为“研究是任何年龄,任何地点,任何季节,

---

① [加拿大]马克斯·范梅南:《教育敏感性和教师行动中的实践性知识》,《北京大学教育评论》,2008(1)。

② 张楚廷:《课程与教学哲学》,17页,北京:人民教育出版社,2003。

任何时刻都可以得到的一种快乐”。当然,“一个明智的人,仅仅自己研究自然和真理是不够的,他应该敢于把真理说出来,帮助少数愿意思想并且能够思想的人;因为其余甘心做偏见的奴隶的人,要他们接近真理,原来不比要虾蟆飞上天更容易”①。这就阐明了个体研究以及个体对于群体研究的影响都是可以自然实现的,而且,这一实现过程更多地应借助于人的内在动力。在校本研修的相关行为方式中,我们看到了这种研究的持久性和合作性。正是建基于这样的行为基点上,才能够破解当前学校教学研究中被动控制过多而内在动力不足的问题,这就使得非制度性教学研究有了思维空间。

当然,在学科教学改进的背景之下,基于学生、教师的发展需要以及校本研修过程中面临的上述问题,在思考新的行为方式的过程中还有更多的领域值得探究与拓展。

一是组织学习的实现。建立一个学习型组织理念已经成为学校教育者的共识并已充分介入到以校本研修为主要方式的教师专业发展领域,然而,“所谓组织(organizations),是指这样一个社会实体,它具有明确的目标导向和精心设计的结构与有意识协调的活动系统,同时又同外部环境保持密切的联系”②。组织的核心是人,组织的运作在于人与人之间的相互关系。作为一个同外部环境保持密切联系的活动系统,组织具有复杂性,学校校本研修的组织复杂性体现在组织内人员的成长诉求具有不稳定性,即便在同一教育价值观的引领下,也会因着力点的分散而使组织学习难以维系一个持续稳定的目标,如指向教学成绩、学科能力、专业成长、现实功利等。这就需要逐渐构建形成一个自组织的行为体系,即组织由教师主体自我构建而成,在价值取向、现实愿景、活动设计、合作意念等方面体现教师的广泛自我意识,而自组织学习的核心则在于对组织与个体自我的建构。

二是课程目标的实现。关于课程与教学、课程论与教学论的关系问题,国内外有不同的主张,形成了课程与教学不可分割的研究与行为范式,从总体上

① [法]拉·梅特里:《人是机器》,7~13页,北京:商务印书馆,1959。

② [美]理查德·L.达夫特:《组织理论与设计》,12页,北京:清华大学出版社,2011。

来看,以“大课程”来统领课堂教学成为具有积极意义的思维样态和实践走向,课程作为一种具有实践形态的教育活动继而包含了教学实践,以开放而多元的课程视野来观照教学,可以让教学呈现更广泛的思维价值和实践空间,最直接的提升来自于课程目标的实现。从课程的角度来研究和组织实施教学为课程目标的落实创造了条件,革除了以知识内容为单一目标形态的教学选择。具体到课堂教学的目标设定上,则更凸显了对学科能力目标的关注,这是因为学科教学在承载知识、能力、价值等核心领域目标的过程中,知识目标更倾向于教学内容层面,而价值目标却不可能由某一节课来进行“训导”可得,只有学科能力的发展才是学生在课程学习中可以清晰获得的。学生学科能力的发展只有通过一节节的课来获得并得以自我建构和完善。我们会发现,从课程的视角来寻找学生学科能力发展的支撑点将使得教学的指向性也变得清晰了,课堂教学就不再囿于众多能力目标的累计。将学科能力分解到不同的学段、课堂上,学生受课程影响的发展便可以实现了。

三是笔墨文化的实现。纵观国内外成功有效的教学研究,一个突出特点就是资料梳理和成果提升的高水平、高质量。然而,更多的成果提升过程是由专家来完成的,而作为教学研究亲身实践与经历者的教师,则没有完全独立地走向资料的梳理与成果的提升中,这就使得教师在研究中往往充当了基础性工作任务的完成并进一步默认了自己的这一经验提供者角色。在这一背景下,所谓的专业引领并没有把教师引向理论的星空,更没有让教师在自己的土地上收获具有质变性质的成果,教师的专业收获因而便在实践性知识的外显性层次上徘徊。破解这一问题的根本还在于教师应当成为一个主动地“书写者”,记录研究过程、书写研究反思、摘录研究依据、撰写研究总结、构建研究成果等一系列“写”的过程就从实质上改变了教师的教育行为走向。显然,“写”并不是目的,甚至写出来的成果也不是目的,目的是教师研究能够从一种“行为和口头文化”转变为一种“反思和笔墨文化”,教育的智慧即在于此,教师的专业成长即在于此。

鉴于经验的思考与前景的展望,在学科教学改进的维度上来构建新型的校本研修模型,继而促进学科教学的深层次改革,实现对教学质量的关注和教师专业发展的关注,具有可为之路。

三、自组织的研修模型

在学科教学的改进基础上构建起来的校本研修模型将“依托组织学习”“立足课例打磨”“走向专业视角”“引领校本研修”“建构笔墨文化”“实现师生双赢”作为主要原则,是以各学科课程标准为依据,以学生学科能力的表现与培养为核心目标,以学科教师自组织的校本研修为基本模型,致力于教学改进与师生双向发展为价值取向的行动研究模型。研修流程统整为四个阶段:“建立学习组织——发现研究主题——实施课例研修——评价改进成果”。

(一)建立学习组织

从理查德·L.达夫特的研究来看,组织具有两大变量,如图5所示。包括结构变量,即正规化、专业化、职权层级、集权化、职业化、人员比例六个方面,以及情境变量,即组织规模、技术、环境、目标与战略、组织文化五个方面。

当然,这一组织变量分析模型是基于严格的组织管理来呈现的,学习组织的构建既要充分关注这两个层面的变量,又要从学习的能动性层面引入自组织的建立原则。马克斯·韦伯认为:“一个组织可以是自律的或他律的,自治的或他治的。自律意指组织的秩序是由组织成员凭借自身的特质建立起来的,不管其如何达到这一步……自治意指领袖和管理干部皆是依据组织自己的秩序规章所产生,而不像他治的情况,完全由外人指派。”[2]这应当是一种自

① [美]理查德·L.达夫特:《组织理论与设计》,17页,北京:清华大学出版社,2011。

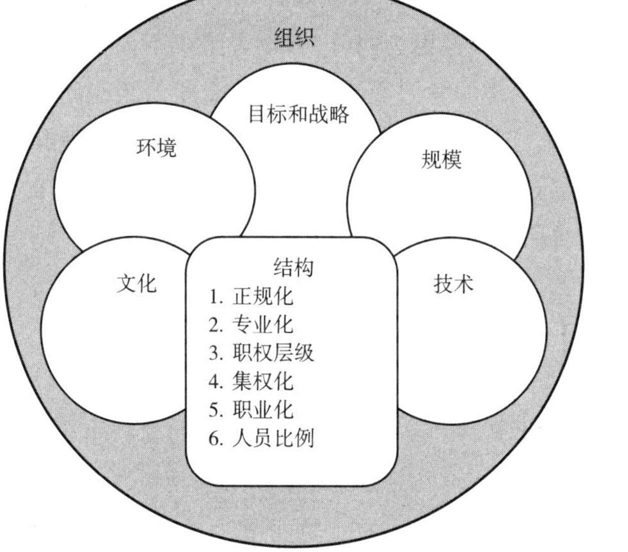

图 5:组织设计的结构变量和情境变量(理查德· L.达夫特)①

组织的方式。自组织一方面保障了组织内部成员个性化的伸展,他们是有着自我独立意识的成员,另一方面由于自我选择的过程使得组织内部成员的去个性化更为积极,更容易形成凝聚力和核心价值观。显然,更为灵活、凸显主体价值的自组织方式更适合于教师的主动学习行为的发生,因此,基于学科教学改进的学校校本研修组织形式将最大限度地体现教师的自组织。

那么,学校校本研修的自组织方式是怎样的呢?必须承认,自组织是一种由内而外的动力机制。从结构变量与情境变量来看,组织一旦建立就是正规的,围绕某一学科、某一课程目标的研究应当体现出充分的计划性,包括工作计划与教师的教学计划、研究计划等;这个组织是具有专业化的,身处其中的教师的都会有专业化的分工,主备课人、主授课人(一般与主备课人为同一人),以及观课、议课、资料收集分工等都清晰明确;即便是自组织性的学习组织,也会在职权层级和集权化方面体现出部分教师的组织决策性,特别是以

① [德]马克斯·韦伯:《社会学的基本概念:经济行动与社会团体》,89 页,桂林:广西师范大学出版社,2011。

"名师工作室""教研组研修""研修发起者"等方式进行的研修,需要有统一的安排;从职业化来看体现得更为明显,即学习组织不仅要研究破解问题,还要以学习为核心进行内部的学习交流;当然,这个学习组织不是非常庞大,可以是一个小的教研组,可以是一个学科的联合,可以是一个发起人的发动,五六个人,七八个人都是可以的。这是一个自愿参加、双向调节的开放性学习组织,互助与分享将构成这个组织的文化氛围。

【实践范例】自组织的研修形式

校本研修是学校教师专业成长的主要途径,是彰显学校特色的主要内在力量。作为一名校本研修的组织者,清楚地了解当前校本研修的普遍形式,大多是自上而下的组织活动,其实施过程基本是学校制度、规章下的教师们的被动参与,是一种非自觉的研修状态。在此状态下,教师的研究意识得不到唤醒,也谈不上教师的专业成长,校本研修也处于应付状态,其成效也会是肤浅的。

要想让教师走专业成长之路,要想提高校本研修的成效,就必须改变校本研修中的非自觉状态,由他组织形式转化为自组织形式。

何为自组织形式?从组织的进化形式来看,可以把它分为两类:他组织和自组织。如果一个系统靠外部指令而形成组织,就是他组织。他组织只能依靠外界的特定指令来推动组织的形成并向有序演化,从而被动地从无序走向有序。如果不存在外部指令,系统按照相互默契的某种规则,各尽其责而又协调地自动地形成有序结构,就是自组织。

为了改变当前校本研修中比较普遍的他组织形式,我们改变教师的教育理念,激发教师专业成长的热情,从而引发教师的自觉意识,在校本研修中形成一种自觉的默契。由目前的他组织逐步转化为自组织形式。在前期的学校校本研修中涌现出了多种自组织形式。

(一)专业需求引发的研修自组织

这种形式的研修是学校研修的主要形式,由于教师们意识到了专业成长的重要性,所以都自觉地寻求成长的途径,而成长的最好的策略便是研究。课堂是教育教学的主阵地,对课堂教学的研究便成为了前期教师们校本研修的主要内容。从目标的确定到教学流程的设计,从教学策略的运用到课堂观察,每一次的课例研究都会让执教者、观课者有质的飞跃。

我校的教师们自发地以年级组为单位进行课例研究。每个年级组就是一个课例研究的自组织。他们还确立了各自组织课例研究的主题,如一年级是识字课,二年级是口语交际课,三年级是诗词课,四、五年级是阅读课中的细读文本,六年级组织为习作互评等。各个自组织的课例研修的形式也不尽相同,有的自组织是对组织中的同一位教师的多次磨课;有的自组织是骨干教师和刚毕业的年轻教师轮流执教,同磨一堂课;还有的自组织是两名青年教师轮流执教,同磨一堂课。

内心对专业成长的渴求,让我校的教师们自己组织并以适合他们年级段的形式进行研究。

(二)领导小组辐射式研修自组织

这一形式是学校校级领导接受了一个新的理念,然后在学校顶层管理层中先行实践。在实践的过程中带动了更多人的认识,引发了中层管理和班主任们的自觉实践,从而实现了全校上下的共同进步。

上学期,我校校长提出了一个新的管理理念:走动管理。上学期,作为学校顶层管理的几个校级领导针对管理进行了尝试实践,在他们新的理念指导下的行动带动了学校中层。本学期,中层们也在自己的管理中渗透这一理念,并逐步实践。理念指导下的外显形式所带来的变化影响着来自一线的教师们。于是,“走动管理文化的建构与运用”便作为了一项“十二五”省级课题,由全校教师共同实践研究。

(三)个性教师发起式研修自组织

每个被命名的个性教师肯定在教学这一领域内有自己独到的成功做法,个性教师会在学校内充分发挥他们的引领作用。由于个性教师多来自一线,他们很容易与一般教师组成一个实践的共同体,在校本研修中,在个性教师的引领下,一线教师会获得专业成长。

作为奎文区幸福街小学的第一批个性化教师,我的发起带动便是很好的例子。经典诵读是我校的教学特色。如何让学生兴趣盎然地诵读经典？这是诵读之初我们的困惑。面对我们成人都有些难懂的文言文、半文言文的经典作品，要想让小学生诵读，一定要有一些策略方能调动学生的兴趣，方能提高诵读的效率。前几年，我在“如何引领小学生诵读经典作品”做了些探索，也稍有成色，于是就在学校内推介了我的诵读策略。学校多数语文教师都在模仿运用、创新运用这些诵读的策略。不但营造了很好的诵读氛围，而且把诵读经典搞得扎实、有效。本学期，在我区的连片教研中小课题连片教研，在2012年新教师培训中，我的诵读策略做了一次次示范，激发了教师的热情，起到了很好的带动作用。

（四）不同学科教师间的研修自组织

不同学科教师的专业知识、经验背景以及各自的兴趣、爱好也大都不同。这些不同学科的教师因为教学中的某个问题而形成了自发式的自组织。他们通过合作、交流与分享，然后从不同侧面和角度实施教育教学。

如我校六年级的语文教师们在设计《长江之歌》这堂课时，其中一个环节是需要教师教唱这首歌，但是，多数语文教师的歌唱水平比不上音乐老师，于是，他们在教研活动时就让音乐老师也一起参与，或是学唱，有的实在歌喉并不美妙的教师就和音乐教师一起走进教室，课堂中有诵，有唱，学生感受深刻，受益匪浅。在平时的教研活动这样的自组织形式中还有很多。

（五）教学中的争议问题引发的研修自组织

在我们的教育教学活动中，有争议问题的出现是不可避免的。对这些有争议的问题进行自觉地研究，也是我校校本研修的形式之一。上学期，我校教师进行了一次诵读展示活动。在展示诵读内容时，老师们对苏轼的词《江城子·记梦》是不是应该作为婉约派的代表作展示出来引发了争议。有的认为不能作为婉约派的代表作，因为婉约派词多是宫词，婉转、圆润，什么花啊，柳啊的，而《江城子·记梦》太悲情；有的认为，这是典型的婉约派，就应该展示这首词，原因是婉约派多是展示儿女情长的。围绕该不该展示这个问题，教师们自觉地形成了两个小组织，他们查资料，不断地交流，尽力地说服对方。在这次诵读活动之后，他们还展开了与之有关的一系列的研究活动：豪放派的词有哪些？该如何诵读？婉约派的词有哪些？该如何诵读？为此还进行了一次引领学生诵读宋词的教师课堂比赛。

不管是哪种形式的校本研修，只要是自组织的，其研修就是高效的；只要是自组织的，其研修就是有兴致的；只要是自组织的，教师的专业成长就是迅速的。①

(二)发现研究主题

研究什么？这是个重要的问题。这也是有别于一般教学研究的核心所在。通常的教学研究往往是针对一节课的教学内容来的，研修的结果是上好了一节课，然而这节课承载的研究目标和价值却是模糊的。基于学科教学改进的校本研修模型首先是从学科课程的研修主题开始的，要研修的是学科课程领域内的目标或者教学行为策略，而不是某一节课的教学内容。这就是说，当我们选择“如何抓住关键词句体会人物思想感情”这一主题时，我们可以选择小学课文《装满昆虫的衣袋》，初中课文《故乡》，高中课文《一滴眼泪换一滴水》来承载研究，这样也就走向了从研究课文教学到研究课程教学的转变。

其实，研究主题大多是在学习组织建立之初就已经明确，研究主题的内容大致包括教学理念转化来的问题、课程价值内含的问题、教学过程中遇到的问题、主动寻找的学科主题、与学校整体研究相一致的主题等。研究主题的确立过程本身就是研究的一部分，是伴随着研究与发现而得来的，所以，有效的校本研修特别关注主题的发现过程。

一是由教学理念转化来的研究主题。理念的碰撞与更新自然带来新的思维方向和思维方式，再转化为实践的过程中会遇到新的问题、得到新的经验，这些都可以作为研究主题确定下来。如同倡导的从“教教材”到“用教材教”的转变，本身就蕴含着丰富的拓展性研究资源，不仅仅要研究教材作为例子应

① 山东省潍坊市奎文区幸福街小学王安存老师提供。

当承担怎样的功能,更重要的是研究从课程入手的教学该如何厘清课程目标,如何选取课程资源,如何组织课程资源,如何构建教学过程,如何达成教学目标等一系列问题,都已经得到涵盖。

二是课程价值内含的问题可作为研究主题。课程性质与课程价值往往决定学科教学的基本走向。语文、英语同时具有工具性与人文性的统一问题,但在不同学科显然会有不同的体现,这就为教学研究找到了切入点。而音乐“为学生提供审美体验,陶冶情操,启迪智慧;开发青少年创造性发展潜能,提升人类创造力;传承民族优秀文化,增进对世界音乐文化丰富性和多样性的认识和理解;促进人际交往和情感沟通,构建和谐社会”的价值也引领音乐教学研究的方向。

三是教学过程中遇到的问题作为研究主题。研究主题可以基于当前教育教学改革的大背景,立足于解决学科教学领域内具有一般意义的问题,也可以立足于教学中遇到的小问题,通过对这些小问题的研究与解决,累积提升或以小见大,得以发现学科教学以及学生发展的规律,破解教育难题。如有位物理教师发现学生的课余时间多被各种辅导班、电视、网络游戏占用,而对生活中的现象缺乏有意识的观察,造成了感性认识的缺失,使学生失去了物理学科的学习基础与经验。为此,这位教师希望引导学生观察生活中的物理现象,培养学生的观察能力、归纳总结的能力,于是他通过最生活化的课程,把培养学生主动观察、主动思考的意识作为自己要研究的问题,从而将研究主题定为:生活观察课程的开发和课堂实施策略。研究领域并不大,却促成了一门有效的学校课程的开发与建设。

四是组织建立后主动寻找的研究主题。可以从培养学生学科能力出发,以“头脑风暴”等方式来确立研究主题。如一所学校的语文教师团队针对“一、二年级学生亟须培养的学科能力有哪些”这个问题开展了“头脑风暴”活动,他们从听说读写等 7 个方面找出了 26 种学生亟须培养的语文学科能力,然后又让每个教师根据自己教学的实践,把这 26 种亟须培养的学科能力进行排序,并汇总结果。经过分析确定排位靠前的“不爱读书,不会读书”“ 读书拖长声、唱读、没有感情”作为他们要解决的问题,从而将“一、二年级学生课文朗读的有效指导”确定为研究主题。

主题的确立方法并不唯一，还可以从学校的整体价值建构中寻求研究主题，结合学校的发展规划，回归学科课程来思考切入点和着力点，由此构建的研究主题容易得到组织内成员的理解和认同，也容易进行校本化的推进。有些教师基于个人对学科教学本质的深刻理解与领会，自主提出研究主题并交由组织内讨论并最终确立，也可以成为一种有意义的主题确立方式。

【实践范例】因“需”而定的研修主题

校本研修对于增强教研活动实效，提高教学质量，培养学生的学科能力具有非常重要的意义。在开展校本研修过程中，我们认识到要想开展好校本研修活动，首先要确定好学科教学研究的主题。那么研究主题如何确定？我们认为一定要因“需”而定。此“需”所包含的内容有：课程有效落实的需要、学生发展的需要、小课题研究的需要、教师发展的需要等方面的内容。只有基于这些需要，认真开展学科校本研修活动，才真正能发挥其实效。

（一）基于课程有效落实需要，确定学科研究主题

1. 转变课程理念，确立研究主题

叶圣陶先生早在1978年就说过：“教师教任何功课，‘讲’都是为了达到用不着‘讲’，换个说法，‘教’都是为了达到用不着‘教’”。叶老又说：“语文教材无非是个例子，凭这个例子要使学生能够举一反三，练成阅读和作文的熟练技能。”这与新课程要求“用教材教”或“教语文”是透过课文这个载体，能看到课文中适合本年级学生学的知识、能力，特别是阅读能力的要求是一致的。

在校本研修过程中，我们也逐步认识到我们在课程观上更倾向于课程是知识或学科的理解。在今天新课程改革的背景下，这种课程观仍然在我们的思维意识中根深蒂固，占据着主流的位置。不难看到，在实际的语文教学过程中，大部分教师真的是忙于“教教材”，立足于把课文教深、教透，特别是把课文的思想内容分析透。正是因为认识到了这一点，潍坊市中新双语学校的李蓓蓓老师在沈大安、吴忠豪、李秀伟等专家的指导下，认真分析自己所教五年级学生对于知识、能力的要求，将“阅读课教学流程”确定为自己的研究主题，通过开展

新型的“阅读教学流程”课例研究，经过反复打磨，她所执教的《装满昆虫的衣袋》一课作为2011年山东省小学教师远程研修课例，供全省的小学语文教师学习。2011年10月，她的这节课荣获全国目标教学课堂教学大赛一等奖。

李蓓蓓老师在自己的反思中这样写道：“在校本研修的过程中，我们的研究主题看似有些偏离，不是在研究中高年级阅读课的基本流程，倒成了一种理念的转变。其实，教学流程的设计离不开教学理念的指导，有什么样的教学理念就有什么样的教学流程。所以，归根结底我们的研究主题还是没有改变的。现在，语文教学正处于一个转型期，如何处理好‘人文性’与‘工具性’的统一，如何落实好叶圣陶老先生的‘教是为了不教’，这是我们作为教学一线的教师应该扎扎实实做好的基本工作。”

沈大安教授在《观李蓓蓓老师〈装满昆虫的口袋〉后记》一文中写道：“李老师打磨这个课例的时间，正是我国小学阅读教学开始转型的时候。2010年，一些语文教学专家纷纷呼吁我国小学阅读教学转型，比较有代表性的观点有：全国小语会理事长崔峦提出的《和“内容分析”式的阅读教学说再见》（《小学语文》，2010年第9期），台湾小语会会长赵镜中写了《“教教材”和“教阅读”》（《小学语文教师》，2010年第5期），上海师范大学教授吴忠豪发表的《教课文？教语文？》（《小学语文教学》，2010年第4期）。这些专家的共同观点是：小学语文教学要走出教“课文内容”的误区，走向教“课程内容”，对阅读教学来说，要从“文本解读”过程走向“阅读能力培养”过程。

李蓓蓓老师在课例打磨中逐渐领悟了这一转向的重要意义，在自己的课例中尝试实践。李蓓蓓老师的教学为我们从“教课文”走向“教语文”，从教“课文内容”转变为教“课程内容”起到了示范作用。

2.把握课程本质，确立研究主题

孙云霄老师的研究主题是“小学生诗词鉴赏结构研究”这个主题的确定，除了跟她个人喜爱诗词有关外，还跟她对于诗词教学本质的深刻理解有很大的关系。在教授李清照的《如梦令》时，她恰好读了日本教育家小原国芳、印度哲学家诗人泰戈尔、北京大学教授钱理群的书，发现他们都表达过同一个意思：语文是一个民族的灵魂，诗歌是灵魂的内核。诗词是生命的歌，是美的化身,是值得后人咀嚼、消化、回味的精神食粮。诗词的阅读与欣赏应当跨入美学领域,用心灵去捕捉诗的意象和境界。于是她确定了“小学生诗词鉴赏结构研究”这个研究主题。

(二)基于学生发展需要,确定研究主题

1.从培养学生学科能力出发,确立研究主题

培养学生的学科能力与素养是校本研修的一个重要方面。那么学生的哪些学科素养与能力已经形成,哪些亟须养成,我们又该从培养哪种能力入手呢?奎文区圣荣小学的语文教师们针对“一、二年级学生亟须培养的学科能力有哪些”这个问题开展了头脑风暴活动,从而将“有感情朗读课文指导”确定为研究主题。

潍坊市育华学校裴志星和赵楠两位老师也采用这种方法,分别将自己的研究主题确定为“培养学生的问题意识能力”和“小学英语单词课文新授课模式流程研究”。

2.从关注学生的学习经验引领学生发展入手,确立研究主题

《基础教育课程改革纲要》提出:“改变课程内容‘难、繁、偏、旧’和过于注重书本知识的现状,加强课程内容与学生生活以及现代社会和科技发展的联系,关注学生的学习经验”。潍坊市德润国际双语学校的孙晓燕老师发现当前学生学习物理难的主要原因,为此她将引导学生观察生活中的物理现象,培养学生的观察能力、归纳总结的能力;通过最生活化的课程,以培养学生主动观察,主动思考的意识作为自己要研究的问题,从而将研究主题就定为:生活观察课程的开发和课堂实施策略。

(三)基于小课题研究的需要,确立研究主题

近年来,在潍坊市奎文区教育局大力倡导下,小课题研究成为奎文区教师们日常教学研究中的一项重要工作。为了提高研究实效,很多学校教师就将小课题研究与校本研修活动相结合,根据小课题研究的需要确立研究主题。如奎文区圣荣小学语文、数学、英语组的教师根据自己的小课题研究需要,分别确定了“小学低年级数学学科读说品质的培养”“小学低年级数学学科计算品质的培养”“小学低年级数学学科听写品质的培养”“小学低年级英语学科

倾听与阅读品质的培养”“小学低年级英语学科说与写的品质培养”等研究主题，扎实开展研究，既完成了小课题研究的任务，又提高了课堂教学效率，可谓一举两得。同样，日向友好学校的陈朝祎老师和十三中的谭玮老师也是根据小课题研究的需要确立了自己的研究主题。

（四）基于教师发展的需要，确立研究主题

新入职教师有着强烈的专业发展欲望与需求，但是由于教学实践不足，经验匮乏，他们在课堂教学中往往会遇到许多令他们觉得无法解决的问题，这些问题成为他们快速成长的最大障碍。为此，奎文区圣荣小学组织本校新教师就“课堂教学中遇到的问题”这一主题开展了一次“头脑风暴”活动，新教师们畅所欲言，说出了自己教学中遇到的困难，共梳理出30个问题，教师们根据自己的教学实际，各选择一个最困扰自己的问题作为自己的研究主题，开展课例研究。研究主题如下：如何营造英语课堂教学氛围；怎么让学生注意力集中；怎么提高学生的课堂参与度；小学中年级阅读能力的提高方法。每位教师通过三次以上的课例打磨与研究，都找到了解决这些问题的方式与方法，解决了困扰自己成长的难题。

当然，学科校本研修主题的确定还可基于中、老年教师发展的需要，基于学校特色工作开展需要，基于教育改革的需要等，但归根结底，这些研究主题都要围绕课程观来确定的，都是为了落实课程目标，从而提高学生的综合素质，促进教师和学校发展。①

（三）实施课例研修

组织的建立和主题的确立为校本研修做足了准备，也明确指向了以课例为载体的研修方式。校本研修中“立足专业视角”“建构笔墨文化”“实现师生双赢”等核心原则都将在课例研修的过程中体现出来。依据研究主题选择适

① 山东省潍坊市奎文区圣荣小学李蕾老师提供。

合的教学内容，精心构建一个研究过程，让研修深层次切入教学过程，让教学过程全程具有专业研究的品质，这是成功的课例研修的主要行为方式。在广泛借鉴国内外研究成果并结合校本研修的新路径反思后可以确立这样的课例研修模型（如图6）。

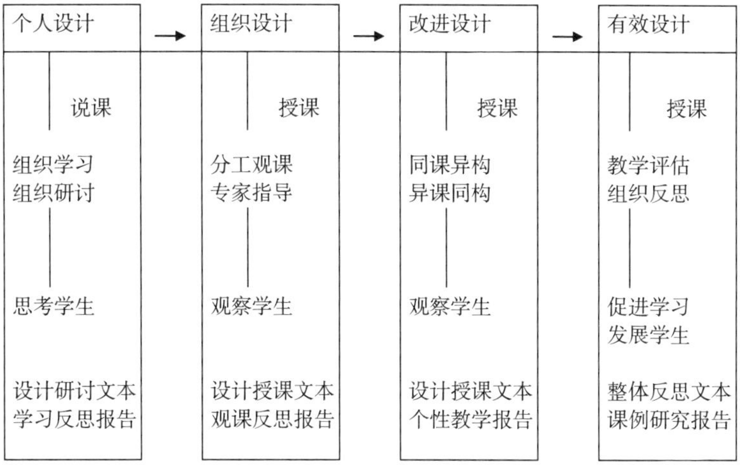

图6：课例研修模型

这一研修模型分为四个层次，分别由四次教学设计作为标志，每一次教学设计之后所产生的一系列研修行为就构成了研修的总体流程。

1.四层次研究的跨越循环

研修过程总体划归为四个层次，四层次的研修与转变看似复杂，事实上都围绕着最外显的第一层次，即教学设计层次展开。第一层次是教师的四次到多次教学设计："个人设计"→"组织设计"→"改进设计"→"有效设计"。在第一层次的教学设计循环中，体现的是执教教师理念的更新与教学改进的主动性，通过四次到多次的教学设计，教师将不断修正自己对于教学的认识并形成新的行动方案，这是课例研修中最外显的研究过程；当然，教学设计的改变来自于第二、第三层次的组织学习与研讨过程；第四层次则是研修过程中留下来的文字资料与过程性研究成果。

第二到第四个层次是研修过程的内在结构，并不是唯一或者固定不变的，根据研究的需要可以进行内容和形式的调整，但大致经历研修的一般过程。

如第二层次，是教师的四次到多次设计后的说课或者授课研讨过程。分别是“（基于个人设计之后的）说课”→“（基于组织研讨、反思，结合组织智慧设计后的）授课”→“（基于观课研讨、反思、改进设计之后的）授课”→“（基于再一次多种形式的观课、研讨、反思后设计的）授课”。

如第三层次，是四次到多次组织内研讨的过程。分别是“对教师说课的研讨（思考学生）”→“对教师第一次授课的研讨（观察学生）”→“对教师第二次授课的研讨（观察学生）”→“对教师第三次授课的研讨（评估学情）”。

如第四层次，是组织学习中留下的文本材料。分别是设计研讨文本、学习反思报告；设计授课文本、观课反思报告；设计授课文本、个性教学报告；整体反思文本、课例研究报告。

2.层次内研修的推进

“个人设计”意指基于教师个人教学经验的设计。在教师根据本次研修的主题选择教学内容并进行教学设计之后，是先不上课的，因为上好一节课不是目的，用一节课承载一项研究或改变一种教育行走方式才是根本目的。教师要做的是在研修组织内先说课，说课要点也是集中于怎样通过这一教学内容体现研究主题、实现课程目标、促进学生发展上来，由此引发小组内的专业研讨。研修组织内的研讨因为有了核心目标的导向，而且有了具体教学内容和教学设计的支撑，所以很容易形成专业化的思维；同时，受限于教师认知水平程度较低等因素，这一过程的研讨并不是单纯坐而论道，而是根据研修主题、课程目标、教学行为设计等，可以将研修与读书、查阅资料结合起来，研修的专业性进一步增强。个人设计后的研修结束后，授课教师根据留下来的研讨文本材料或专业资料写下学习反思报告，以此开始第二次教学设计。

“组织设计”意指研修小组的研讨、学习经教师反思修改后形成的教学设计。这次设计之后，教师会进行现场授课，而研修组织成员则分工观课，每位成员选择不同的课堂观察点进行课堂观察，观课后要形成详细的观课报告，供组织研讨与授课教师反思用。由于有了分工观课，所以能够协调发挥组织学习的优势，同时使得观课、评课都有了专门的视野，并且针对性增强，数据资料等齐全了，这样专业的观课、议课得以实现。而授课教师根据这些丰富的课堂反馈文本材料可以形成自己更有针对性的教学反思，并能够有针对性地改进教学设计。

“改进设计”与“有效设计”分别是在第一次分工观课、议课和第二次分工观课、议课后形成的教学设计。当然，执教教师的每一次设计、授课之后的研讨方式是可以有区别的，比如在分工观课、专业指导之外，还可以组织同课异构、异课同构、教学评估、组织反思等活动使研讨渐入深境。在对同课异构和异课同构的理解中，基于课程价值的研究应该有全新的理解：所谓同课异构不仅仅是同一节课有不同的上法，而是通过同一节课承载不同的课程目标或研究主题，如同为“平行四边形的面积”一课可以用来培养学生数学思维能力，可以用来培养学生比较迁移的能力，也可以用来培养学生观察归纳的能力，甚至可以用来研究数学课的基本流程问题；所谓异课同构不仅仅是不同的课体现同样的教学方式方法，而是通过不同的教学内容来承载一个教学目标的实现，如“培养学生对大自然的热爱之情”，可以选择现代散文、现代诗歌、古诗词等不同的篇目来探究教学理念或策略。

研修过程不是封闭的，不仅限于四次设计、三次授课、四次研讨，而且可以更多次，也可以根据需要调整为两到三次，特别是一些具体的研修策略可以有选择地使用，使研修的灵活性大大增强。每一个研修流程的时间没有具体的限定，可以是一到两周，可以是一到两个月，可以是一个学期甚至一年，教学内容真正成了研究的例子，而这个例子在研修中却发挥着超越知识本身的巨大力量。

组织视野下课例研修构成了校本研修的基本方式，让校本研修走向深度思维、走向教学现场、走向笔墨结合，不断生成教学的智慧和教师专业发展的路径。

（四）评价改进成果

作为自组织的非制度性教学研究活动，这一基于学科教学改进的校本研修评价立足于参与者的自我反思与自我建构，立足于校本研修对学生学习、教师发展、学校改革创新的促进作用，在评价过程与结果的呈现上是以质性评价为主的。从校本研修正向的价值与意义角度来判断，应大致体现这样一些理想的愿景。

一是实现“四个结合”。即“行为学习、认知学习、情感学习的结合”，特别调动了组织内教师的主动意识，教师不仅在参与研讨活动，而且通过不断的自我超越拥有了研究的乐趣；“自我发展、同伴互助、专家引领的结合”，使广泛的同伴互助与个人反思得以实现，而且由于开放式的研究氛围和对专业理论的实时学习与借鉴，使得专业力量的介入变成可能；“常规教学、课例研修、教育科研的结合”，使课例研修立足于但是不同于日常的教学行为，是与教学紧密相连的教育科学研究过程，在实际操作中却只有同常规教学结合起来才能够获得时间、空间、外部教育评价生态的支持；“学生发展、教师发展、学校发展的结合”，这是从研修的整体效应而言的，改进教学的目的是使学生获得更好的教学环境，获得更好的发展，而教师在改变的过程中收获发展的智慧与情感，当教学研究成果产生并推广运用的时候，理应对学生改革与创新发生持久的影响力。

二是实现“四个专业化”。即教学设计专业化，这是基于研修过程对教学设计反复关注而形成的假设。教学设计包含着课程目标设计、学情分析、课程资源选取与加工、教学流程组织、教学反馈与评价等，教师在一个研修主题的引领下，通过反复研讨、反复反思、反复设计生成具有专业化的教学设计能力；教学行为专业化，这是指教师通过说可以使得反复授课所获得的教学水平有所提升，由于授课教师的反复不是在同一层次和水平上的重复，而是有了专业的支持，所以教学水平的提高是“看得见”的；教学观察专业化，与一般意义上的听课评课不同，课例研修中的教学观察不仅有了专业化的视角而且都要形成观课报告，这本身就是对教学观察者的专业促进，伴随着课例研修的展开，作为教学观察者的教师也在积累着教育教学的实践性知识；教学反思专业化，是让教学反思有据可依，让反思建立在大量实际研究资料的基础上，由此就避免了反思的空泛，使得教师在反思过程中能够回归教学的思维与时间场景切实找到问题与症结，也能够看清经验与优势。

三是实现“五个行为指向”。即指向教师专业发展、指向学生有效学习、指向学科品质研究、指向教学问题解决、指向常态教学研究。这五个指向是从研修的价值上来说的，让研修真正切入教学发展的应然空间，实现研修的综合效益。

四是立足“五个评价依据”。即跟踪测试，作“目中有人”的教学研究，探索研修过程中学生发展的可能空间，紧密跟进对学生学习效果的测试，通过学生课程目标的达成水平来探究研修的效度；材料积累，是对研修结果做质性的判断，通过研修过程中积累的研究素材来考究研修过程对教师发展的影响作用，特别是当教师能够对教学研究行为与材料积累过程建立了相关性认识时，其实是教师研究行为的重要突破；过程反思，评价过程伴随着研修过程而存在，教师的自我反思，组织内的研究与反思交流在很大程度上就是评价过程；研讨展示，这是对课例研修结果最常见的评价与鉴定方式，通过召开各种研讨会议来展示研究成果，获得专业评鉴；文章发表，这是参与研讨教师的水到渠成的研究成果，在研修过程中并不十分强调写作与发表等类似功利性的追求，但是大量文本资料的积累必然让教师走上一条教育的笔墨人生路。

【实践范例】发展就是我们的成果

《数学课程标准》中指出，数学教学要紧密联系学生的生活实际，以学生的生活经验和已有知识出发，创设有价值的数学问题情境，激发学生的学习兴趣，让学生在生动具体的情境中学习数学。但是在我国长期教育体制的影响下，许多教师和家长尤其是家长看重的仍是基础知识与基本技能，因为这些都密切关系着试卷上的分数。而在学生的数学情感方面是否享有幸福的数学学习生活，是否把数学学习作为一种乐趣、一种享受、一种探索和渴望，则很少为孩子想过或努力过。

教育人本论指出，在尊重、关心、理解与信任每个人的基础上，一是发现人的价值，二是发挥人的潜能，三是发挥人的个性。教育人本论是素质教育的前提，素质教育是培养人的素质的教育，是以人为核心的。要进行素质教育，就必须以人为本，尊重、关心、理解与相信每一个人。这样，人们才会自觉地接受素质教育,主动地提高自己的素质。

建构主义认为,学习总是与一定的问题情境相联系的。在问题情境下学习可以使个体对客观情境获得具体的感受,激起积极的情绪,促进学生的潜能发展,从而使学习者更好地利用自己已有的认知结构和生活经验,对当前所学的知识进行"同化""顺应"从而达到一定意义上的建构。现代教学论观点认为,数学教师的主要任务就是为学生设计学习情境,为学生提供全面清晰的有关信息,引导学生在教师所创设的问题情境中,自己开动脑筋进行学习,掌握数学知识。

该如何有效地呈现"问题",运用"问题"提升学生的数学思考,促进学生的发展?我们盼望一种鲜活的、生动的教学情境,渴望具有生命力的教学课堂,让"问题"在课堂中发挥应有的实效作用。于是,我们开始围绕"如何培养学生的问题意识"进行深入研究。

在齐鲁名师李秀伟老师的指导下,我们用"头脑风暴"的方法,统计了30条初中数学需要解决的学科问题,最后整合了三个研究问题:一是学生的基本运算能力的培养;二是学生的问题意识能力的培养;三是学科知识建构能力的培养。后来经过进一步交流讨论,我们最终确定目前的课堂主要以培养学生的问题意识能力为主。

我担任执教人,讲课内容是随堂选择的,按照当时教学进度正好学到《30°、45°、60°角的三角比》,本节课是泰山版八年级下册第九章的内容。本节课主要是从学生熟悉的三角尺引入特殊角,并探索这三个特殊锐角的三角比,然后应用它们解决有关距离、高度、角度的计算问题。

课题和内容确定以后,我们研究小组就本堂课展开深入的研究。首先由我进行精心备课,再由小组研究进行集体备课,然后进行授课。在授课的环节中有目的地分工观课、专业评课,并及时进行反思和总结,最后异课同构展开新一轮的研究。我们分了三个维度进行观课:一是从教学目标的完成情况进行的观课。二是从教师引导学生发现问题的有效性方面进行观课。三是从学生质疑问题的参与度方面进行观课。分别由潍坊育华学校的李华强主任、杨海龙主任和孙兆忠主任分工观课,以做到有针对性地研究评价。讲完课后观课小组的教师各自发表自己的看法再进行共同探讨。

每一次观课和每一次探讨都有不同程度的进步和收获。在这里拿第一次和第三次的观课和反思进行比较。在2011年3月23日开始我的第一次授课，观课和反思如下：

(一)从教学目标的完成情况进行的观课

在教授的过程中，没有做好足够的学情分析，没有很好地进行预习，并且没有对本节所需的前置知识做很好的复习，所以在探索三角比时，虽然用时很多，但学生对三角比的推理没有很好地掌握，再加上时间分配不合理，导致前重后轻，在三角比的应用上练习较少，从当堂检测的结果来看，学习的重难点完成得不好。

(二)从观察教师引导学生发现问题的有效性进行的观课

存在大量的形式主义的问题和形式主义的问法，应该先让学生针对课题自己提问，然后让学生自己读课文，边读边想自己的问题，看看能否解决，还可以在读中产生新的问题。如果比较简单、当时就能解决的问题教师不需要出示，只提醒学生认真读就可以了。解决不了的问题由教师出示，让学生评价哪些问题提得最有价值，这样做不但尊重了学生，而且也使学生提问题的质量高一些。

(三)从学生质疑问题的参与度进行的观课

纵观本节课，学生的参与度相对较低。学生在遇到自己感到疑惑的问题时，有等等靠靠的想法，只有部分同学能大胆地提出自己的疑问。对于学生提出的这些问题，教师应该及时进行肯定，让学生知道老师是很喜欢学生提出质疑的。对学生的质疑，教师不是直接给学生答案，而是对学生进行引导，最终让学生自己通过思考得到答案。

针对这次授课，我进行了深刻的反思。本次授课感觉有点失败，不仅时间没有把握好，而且本节课的学习目标没有全部完成。

主要原因是我没有做好足够的学情分析，对于新的数学符号，新的认识信号，需要学生一段时间的适应，要给学生充足的思考时间，例如，让同学们观察各个三角比的比值会发现什么问题。全班同学都在思考，我只给了他们10秒钟的时间,就过早地引导学生竖着观察表格,其实再给学生一点时间,他们肯定也会发现问题的,但是我的急性子剥夺了学生思考发现问题的权利。不过,本节课中的秦艺源、林彦佐等同学的积极表现让我感到欣慰。

我吸取经验教训,改进了课堂的相关环节,2011 年 3 月 30 日进行了第二次授课,同样进行了分工观课、专业评课、小组反思和自我反思。我又参照专业评课的内容对课进行了更加细致的修改,于是,4 月 2 日进行了第三次授课,授课后观课、评课情况如下:

(一)教学目标的完成情况方面

本堂课对学生学情进行了详细的分析,组织学生进行了充分的预习,并在课堂导入后对前置知识进行了很好的复习,两个活动组织得非常好;对于教学时间的分配和课堂的整体把控方面做得非常到位,学生对于三角比知识的应用练习有了充足的时间保证;在教学过程中,教师能够很好地引导学生去探索将实际问题转化为数学问题的方法,注意培养学生将实际问题转化为数学问题的能力,很好地完成了学习目标。

(二)教师引导学生发现问题的有效性方面

整节课中,教师利用比较、自主思考、同桌合作、小组合作、班级展示等形式,让学生在思考中体会知识的难点,便于学生形成自己的问题。学生在教师的引领下整理知识网络,梳理了知识结构,理解感悟知识的内涵,形成了自己的问题。

(三)学生质疑问题的参与度方面

从学生提出的质疑来看,学生不再是羞于提出问题,而是大胆地提出问题。对学生提出的质疑,能让学生给予解答的就让学生自己解答,对学生不能自己解答的问题,给学生一定的提示,让学生自己得到问题的答案。

通过几次研究,在教学目标的完成情况方面和从教师引导学生发现问题的有效性方面以及学生质疑问题的参与度方面都有很大的改观。从理念到课程的效果上也发生了很大的变化。记得以前听说教学中强调要充分发挥教师的主导作用和学生的主体作用,我曾经背诵得很熟,但今天才真的领会到学生主体的魅力。

经过几次研究，我感觉到学生的问题意识有所增强。教学中学生不善提问的现象是客观存在的，表现为提问不知从何入手，不知提什么样的问题，而有个别同学完全是为了凑热闹。因此，要使学生善于提问，教师要正确引导学生，使学生对提问掌握一定方法，从而能提出有价值的问题，如启发学生在自己思考后还不理解的地方寻找问题，多问几个“为什么”，并与新旧知识的联系及区别中对比找问题，让思考的焦点集中在关键问题上，特别是对学生提出具有创新性的问题要给予积极的评价，给予适当的鼓励和表扬，并加以分析。

研究的过程和研究经历改变了教师对学生的课堂提问的看法；改变了学生对学生提问环节的正确态度；改变了学生自己发现问题的能力、分析问题和解决问题的能力。但是，在培养学生的问题意识的能力方面目前尚未形成系统的方法，要想从实践中上升到理论高度，仍需专家的指导和引领。教师自身的问题意识和研究能力有待提升和加强，教师仍需深入学习相关理论并提高应用与实践的能力。对于我们小组成员来说直接碰撞得还不够，仍需共同探究共同学习，互相促进。

今后，我们会继续在现有研究的基础上，更加深入地研究分析，力争发现总结出系统的培养学生问题意识能力的方法和途径。①

四、九个操作要义

教师作为主动实践者，始终是学校变革的思维与行为主体，以校为本的教学研究必然会切入到教师的日常教学实践中并与之融为一体，而不是在教师的教学实践之外另起炉灶“外加”一种研究。这就在教师那里产生了对于实践关注的教学行为与变革期待的研究行为两种行为之间融合的诉求，课例研修便承载了其方向与意义。课例研修是一种以校为本的行动研究方式，是教师

① 山东省潍坊市育华学校裴志星老师提供。

(一般为学习型教师组织)基于课例而进行的融专业理论学习、教学实践、教学研究于一体的旨在改进教学继而提高教师专业水平的研究行为。中小学教师课例研修基本要义的描述是从理论与实践相结合的一般阶段与一般特征而言的,具有规律性与目的性的双重意义。

(一)多次设计

学校层面上的课例研修是发生于教师学习型组织内的,这是教师教学行为改进的基本诉求。因为组织学习利用教师"社会认同"与"自我归类"两种心理的结合,促成了教师对自己行为自觉审视,特别是教师进入教学现场的设计与授课过程受其影响最为明显。

学生学习的展开来源于教师的课程与教学设计的引领,没有设计就没有有意识的、有目的的教育活动,"为学习设计教学"是加涅的基本主张,他将学生的学习过程划分为八个阶段,"注意:警觉→预期→提取到工作记忆→选择性知觉→编码:进入长时记忆存储→反应→强化→提示提取";于是,教学事件也相应地要为这八个阶段而设计"引起注意→告知学习者目标,激发动机→刺激回忆先前知识→呈现刺激材料→提供学习指导→引出行为→提供反馈、评价行为→促进保持和迁移"。① 在此,加涅提供了教学设计应关注的要点和流程,显然是从学习者的学习规律入手来构建的,这是包含了情境设计、目标设计、经验设计、资源设计、指导设计、反馈设计、评价设计、拓展设计等一系列教学设计问题的概述。回到具体的学科教学情境中,无论哪一个层次的设计都需要结合课程的价值、教学的目标、学生的学情、教师的理解等进行重新定位与重新规划,所以,教学设计又构成了教学过程中一个相对独立的复杂系统,重视教学设计是教学改进的第一实务。

由此,将"多次设计"作为研修的主要的外显性行为就十分必要了。然而,多次设计的促成则是组织的建立,在理查德·L.达夫特的研究中发现"协作是

① [美]R.M·加涅:《学习的条件和教学论》,303页,上海:华东师范大学出版社,2011。

实现更大的创新以及解决问题、提高绩效的前提条件”①。而行为改进则意味着创新,意味着更好地提高效率。

组织视野下的多次设计是有层次的,可以称为“多次设计”,其中,前四次设计可以分为“个人设计”→“组织设计”→“改进设计”→“有效设计”。“个人设计”意指基于教师个人教学经验的设计;“组织设计”意指研修小组经过研讨、学习后经教师反思修改而形成的教学设计;改进设计”与“有效设计”分别是在第一次分工观课、议课和第二次分工观课、议课后形成的教学设计。每一次教学设计都是伴随着研讨、学习、反思与改进而进行的,每一次的教学设计都是对课程实施更深一层的领悟,也伴随着教师的专业发展。当教师将不同层次的设计文本进行比较研究的时候,就会清晰地看到变化蕴含其中,这种变化可以是多方面的,涵盖加涅所认同的学生学习有教学对应的八大阶段,也可以是体现某一方面的设计变化。只要变化产生了,所期待的课例研修的意义便呈现出来了。当然,多次教学设计并不是固定为四次,根据研究的需要可以进行更为多元、深入的研究,设计反复次数可能会增加。也不是反复越多越好,根据研究的需要,两到三次的教学设计如果能够研究并解决足够的问题,则可以适可而止。

(二)反复授课

组织为反复授课提供了条件,这是与多次设计一脉相承的,反复的理论假设仍然是变化,单纯的反复不一定会生成变化,但是没有反复则变化就无从谈起。反复不是重复已知,恰恰是通过反复走向自己曾经走过但仍属未知的领域,正如《学记》所说:“故君子之于学也,藏焉,脩焉,息焉,游焉。”“藏”“脩”“息”“游”内涵不同却都是为了更好地学习、进步。那么,教师在改进教学的过程中选择反复授课就拥有深意了。

在课例研修的模型中,授课过程是一个支撑点,往上承载的是教学设计,

① [美]理查德·L.达夫特:《组织理论与设计》,193页,北京:清华大学出版社,2011。

当然是来源于组织内教学研究之后的教学设计，往下则承载着新一轮的教学研究，并促成教学设计与授课的多次与反复循环。在某种意义上来说，反复授课实质上是反复呈现研究的成效或问题，使教学研修过程成为一个无法截然裁断的流程，在反复中教师乐在其中、变在其中。正因为是“反复呈现”，所以，必须有值得呈现的研究成果才使得反复授课具有意义，而研究成果的获得又离不开整个研修过程的各个环节，研修的持续性就显而易见了。其实，反复授课在当前的学校教研活动，特别是一些优质课大赛活动准备等过程中已经被广泛使用过，主讲教师不断接受新的思想、新的做法，被动地做着教学技巧的改变以求得一个好的评鉴结果，这与自组织的课例研修有着天壤之别。因为课例研修是一个参与式的研究性系统，而不同于一般教研的接受式的单向度行为，关键体现在授课教师根据分工观课、议课形成的报告进行了充分的自我反思，并通过新的教学设计来呈现了反思的结构。改变的不仅仅是某一节课，而是一个人。

（三）专业观课

课堂观察是一个复杂的主观行为过程，带有观察者强烈的个体意识，随机进入教学现场并不带任何指令和任务的观课一般会成为个人视角的观课。个人视角的观课没有明确的聚焦点，容易发现课堂上随机产生的生成性资源或者教师学生之间的创造性火花，但由于课堂观察已成为教师的常规性教学研究行为，在众多的观课过程中难免产生“审美疲劳”，很难有深层次的发现，教学研究的价值便消减了。

另外就是专业观课，专业观课也可以分为两个方面，一方面是带有专门任务的观课，比如各类公开课、优质课评委的观课，各种评价鉴定现场的观课等，都需要带着既定的课堂教学达标标准去观课，这不在我们的讨论之列。另一方面的专业观课就是有专业分工、专门视角、专用工具以及专题任务的观课。我们在此讨论的专业观课就是这种观课方式。如果专业观课是组织性的行为，那么专业分工就非常重要，如果是单个教师的专业观课尝试，就需要教师自己选择一个视角了。这便是观察的视角,国内有研究者将课堂教学观察的框架划分为四个维度:①一是学生学习,视角是准备、倾听、互动、自主、达成;二是教师教学,视角是环节、呈示、对话、指导、机智;三是课程性质,视角是目标、内容、实施、评价、资源;四是课堂文化,视角是思考、民主、创新、关爱、特质。结合这四个维度设立了相关的观察工具。从这一维度划分以及观察视角来看,观察视角更像是对课堂教学的评价标准,而进一步细化的观察指标也无限类似于评价指标,显然,这是研究成熟的以获取评价性资料为载体的观察维度、视角和具体的观察点。

在课例研修中,观察视角的确立应服务于研究主题。如研究课堂教学的"对话性"问题,观察的视角则聚焦于师生对话的广度、质量;生生对话的频率、平等性;师生与课程资源对话的效率、效果;课堂生态营造对对话的促进作用等方面。而观察研究如何培养学生"思维能力"的课堂,观察的视角就聚焦于教学问题设计是否有助于学生思维的展开,学生思维的流畅性、敏捷性、开放性在哪个层次上得到了关注,而问题在哪里,等等。

总起来看,专业观课的要素是:紧扣研修主题,确立课堂观察视角,结合观察视角进行合理分工,依据不同的视角开发观察工具,进入现场进行专业的教学观察,记录获取研究资料并在教学现场进行思考和简单判断。在课堂观察中还要注意这一视角之外教学因素的影响,从而获取综合性的有研究价值的资源。

(四)专业评课

有了专业观课,评课的过程自然有了专业性。这是一位教师在课例研修过程中连续听了三节课后的评课记录:

---

① 沈毅、崔允漷:《课堂观察:走向专业的听评课》,104~120页,上海:华东师范大学出版社,2008。

我是从课堂提问的角度进行课堂观察的。课堂提问是引发师生交流的主要途径,是教师引领学生深入学习的策略之一。

通过对执教教师几次课堂提问的观察,我发现课堂提问的次数有了变化,问题的质量及提问的有效性一次比一次提高。

我把教师课堂中所提问的问题进行了归类分析:两节课中,教师共提出了21个问题。其中属于思考性的问题有16个,属于启发、想象性的问题3个,这两项占了所有问题的90%。属于机智性的问题2个,让学生进行判断性的问题没有,与学生学习无关的课堂提问没有。和前几次相比,判断性和没有思考价值的问题大大减少。

通过观察发现,课堂提问的改变让学生的学习状态发生了改变,不管是学生自己读文本,还是在教师引领下的思考,学生的学习都比以前投入了,思考带有了一定的深度。这与教师提问有效性的提高有着直接的关系。

由此可见,专业观课后的评课不再是整体上的褒奖或指责,而是以“证据”来反馈教学的实际效果。评课不再是机械的反馈,而是有了思维含量、科研方向。专业观课可以就一个问题或几个问题深入地研究。案例中所呈现的不仅有观课的实时性报告,同时省去了对无关环节的无效评价,不是泛泛地表扬教师十几个优点、指出教师十几个缺点了事,研究的针对性加强了。再比如观察研究一节作文教学课,其研究主题是如何指导学生谋篇布局,那么,观察的视角就可以清晰地确定为教师对谋篇布局的指导是否有效,观察学生在文章的谋篇布局方面因这一节课有哪些收获或者变化。在课堂上,别的地方上的再花哨都可以不过多关注,重点在谋篇布局的学习效率如何,一节课不行就两节课,两节不行可以再授课研究,一直把培养学生谋篇布局能力的教学研究透彻。有条件时,专业评课结果可以形成一个评课报告。

(五)专属反思

当反思被认同为教师专业发展的有效方式时,在教学实践特别是教学管理层面就已经被泛化了,有些学校要求严格,每节课以后都要求教师写一个反思,就写在备课薄上;要求不严的一个单元或一个学期写几篇反思、写案例等。然而,被强制写下的反思并没有得到教师的欢迎,反而让很多教师应付了事,没有起到应有的作用。究其原因,因被动而生发的抗拒显然是一个重要的方面,但也不是全部,关键在于反思或者案例是思考和研究的产物,没有一个研究性的思维状态或研究性的工作环境,此时是写不出真正意义上的反思的。

课例研修为教师的反思提供了可能,这就让教师的反思走向了有据反思。从一个教学反思产生的流程来看:授课教师按照研修主题基于个人经验备课之后要在组织内先说课,说课的过程是一个系统展示自己的设计思想以及设计流程的过程。说课以后,组织内成员按照自己的理解分别点评、质疑、提供帮助,为授课教师提供更为多元的设计思想与思路。为突破组织成员的认知局限,大家还要为授课教师推荐同一主题下的理论读物供他学习,根据预设的学生发展需求,还要就教学指导、作业设计等提出改进方案。等一系列的研讨活动结束之后,授课教师会结合研讨留下来的文本材料以及学习资料,对自己第一次的教学设计进行反思,反思要留下反思报告。此时,教师的反思报告就有了大量可以依托的研究素材供筛选、加工,反思报告时能够做到有理有据、有针对性。特别是在教师授课以后,通过组织成员的专业观课以及观课后形成的评课报告,授课教师能够借助丰富、多元的文本资源形成自己的反思报告。事实证明,许多教师在研修一节课后写下的教学反思达到几万字,而且不是被强制写,而是水到渠成的思维调度。

(六)同课异构

教师的课例研修更多体现的是一种"求善"的价值研究取向,即以促进教学改进和教师自我成长为路径,最终达成提升教育质量的目的。而教育质量的判断来自于每一学科课程目标的实现,课例研修回归课程视野便呈现了这种价值研究的基本样态,从研修方式上来看则变革了一般意义上的同课异构和异课同构。

“同课异构”最需要赋予新内涵的研修要点就是同课异构。传统意义上的“同课异构”是校本教研的一种重要形式，指的是不同的教师对同一教材的同一教学内容采用不同的教学思路，进行不同的课堂教学设计。因为教师的个性解读，这堂课的教学目标、教学过程、教学手段也随之各具特色，风格迥异。“同课异构”有利于教师教学个性的发现和成长。但是在实际的教学实践中，因为“异”的意义过于模糊，教师对“异”的理解并不相同，导致在教学中单纯为了追求“异”而“异”，或者只在教学手段上做文章，追求表面形式的花样翻新，流于肤浅。比如，五位教师都以《动物的群落与组织》这样一节生物课来进行同课异构，最终的结果是课上得不一样，各人有各人的风格，各人有各人的水平，各人有各人的角度，体现出了五种不同的教学水平和特色，这样的同课异构虽然精彩但价值却小。

同课异构应当是使同一教学内容通过不同的教学设计承载不同的课程目标，“同课”可以理解为同一课程（或教学）内容，而“异构”则是由不同的课程目标入手构建起来的课程实施体系。比如，同样是《动物的群落与组织》这样一节生物课，五位教师在同课异构中选择了不同的课程目标，第一位教师重点让学生在这节生物课上学会如何通过观察来进行分析和总结动物群落系统的特点和组织的特点，让学生通过观察资料来自我发现和总结，培养了学生的观察和归纳能力；第二位教师以知识的详解为切入点，重点对“群落”“组织”等概念进行分析，由于这一教学内容涉及很多概念，根据这些概念进行延伸、拓展、演绎，培养了学生的分析和演绎能力，学生在获得生物学基本事实、概念、原理和规律等方面有了很大的收获；第三位教师的重点落在让学生理解人与自然和谐发展的意义上，提高环境保护意识；第四位教师则通过大量的鲜活素材让学生探索生命的奥秘，重在对学生实事求是的科学态度以及一定的探索精神和创新意识的培养；第五位教师希望学生学到生活中的生物学，则选择了回归生活的设计。每位教师的课都不一定是最完美的课，都可能有缺点，但是，每位教师都在探索生物课程的价值，也为其他四位老师提供了可以借鉴的课程实施角度。这样的同课异构就有了课程意蕴,研究效率走向了深层次。

(七)异课同构

与"同课异构"一脉相承,异课同构也需要从课程意义上寻求实践路向。传统意义上的"异课同构"指的是在不同教学内容的教学中采取相同的教学思路,采用类似甚至相同的教学模式,使得课堂呈现出类似的风格,比如,邱学华尝试教学法下的课堂教学,魏书生的六步教学法下的课堂教学等。理想的"异课同构"有利于对课堂教学模式进行深入研究。在实际的教学研究中,却往往忽视了对教学内容的必要解读,盲目追求"同构",但是,任何一种教学模式都不是万能的,如果对教学内容没有全面、准确、透彻的解读,仅仅只对教学模式进行生搬硬套,这就会出现我们常见的学生、教师、教材互不相关的"三张皮"课堂现象。

异课同构不是把不同的课程按一个模样实施,而是让不同的课具有同样的课程目标,也可以说是同样的课程目标在不同的教学内容、不同的课上来实现。这一点 ,教师们也可以去做,如果我们在一所学校里面把"同课异构"和"异课同构"这两件事情按照教学目标的设计来进行规划的话,校本研修一下子就活了,大家都充满了乐趣,每位教师都有了平等参与的乐趣。因为每位教师研究的角度都是别人没有研究过的,这位教师可能是省教学能手,另一位教师连学校教学能手都不是,但由于他们分工的不同,他们上课的角度不同,所以无所谓谁的课比谁的课好。比较是面向课程价值的实现与否的,基于课程目标的教学让同课异构、异课同构拥有了内在的思维逻辑。

(八)跟进测评

研究活动要扎实地切入到学生的发展需要中去,特别是学校的教学研究活动不能无视学生的真实发展而停留在想当然的状态,所以,在自我评价和检验研究成果的时候,跟进的测评分析和对照是十分必要的。测评本身就是一个敏感的字眼,在我们逐渐将素质教育的推进之难、学生创新精神的发展之困都归结为各级各类的考试的时候,逐渐地,我们在正式的语境里回避了考试、分数、名次、淘汰等一系列被划归为“非人性”的字眼。然而,暗流涌动,充斥在学校竞争、教师竞争、学生竞争,乃至更大群体的社会舆论、家长参与下的考试潮却从未停息,只不过是因为正向引导的回避而使其科学性丧失殆尽。面向现实,学生走向社会的第一步就在考试、名次中蹒跚而过,没有谁能够回避社会的竞争与淘汰,没有谁能够用学校里虚假的成功换来社会群体中真实的发展。让学生时刻领悟到自己的人生意义与生命价值,感受到成长的愉悦与人生的意义,这些都不会自然地与考试产生冲突。况且,以研究的视角利用测评帮助师生认识自我、改进自我,是教学研究的应有之意。

在理性视野的课例研修过程中,跟进的测评是一个积极的信号,一般也是将质性评价与量化测试结合起来,对于研修过程以及研修结果的评价一般采取质性评价的策略,具体方法前文已经提及。对于学生的发展变化,一般采取量化测评的办法。量化测评分三个方面:一是运用专业测试试卷对学生进行前测与后测相对照的测评分析法,无论是学生的成绩变化、能力发展水平,还是学生表现出来的思维状态、归属感等,都可以用前测与后测的对比来检测学习效果,进而调试教师的教学思路和办法;二是应用课堂上、作业中、活动中学生的表现性数据来对学生的学习效果进行测查,这一方法特别运用在学生的参与意识、情感状态、价值认同等用试卷难以准确测查的领域,通过观察量表的记录分析获取某个学生或者某一群体学生的发展变化,用以研究。三是运用三角验证的测查方式将不同渠道获得的数据、资料进行比对分析,从而准确获得对学生学习水平、学习状态的判断。三角验证一方面来自于研修组织自发设计的三角验证领域,另一方面也与学校的整体测试等结合起来,获得更充分完备的数据。

(九)笔墨人生

课例研修最终让教师充分自主地行动起来,进入了一个说写结合的教学研究过程。当前不可回避的是,教师的工作量和工作强度一般比较大,教学也很辛苦,几乎没有时间反思研究自己的教学。正如很多校长说的,平时要抓成绩,很多教师潜心于学生教学成绩的提高,一旦到了需要专业知识,特别是写论文、搞研究的时候,往往就没有东西了,脑袋瓜里空空的,写不出来,甚至说也说不出来,专业素养极为欠缺。基于组织视野下的课例研修恰恰在教师紧紧切入教学的过程中提供给了教师说和写的机会。所谓的说,就是把自己的思考、观点、研究说出来,大家一起交流、切磋、共享;所谓写,就是把自己原先没有留下的教育痕迹用自己的笔记录下来,记录教学设计、记录教学研讨、记录课堂现场、记录教学反思。当把一个研究流程的资料完全记录下来的时候,教师才发现,原来自己的研究经历如此丰富、如此有价值。

如此一来,一种非制度性的,类似于自组织[①]的教学研究文化便在课例研修的过程中生成,教师在组织学习中获得改进的力量,自觉迁移到研究乃至教学的全过程,留下的资料成为教师改变自己的职业行走方式的理论依托。

一位研究教师曾经细数了他在研究一节课的过程中不经意间留下来的文本资料:(1)第一次教学设计文本;(2)第一次说课文本;(3)第一次组织内研讨文本;(4)第一次个人反思文本(基于集体备课后);(5)第二次教学设计文本;(6)第一次授课实录文本;(7)第一次课后研讨文本;(8)第一次分工观课报告文本(5 位成员共 5 份);(9)第二次个人反思文本(基于组织成员观课报告形成);(10)第三次教学设计文本;(11)第二次授课实录文本;(12)第二次课后研讨文本;(13)第二次分工观课报告文本;(14)第三次个人反思文本(结合组织成员两次观课报告对比写成);(15)第四次教学设计文本;(16)第三次授课实录文本;(17)组织成员同课异构教学设计、教学实录文本……当教师把三个月内对一节课的研修文本汇集后,达到了 10 万多字,这些文本材料记载

---

① 李秀伟:《中小学校本研修的改进路向与模型建构》,载《教育研究》,2012(7).

的不仅仅是过程，而是变化，当变化产生的时候，对于课程与教学的改进就开始了，与学生的进步相依存，教师的专业发展就有了真实的展现。

上述九个要点可以整体系统地体现，也可以分别使用，成为以校为本教学研究的工具性的策略，进而引领教师的研究与发展走上真实的可为之路。

五、改进就这样发生[①]

我幸运地加入了“齐鲁名师”李秀伟的工作室，在李老师的带领下，我们山东省潍坊市奎文区的教师们从学科教学的改进入手，充分关注教师自组织的研究力，探索出了一条具有“依托组织学习”“立足课例打磨”“走向专业视角”“引领校本研修”“建构笔墨文化”“实现师生双赢”特征的新型校本研修之路。在校本研修中我得到了工作室其他成员的帮助，更得到了全国语文专家沈大安教授和吴忠豪教授的亲自指导。在整个研修的过程中，我上了三个不同方案的教案，虽说三个不同的教案在表面上看似没有多大的改动，可是每一次的修改，每一次的研讨都给我个人带来了很大的改变，改变最大的还是我个人对语文阅读教学的认识。我从教学设计、课堂提问、教师评价语、学生参与度四个方面来谈一谈自己的改进。

（一）教学设计

1.教学目标的设定

我讲的是五年级的一篇课文《装满昆虫的衣袋》。当初我们研究的方向是高年级阅读课的教学流程。最初我的教学目标设定和语文教学参考书是一样的，主要有三个目标：一是学会本课的一类字，认识本课的二类字，理解由生字

---

① 李名伟工作室成员，潍坊中新双语学校李蓓老师的研修反思。

组成的词语。二是正确、流利、有感情地朗读课文。三是理解人物特点，体会人物对昆虫痴迷的情感，学习人物对科学执着的精神。这是我第一次的教学目标：

1.学会本课9个生字，两条绿线内的6个字只识不写。理解由生字组成的词语。

2.能正确、流利、有感情地朗读课文。

3.借助课文的具体语句体会法布尔对昆虫的热爱和痴迷的情感。

4.从法布尔的故事中受到启示，从小养成善于观察、善于发现的好习惯，培养热爱自然、热爱科学的志趣。

经过这几年的语文教学，我总结出每课的语文教学目标大体都是一样的，每次我在写教案备课时，都从这三个方面入手写教学目标。可是经过此次的课例研修后，我发现教学目标的确定并不是这么笼统的，并不能像教学参考书上写的一样。参考书给予我们的只是大方向，而小细节还要教师自己根据教学的需要去设定。所以，第二次的教学设计我将目标细化了，明确了。教学目标如下：

第一课时　教学目标

1.能正确认读本课生字新词。能认读"莱、栖、蠕、兜、痴"等5个生字，正确书写"昆、纺、察、骂、毒、垃、圾、殿"等8个生字，读准"着急"的"着"的读音。联系上下文理解由生字组成的词语，比如"鸟栖虫居、痴迷、蠕虫"。

2.能正确、流利地朗读课文，并有感情地朗读课文的第二、三自然段。

3.学习抓住关键词句，揣摩人物特点的读书方法。抓住课文的具体语句，如"终于、三天前"等体会法布尔对昆虫的热爱和着迷的情感。

第二课时　教学目标

1.有感情地朗读课文，尤其是课文的第四、五、九、十自然段。

2.学习抓住关键词句，揣摩人物特点的读书方法。能抓住“静静地观察、欣赏、放进、丝毫没能阻止、仍然……”等词语体会法布尔对昆虫的痴迷。

3.在课文的学习中，培养学生独立阅读能力、理解表达能力，能借助关键词正确、流利地表达自己的想法，同时借助名言增加学生语言的积累。

4.从法布尔的故事中受到启示，从小养成善于观察、善于发现的好习惯，培养热爱自然、热爱科学的志趣。

这一次的教学目标我写得更具体，从认读和书写的生字，理解的具体词语，有感情朗读的段落以及课上学习的方法，能力的培养都写入了教学目标。可是经过上课试讲之后，群组成员及专家还是认为我的教学目标有点多，尤其是在能力的培养方面。因此，我对教学目标又做了改动。

第一课时　教学目标

1.能正确认读本课生字新词。能认读“莱、栖、蠕、兜、痴”等5个生字，正确书写“昆、纺、察、骂、毒、垃、圾、殿”等8个生字。联系上下文理解由生字组成的词语，“纵横、鸟栖虫居、痴迷、蠕虫”。

2.能正确、流利地朗读课文。

3. 学习抓住关键词句揣摩人物特点的阅读方法。发现哪些是值得揣摩的关键词句，知道怎样写批注。

第二课时　教学目标

1.有感情地朗读课文的第四、五、九、十自然段。

2.能运用抓住关键词句，揣摩人物特点的阅读方法。能抓住“静静地观察、欣赏、放进、丝毫没能阻止、仍然……”等词语体会法布尔对昆虫的痴迷。

3.从法布尔的故事中受到启示，能够热爱自然、热爱科学。

这一次的教学目标更加明确，而且能力方面简化为了两条：一是抓住关键词，二是做批注。这样目标集中，教学环节的设计也就会围绕专一目标进行了。当然，这次教学目标的设定，是从“教课程”出发的，是将阅读教学从“文本解读式”的教学向“能力培养式”的教学转变的一种表现。

2.教学流程的设计

基于我个人经验的设计，我的教学流程分为了这样六个环节：激发兴趣，导入新课→检查预习，整体感知→精读课文，披文入情→回读全文，理清结构→课堂练习，情感升华→布置作业，拓展延伸。

我想，这六个环节的设计还是遵从了语文教学的规律，服从了“整体——部分——整体”的教学组织原则。第二个环节“检查预习，整体感知”中，之所以是检查预习，是因为我将预习放在了课前，所以课上对于字词的解决仅是检查而已，对学生不会的再进行教学。可是在群组研讨之后，教师们一致认为将预习放在课前，有些学生是做不到的，尤其是学习缺乏自觉性的学生，这种预习对他来说形同虚设，所以字词的学习和理解还应放在课中。于是第二次备课后的教学流程就分为了六个环节：激发兴趣，导入新课→初读课文，整体感知→精读课文，披文入情→课堂练习，情感升华→总结全文→布置作业，拓展延伸。

经过专家的指导，我们教学流程的设计应该围绕教学目标来确定，前面的教学目标做了简化，那么我们的教学流程就应该为了实现这个目标而设定，所以第三次教学设计，我的教学目标修改成以下七个环节：激发兴趣，导入新课→初读课文，整体感知→精读课文，学习方法→精读课文，运用方法→课堂练习，情感升华→总结全文→布置作业，拓展延伸。

这次的教学流程修改，代表的是教师设计理念的不同，已从“教教材”转化为“教课程”。而且在小组交流汇报时，注重了落实。在前两次上课中，我同样是先指导学生通过第一件事来学习方法，再用此方法自学第二件事，然后汇报学习的成果，可是缺乏成果的落实，环节过后，有些学生的批注并没有增加，还是原来的自己感悟的一点感受。而第三次的教学，我重在方法的实践和落实上，让学生上台来汇报自己的批注，给学生自己补充批注的时间，这样，学生学到的方法不仅得到了运用，也得到了落实。这一点是前两次课堂上不曾有的。

3.课堂练习的设计

原来设计的课堂练习除了写字之外，还有根据对课文的理解填空。题目是这样设计的：

着迷　　痴迷　　迷恋

法布尔从小就对小虫子非常________，他经常为了捉小虫子而忘记了回家，可是父母的责骂也没有阻止法布尔对昆虫的________。法布尔对昆虫的喜爱已经到了________的程度。正是这种________，成就了他的一生，使他成为了伟大的昆虫学家和文学家。

这个题目的设计完全是为了考查学生对文本的理解是否正确，可是课上只有这样的练习显然是不符合“教课程”的理念的，学生对文本的理解应该只占教学时间的三分之一才对，更多的时间是语文实践，是能力的学习和运用。所以，第三次教学设计，就去掉了此练习，只保留了一个填空练习：

法布尔的高高鼓起的衣袋里，装满的不仅仅是________，还装满了________，还装满了________。

这个课堂练习既是对法布尔热爱科学的精神的理解，又是递进句式的语言表达练习。从当时学生的发言中，我们可以看到这个练习有一个开放的空间，学生理解的程度不一样，语句的表达也不一样，通过全班交流可以得到提升。可是交流以后，我却没有给学生留一点时间，要求学生听了同学的发言，修改自己的作业。这是我在今后的教学中应该注意的，时刻注意纠正了就要反馈。

4.语文能力的选择

从这次的课例打磨中,我发现如何通过一篇课文来“教课程”是一门很大的学问。这篇课文适合培养学生的哪种学习能力?除了认字、识词等基本知识点外,教师又该如何训练学生在其他方面的语文能力呢?课堂上,又该以何种学习方法为主来指导学生的语文实践呢?这些都是上课教师应当事前思考并准备好的。

从最初我设计的四种语文能力的培养,有抓住关键词来理解人物特点、发挥想象、换位朗读、借助小标题来概括课文内容等方面,想通过一篇课文的学习,在一课时内让学生掌握这么多种学习方法显然是不合适的。通过教学发现,学生也没有真正掌握这几种方法。所以,经过反复研讨和斟酌,最终只留下了一种学习方法,即“抓住关键词句,揣摩人物特点,做好批注”。

课上的教学就是为了让学生通过“学习方法——运用方法——交流批注——修改批注”这四步来落实方法的习得,从而培养学生的语文学习能力。

“教课程”到底通过具体的课文“教什么”,我想这是我今后应该认真研究的内容。

(二)课堂提问

通过三次的磨课,上课的不断实践,我的课堂提问从最初的串讲串问,逐步做到了有效的提问,并且提问有针对性,不再随意发问。根据观课报告显示,我第三次教学设计的课堂执教共提问了 21 个问题,其中属于思考性的问题是 16 个,属于启发、想象性的问题是 3 个,这两项占了所有问题的 90.5%。让学生进行判断性的问题没有。属于机智性的问题 2 个 ,与学生学习无关的课堂提问没有。而前几次的课堂提问中属于判断性和没有思考价值的问题就占了 13.3%。由此可见,我原来的课堂提问是多么的可怕,竟然将这么多的时间浪费在了无效提问上,那么学生的回答也是无效回答了。这又怎能提高教学的效率呢?

很高兴，能有专业的观课。正是这种专业观课，才让我知道自己前后的对比与变化，也让我知道自己原来的课堂是怎样的。教师的课堂提问直接决定着学生的学习状态，直接影响着学生学习的深度。所以，在以后的教学中，我不但要备好课，更要关注学生学习的起点，这样所设计出来的课堂提问才不至于过深或过浅，才能有效。

（三）教师评价语

初次试讲，我的评价语被组内教师评价为单一，没有针对性，太笼统、太泛泛，有时评价不够及时，没能给予学生正确的引导。所以在后面的教学中，我特别注意了此点，搜集了许多关于课堂评价的语言，并且在备课时，我充分预设学生回答的情况，针对他们的回答做恰当的点评。我的课堂评价语比以前有了明显进步，不仅给予结果性的评价，更注意了给予学生导向性的评价，如：

“你真是个善于学习的孩子，能抓住具体语句体会这样深刻，将你的喜欢读出来。”

“咱们用这种去掉关键词语的方法，你就会发现原来这两个词特别的重要，这种词就叫做关键词呀。”

当然，我的评价有时还是不到位的，比如在学生汇报交流自己的批注时，我的提升能力显然有所欠缺。教师应该自己先明确哪种批注是好的批注，怎样批注才更有效，虽然课上对学生的批注进行了点评，也进行了引导，但感觉还是缺那么一点。这也正是我下一步努力的方向。

（四）学生参与度

第三次执教时，学生参与度较高。从观课统计表上可以看出，这节课的学生参与情况是比较好的，全班共 40 名学生，有 33 名同学主动参与了课堂，回答了问题，占全体同学的 82.5%，这个比例可以看出教师对学生的关注面还是很广的。从学生回答问题次数来看，大部分同学只回答了一次或者两次，只有三个同学回答了四次。从座次提问统计图上可以看出，教师对于坐在教室左边、右边、后边的学生没有忽略，反倒是刻意的关注这些学生，给这些学生发言的机会很多。

但是，本节课也有 7 名同学没有发言，这是我在课堂上忽略的，我想日后我得多关注这些同学，上课有意提问他们。

在经历了多次备课多次打磨之后，我对语文课的教学又有了深刻的认识，时刻将“知识是手段，能力是目标”记在心中，个人水平也得到了迅速提升，无论是教学设计，还是课堂上教师自身水平的呈现上。有了前面的收获，在教学其他课文时，我就特别注重了能力的培养。比如，我在执教《我和祖父的园子》一课时，就将“抓住关键词句，学会作批注”这一能力的训练作为了教学目标之一。当时我执教的是外校的学生，他们平时的语文训练缺少这一能力的培养，所以我将这一能力的培养贯穿了教学的始终，在培养学生掌握这一学习能力时，是边教学什么是做批注，边让学生补充、修改批注。让他们知道批注的种类是多种的、多层次的，可以是感受的批注、可以是写作方法的批注，可以是浅层次的批注，也可以是深层次的批注。

不过，这样的课堂，让人有一种偏重语文工具性的感觉，好似忽略了语文的人文性，缺少了语文味。这也正是我在努力探讨的问题，怎样才能找到既能培养学生的学科能力，使其能力的训练得到落实，同时又不失语文味的结合点呢？我想，我又确定了一个我们自组织的校本研修的主题。研修的路还很长，吾将上下而求索，探索生本、高效的语文课堂，在校本研修中不断改进。

第四章

“三段论”研究模型

2014 年,在我教学的第二十年却有一个惶恐的发现,“教师成为研究者”竟然是最难以企及的状态。外因、内因,思想、路径,逼着我再回到教学中去找寻目标,寻求超越。教学是一种身心的历练,每一节课都是不可重复的师生之间的认知与情感相谐的生命历程。最细微的实践又孕育着最伟大的创想,而课堂实践与课堂创想又如此积极地进入到了教师发展与学生成长的灵魂深处。所以,一切的课堂实践最终嵌入了人格的内涵,意味着人格的培育与发展。然而,我们是否对此有着深深的敬畏?在课堂教学研究中促进自我发展被证明是可能的,然而,当教学反思、案例教学不断被大家实践的时候,却没有真正生长出普遍性的智慧。还有什么被我们忽视的吗?

一、走向卓越"三段论"

教师的成长意味着对自我的超越，超越的过程是在教学中实现的，另起炉灶、另立门户的专业研究对于促成教师的发展是困难的，并不具有一般意义，教师还是应从教学现场开始，沿着课程与教学改进的路径自我研究、自我成长。

然而，回到学校教学现场来看，学校里的教学改革有一个"怪现象"：大一统的繁荣，即统而不死；个性化的失败，即放而不活。

其实，这意味着课堂里的改革还没有回到教师；回到教师的改革还没有实现自我超越。

我们需要的是什么？

哲学家让我们选择"风格"，因为"风格是人类精神世界最后的道德归宿。有了风格，你可以避开细枝末节的东西，直达目标，而不会生出一些令人不快的插曲；有了风格，你可以达到你的本来目标，而不会是其他东西；有了风格，你可以预见你的行为效果，而远见是神赐予人类的最后礼物；有了风格，你的力量得到提升，因为你的思想不会被一些不相干的事务所打扰，你就能更专心于你的目标。风格是专家独享的特权。风格是专业化学习的产物，是专业化对文化的特殊贡献"（怀特海）。

那么，怎样才能形成风格呢？

怀特海还有一句判断值得关注，即"所有关于科学的训练都应该是以研究开始，以研究结束，自始至终都应该把握自然中所发生的事实材料"。

（一）研究：一位教师、一节课、一次超越

赵楠老师是潍坊市育华学校的一位英语教师，在走入专业的研究路径之

前，她与更多的教师面临的问题是一样的，认真工作却没有从工作中获得对自我的超越，更没有收获职业的幸福感。然而，通过一节课来引申出自我目标的研究却真正改变了她。这是2011年赵楠老师的一节英语课：

课题：Book 10 Module 6 Unit 1— We'll see lots of stones.

导课环节：

T：As we all know，the Olympic Games of 2012 will open in England.Can you say some famous places in England?

Ss：The Big Ben，London eye，London Bridge……

T：Today we'll go to a very famous place .That is Stonehenge.（领读单词：place 和 Stonehenge）

T：Do you want to go to Stonehenge? But how will we get there ? Can you guess?

Ss：By car，By plane，By ship……

T：What will we see there ? Can you guess?

Ss：We'll see lots of trees./We'll see many people./We'll see a tiger.……

T 板书以上重点句型，小老师领读句子。T：Who wants to be a little teacher to read the sentences?

T：Ok.Let's go to Stonehenge together.Close your eyes.

学生闭上眼睛，老师播放飞机起飞的声音和图片。

T：Ok，Open your eyes.Look，This is famous stonehenge.

Ss：Watch a video of Stonehenge.

……

对此，教师们通过观察提出了不同的修改意见。

优点：

徐佳老师：在巨石阵这堂英语课教学中，赵老师努力倡导学生积极参与，让学生在学习过程中不仅能建构知识、提高语言能力，而且通过感知、体验、实践、参与和合作探究等活动方式，完成任务和实现目标。

王瑞芹老师：小组合作学习改变了以往的师生关系，更新了讲课模式，调动学生学习英语的积极性，激励学生的参与意识和协作能力，实现课堂教学交际化，在生本化课堂教学中有着重要作用。

学生采用合作学习的学习方式，学生与学生之间的全方位、多层次、多角度的交流模式，使小组中每个人都有机会发表自己的观点与看法，也乐于倾听他人的意见，使学生感受到学习是一件愉快的事情，从而满足了学生的心理需要，并充分开发了学生的情感资源，促进学生智力因素和非智力因素的和谐发展，最终达到使学生学会、会学、乐学的目标，进而有效地提高了教学质量。

不足：

唐丽萍老师：赵楠老师设计的课堂小组合作次数较多，在一定程度上流于形式，走入误区：对于任务本身，由于个体语言因素及其他因素，学生对于任务本身的理解难以清晰明了；对于组内成员，由于个体分工模糊，权责不明，导致小组成员间机会不均；对于活动输出，由于实践对象不明，学生对于目标语掌握的反馈难以尽如人意。小组合作形式较单一，活动任务比较简单，无效活动有点多，大都是朗读课文。

张桂英老师：(1)整节课的容量偏大。教学环节设计较多，热身—导课—学习新课—练习—拓展，面面俱到，每一个环节都设计了不少内容，一节课只有40分钟，致使时间不够用，学生学习和教师指导都深入不下去，学习效果可想而知。(2)教师说得太多，学生交流和展示时间不够，英语学习的交际公共性原则体现不够明显。

建议：(1)重新设计课的容量。根据学生情况设计两三个环节，重点深化一个环节，让学生切切实实得到训练，学到知识。(2)创设情境，通过任务驱动，充分放手让学生多说、多练，体现英语的交际性和人文性原则。

这事实上已经走过了从“教学现象”到“问题分析”的阶段，常规的教学研究即停留于此，用心的教师往往会延伸一下，写一个教学反思、教学笔记等，针对这节课进行分析、修正，从而获得并提升自己的经验。

如果仅仅到此为止，赵楠老师收获的将是自我反思的经验，这也是常规的听课、评课、反思带给教师的收获。对于教师来说,这样的经历产生的作用并没有持续性,而且并没有使自己进入研究状态,研究还需要触动。

走入研究之路的那个点在哪里呢?

我们尝试着让赵楠老师从这节课以及这节课出现的问题中寻找自我改进的目标和方向,这就是“目标归因”环节。赵楠老师确定了自己的目标为:“构建英语学科的课程体系,让学生以学习社团的方式自由交流和展示。”这个时候已经是2013年,经历了一个相对较长的时间。

有了目标归因就为教师的研究引出了方向,然而,如何实现自己所确定的目标——“构建英语学科的课程体系,让学生以学习社团的方式自由交流和展示”,却成为赵老师面临着的巨大的挑战,理论的不足是最突出的,在这样的现实挑战面前,教师开始主动思考、主动寻求理论的指导。赵楠老师的理论学习展开了,而且是主动寻找理论的过程。

一是读杜威。“如果学习材料本身没有什么吸引力,那么……老师们将会要么力图赋予这些学习材料一些外在的吸引力,出个价钱(奖励)或提供某种贿赂以让‘课程变得有趣味’,进而抓住大家的注意力;要么转而提供低分数……”赵楠老师思考:学生不喜欢英语,是因为英语课程与学生的生活距离是最远的,没有土壤、水分、空气的环境中却要播下英语这根幼苗,只好借助评价、奖励、考试惩罚等办法让学生“不学不行”。我能不能重新让我的英语课程变得有吸引力,构建起学生喜欢的课程体系呢?关于课程开发的理论思维开始在赵楠老师那里产生了。

二是读笛卡尔。笛卡尔一直坚信对知识的获取,自由探索比一味灌输重要得多。他说:“如果在幼年的时候,人家就把我多年来没法加以证明的那些真理全部交给了我,学得一点都不费力,大概我是决不会知道什么别的真理的,最低限度在寻求新的真理的时候绝不会总是那样熟练、那样得心应手的。”我国教育长期以来既不重视知识从哪里来的,也不重视知识在现实生活中有什么用处。为了改变这种状况,新课程改革提出了“过程与方法”目标。这就要求我们不仅要重视知识的传授,更要让学生经历解决问题的过程,参与、体验、感悟解决问题的方方面面。展开对学生的思维训练和方法论教育,在实践和探索的过程中培养学生的创新性思维能力。赵楠老师思考:英语里面也有方法论!

三是读罗杰斯。罗杰斯主张废除教师中心,提倡学生中心;学生中心的关键在于使学习具有个人意义。罗杰斯人本主义心理学对于教学的基本主张是:(1)构建学生学习的真实的问题情境;(2)提供给学生充足的学习资源;(3)使用学习和约;(4)有效利用社区的学习资源;(5)同伴学习;(6)分组学习;(7)探究训练;(8)利用程序教学;(9)利用交朋友小组;(10)倡导学习者的自我评价。赵楠老师思考:学习是学生自己的事情,怎样让整个学习过程都成为学生自己的事情呢?从这十个观点出发完全可以构建自己对于英语教学合作性、公共性的基本判断,同时,也需要从课程入手加强系统化的设计。

四是大量阅读其他的资料:《公共性的重建》《社会公共性研究》《公共性视域——马克思哲学的当代阐释》《课程与教学论》《小学英语教师专业发展策略与解读》《课堂观察》《中小学外语教学与研究》《英语教师行动研究》《后现代课程观》《谈谈方法》等。逐渐地,赵老师有了自己的课程与教学的判断。

在目标引领下学习、研究成了教师内在的需要,很快,赵老师对自己的英语教学提出了“改进路向”:(1)将教科书中的内容划分为若干个主题;(2)将这些主题形成课程序列;(3)将每个主题课程作为学生的公共资源进行活动设计;(4)学生自主进行各种英语活动设计;(5)师生共同呈现、展示这些活动。

将上述“改进路向”进行系统化的梳理,一个具有结构化、体系化的教育教学思想就形成了。于是就有了赵楠老师的“主题序列公共英语教学”,也可以称之为“全课程”或“全活动”思想体系。

构建起了主题化的英语课程序列:(1)“动物主题课程”序列;(2)“节日主题课程”序列;(3)“社会交际主题课程”序列;(4)“国际理解意识主题课程”序列;(5)“英语时态主题课程”序列;(6)“人物主题课程”序列;(7)“中国传统文化主题课程”序列;(8)“寻找季节主题课程”序列;等等。

形成了公共性的教学活动:(1)任务驱动合作式;(2)生生之间自主结合成小组;(3)师生对话;(4)生生对话;(5)学生自由创编;(6)“show time”展示;等等。

随着赵楠老师“主题序列公共英语教学体系”的构建,连她自己都始料不及的是:在短短的一年多时间里,她竟然在英语课程与教学之路上走得如此之远,不仅带给了学生前所未有的具有工具性与人文性相统一的英语课,而且自己的课程与教学思想体系也建构起来了。

(二)自我超越的教学研究模型

就此,一个完整的自我超越性质的教学研究流程就形成了。这便是将“自我发展、反思、案例式教学”等主张进行专业化而形成的:“教学现象——问题分析——目标归因——理论考察——改进路向——思想建构”研究流程。我们将这一研究流程称之为“自我超越的教学研究模型”。

当这样一个流程结束、一个教学思想体系形成的时候,研究流程的在实践中的反复便开始了。

2014年5月9日,在山东省第二届课程与教学改进现场研讨会上,赵楠老师执教了新的“英语课程主题《西方节日》”,其教学目标确定了三个领域:“知识目标:学生能够用恰当的英语在学习社团中就各种西方节日话题进行交流;学生通过一系列活动了解西方节日的来源、习俗、庆祝方式等。情感目标:通过活动让学生了解西方节日,让学生真实体验英美文化,进行跨文化意识渗透。能力目标:在活动中培养学生的国际意识和口语交际能力。培养学生在学习社团中勇于开口表达、积极参与的自信精神和合作意识。”(教学流程略)

课下,赵楠老师对自己的这节课进行了这样的反思:

问题:

1.节日课程学生很感兴趣,但因为所学句型、词汇有限,学生还是不能充分表达自己。

2.对学生的活动环节处理比较急,没有给学生充分的时间展开交流和展示。

3.因为借班上课,师生全课堂的英语对话还不够自然,还需要更多的调控策略的研究。

4.评价不能打动学生的心,还需要再研究并改进。

收获:

1.通过公开课展示,对自己的"主题序列公共英语教学"有了较为系统的认识,自己研究的方向更为明确。

2.对于自己的课程序列和实施路径有了更为清晰的方向。

3.感恩于这样一个专业的研究路径,让我真正学会了研究。

于是她进一步调整了自己的"目标归因",即:科学构建英语主题课程体系,探索学生自己组织、自己实施、自己评价的课堂教学。

就这样,新一轮的"理论考察、改进路向、思想建构、教学实践"就展开了。

实践得来的研究之旅也必然能够寻找到理论归宿,也能够提升出新的理论指向。总结一位教师的成长之路,我们很快提升为教师研究中超越的基本模型:

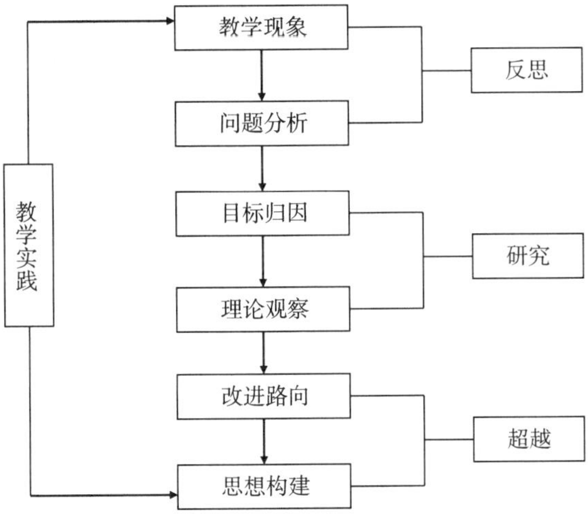

这可以称作教师研究的“自我超越”模型，从“教学现象”到“问题分析”是教师的“反思”过程，大多数的教师停留在了这里，收获了经验，收获了成长，却没有收获对自我的超越；从“目标归因”到“理论观察”是教师真正走入“研究”的过程，人的研究是需要有个自我设定的目标引领的，有了目标才能够“知不足”，“知不足”才能够主动地阅读、思考、研究；从“改进路向”到“思想建构”是教师“超越”自我，实现自我发展的收获阶段，有了研究，有了对事实材料的分析、对事物的研究性发现，教师从对自己的课程与教学的改进路向中收获思想建构，获得自我发展与超越。

不在成功的那一刻停留，意味着教师努力寻找课程与教学的这一个目标、下一个目标，不断在自己的前进方向上设置引领研究的动力源，成长源于自我，自我的成长也需要智慧，一个自我超越的研究模型构成了教师的研究之旅、超越之旅。

（三）自我超越实现的应然

关注事实、建立目标、真实研究、寻求改进、自我超越，一种行走方式的改变意味着一系列目标的达成，“自我超越的研究模型”打开的是一扇面向自我的内生发展之门。

1.让教室里站立另一个自己

在教学研究中，我们常常希望得到同伴的帮助、专家的支持，而事实上，真正对我们教学起到观察、评判、引领作用的却是教室里的另一个自己。

当教学的时空开启，每一节课都是一次生命的探究之旅，甚至是一场面向无限未来领域的冒险之旅，无知才是教育游历的价值，错误彰显教育发生学的真实。因此，每一节真实的课都会有若干值得关注的教学现象，这些教学现象的发现者与其交付给不可常求的专家、教研人员，不如我们自己来把握，这就是自我审视、自我发现。

让教室里站立另一个自己，打开一个自我发现的思辨空间，我们的教学行为就将由我们自己来描述和定义，由我们自己来诊断和评判。从现象和问题出发，教师成为研究者，唯有这样的哲学思辨才是可为之选。于是，在现象和问题的启迪之下，我们的反思就开始了。常规教学研究或教学反思停留于此，感性远胜于理性，如此反复，并不足以促进教师最终的专业成长和自我超越。

2.让问题指引行为目标

仅从问题和现象展开反思是远远不够的，这是因为人们囿于自己的认知背景和主观定势，在描述教学行为、解释教学现象、破解教学问题时难以绕出自己的已有经验，不容易从变易的视角给予问题本身一个因果判断。这就需要我们从问题开始再深入一步，让问题有一个依据和出口，这就是目标。

从问题开始寻找目标，这是最为重要的。就问题而解决问题，能帮助我们获得能力却不能帮助我们探究规律和从一个具体方向上积累具有体系化的经验。

我们需要的是从核心的教学现象、教学问题开始进行行为描述、行为归因，并以此探究自我价值视野中可以实现的基本目标，为自己确定一个研究方向，即中期的行为目标。这是从自己的课堂教学中生发出来的具有自我意识和自我超越性的目标，必然指向自己所希望获得的预期结果。给自己一个行为目标，沿着这个目标走下去，基于教学研究的信念就在生成，自己的教学与行为就有了研究性，行为目标导引的研究帮助我们在那一刻成为一个研究者。

目标的实现受自我控制，而我们的经验储备和能力基础并不能一蹴而就地像单纯的反思那样从容地达成目标。这就引领我们开始主动学习。

3.从接受理论到寻找理论

理论是枯燥的，但伽达默尔说过：理论的幸福是人类幸福的最高形式。怎样才能够获得理论的幸福？那就是我们主动寻找我们需要的理论的过程，这一过程将会使我们获得无限的理论幸福感。

在我们自己确立的行为目标的指引下，行为就有了主动性，这个时候便常常在探究未知的过程体会到“云深不知处”境况，甚至产生“书到用时方恨少”的感慨，学习、读书，寻找为我所用的理论便成为我们行为过程中的一种应然。这是一种“倒逼”出来的人生哲学，这也是一种“倒逼”出来的生命伸展。人世间最难的管理是对自己的管理，我们常常意识到读书学习的重要和紧迫，却常常在人性原有的弱点中让时光流逝,不是我们不思进取,是没有人帮助我们唤醒内心的力量,这个时候,我们还是要“求诸于己”。

从接受理论到寻找理论,意味着教师基于课堂教学进行专业研究,实现专业成长的蜕变。自己调动自己的行动,一切才有可能。

4.让今天超越昨天

寻找理论不在于理论本身,而在于这样的一个过程。理论的获得与理论运用于目标实现的过程在于沿着前人的路径再来一次。

学习是一件很奇妙的事情。“有人可能学了所有课程开发方法和所有教学技术却仍然是一个拙劣的教师。”(马克斯·范梅南)这也许意味着“学了”不等于“学习”,学习最终归属于“改变”。学习的“改变”属性决定了学习是一个人超越自我的基本路径,在有目标指向的理论观察中,教师主动寻求教育教学的理论以解决自己的问题、实现自己的预定目标,这一过程不仅仅停留在书本学习中,也渗透于教师的教学实践过程中,这是在目标的作用下,教师思维关注点的聚焦。心存目标和指向,在教学实践中再遇到类似的问题时,能够解决这一问题的经验策略必然会在教师那里产生共鸣,而不会熟视无睹。理论性的学习与实践性的学习在这里得到了实现。

循着理论的、实践的路径去重新经历理论、复演实践,教师的智慧便在这一过程中得到刺激和强化,自我改进的路径逐渐显现并清晰起来。对自我的超越便成为一种可能。

5.让风格得到自我确认

“反思——研究——超越”中逐步展开“问题(现象)——目标——学习——改进——思想建构”,这样的一个自我超越的成长模型便在一节一节的课例研究中得到实现。教学思想的形成不是一蹴而就的,当然也不是可遇而不可求的,每个人的行为背后总是有一定的思想支撑,现代教学思想的“建构”在行为目标的牵引下将会慢慢凝聚和建构。

比如,由一次失败的实践性学习活动所确定的“实践性学习活动组织”的目标,在教师理论考察、实践研究等过程中会逐步寻找到一些可供总结的经验,寻求到一些值得改进的路径,沿着这样的路径再次回归实践和学习理论,最终将会破解学科教学中“实践性学习活动组织”的问题，而教师也将逐渐凝聚自己对于实践性教学、大课堂观的理解与建构。教学思想在这样具体的、不间断的实践中慢慢建构起来。

当思想逐渐成熟的时候，一位教师的教学风格便慢慢形成了。“风格是专家的专利”，教师的专业成长过程也意味着教师自我教学风格的逐步形成，至此，在课例研修中与学生一起成长、与教学一起成长将成为现实。

6.开启“自领导”人生模型

人最难以管理的是自己，然而仅仅管理自我是不够的，管理意味着拿外在的、公共性的标准实现自我的约束。作为具有创新精神和创新能力诉求的教师，管理好自我能够让自我做一名合格、优秀的教师，却不能超越自我，从学术、价值与人格的高度实现自我蜕变。也就是说，专业发展仅靠自我管理是不够的。

这个时候，我们需要开启“自领导”的模型，所谓“自领导”就是自己为自己的人生确立方向和目标，并坚定地沿着这个方向和目标去努力。一位教师的专业发展需要若干的“自领导”的模型，自己为自己的未来和行为做主。

而“自我超越的教学研究”与成长模型，从“目标归因”开始便有了对于“自领导”的探究。克里斯坦森等经济学家曾研究发现，“非同凡想”才是创新者的基因，而“非同凡想”的承载起点恰恰就是自己确立的“目标”。自我超越在自领导中实现。

二、怎么研究，我研究了吗？

听过这样一节科学探究课，上课伊始，教师说要带领同学们探究食物的营养。“食物的营养”是这节课的学习内容。随着课堂教学的逐渐展开，教师却没有如我们听课者预计的那样来研究诸如什么食物有什么营养，什么食物营养丰富,如何搭配营养,等等,而是让学生分组设计探究食物营养的方案。学生通过调动自己的生活经验,先进行独立设计,然后以小组为单位进行讨论,交换意见,宣读方案,最终形成了数十份如何探究食物营养的方案。在这些方案中,有的学生提出以查阅书刊报纸资料为主,并且设计了查找资料的途径、方法和资料的处理方式等;有的学生希望亲自访谈一些人,这些人包括父母、医生和酒店的厨师等;有的学生希望借助网络来进行探究,制订了一系列具体实用的网络探究方案;还有的学生另辟蹊径,主张用综合的方式进行探究,而其综合探究的方案则是借助其他同学收集的资料进行整合,以探究食物的营养……方案汇报完毕,这节课也就结束了。

让我们反思一下,这节课完成教学任务了吗?关于"食物的营养"的问题显然没有做任何直接探究,那么,这节课有价值吗?答案是肯定的,因为借助"食物的营养"这一知识内容,让学生学会了如何去探究问题,起码在方案的设计上,学生的收获是非常大的。而且学生按照方案去进行探究"食物的营养"之类的知识性问题还成其为问题吗?

这样的课堂呈现给我们一个鲜明的教学理念:知识是手段,方法是目的。教师运用食物的营养这一知识内容,培养的是学生探究问题的能力和方法,教学价值被拓展了。

教学如此可取,那么,引申到教育的其他层面是否可行,是否对我们同样有启迪呢?

2004 年,山东省启动了"齐鲁名师建设工程",集中培养一支有思想、有实践水平的名师队伍。在这一培养工程中,提出了让进入"齐鲁名师建设工程人选"的教师必须写自己的教育和教学著作。面对这一标准,自然就引发了一些教育专家的质疑:教师是以教学为主还是以研究为主?教师是以提高教育教学水平为目标还是以著书立说为目标?这种质疑声并不在少数。山东省教育厅副厅长张志勇研究员这样说:"教师本身就是研究者,教师的教学过程就是研究的过程,研究与教学是一体的;教师写作的过程就是对自己教学过程的主动反思与提升,通过这种写书的方式记录自己的教学、分析自己的教学,并且最终形成属于教师自己的教学思想,这样,教师的专业水平提高了,教学的思想境界提高了,教师的教育教学水平自然也就提高了。”是的,教育教学研究对于教师的成长是至关重要的,而写文章乃至著书立说也是一个研究的过程,也是提升教师教育教学思想与实践水平的一种方法,而不仅仅以“著书立说”为目的。张志勇研究员显然给出了教师专业成长的一种方式,这种方式是基于教师实际教学的研究,而研究又如何实现呢?其中之一便是写作,便是尝试着著书立说,写作的过程也是研究的过程。

教师专业发展、教师专业成长等的呼唤的确在改变着教师的生存状态,让更多的教师进入了教学研究的大潮之中,教育教学研究一时成为教师实现自我成长与发展的最有效方式,而这也得到了近乎一致的认同。

问题是怎么研究呢?对于这个问题,教师研究过了吗?如果连怎么研究都没有研究过,又怎能期望自己在研究过程中走得更远呢?

事实恰恰如此。许多教师以研究者的姿态面对自己所从事的教育教学工作,在此过程中,的确获得了一定的发展。但其中大多数的教师离一个研究者的称谓是相差甚远的,很多教师仅仅是掌握了几种常用的教育研究方法,便开始立课题、选项目,轰轰烈烈地搞起了科研,而事实上,这样的大科研并没有让教师的教学从根本上改变多少,许多教师甚至连行为方式都未曾改变,课题研究是游离于教师教学与成长之外的“另起炉灶”“另立门户”的一个外在项目而已。

即便是在这样的研究中也不乏成功者,但有多少教师真正是因研究而有所得呢?比如有的教师属于学养深厚型的,特别是一些语文教师,本身就具有深厚的文化底蕴以及高水平的文学功底,他并没有对语文教育、语文教学有过深的研究,可是基于自己的专业技能,就能写出极具艺术水准的文章,探讨教育、教学问题时也能从感性出发而将问题阐释得头头是道、有理有据,甚至能旁征博引,将之渲染得多彩而多情。可如此特例又能有多少呢?而且纯粹的感性怎能发现教育教学的真谛呢?能彻底转变自己的专业认识和专业水准吗?再如有的教师属于技艺纯熟型的,在他教学的某一方面有一些特殊的方法、策略是成功的,能够真实地引领学生的发展,教育教学质量能够始终居于一个较高的水准之上。甚至有些教师具有一种辅导考试的“天赋”,能保证学生的考试成功。这也是研究者吗?

其实,教师本身如果有了深厚的学养、纯熟的技艺,然后再走向“真正的研究”,这些教师的专业成长将是跨越式的,甚至是不可估量的。

然而,这样的教师太少了。教育并不缺乏有水平的教师,但是缺乏从事真正研究的教师。这也就是为什么有些教师仅仅是优秀,而难以达到卓越;为什么许多教师在研究中却没有实现在研究中发展的原因所在。

问题的关键仍然是教师对自己的研究进行过研究吗?

如何认识并实施研究也是一个问题,我们能否如那位科学教师一样,带领学生用一节课的时间来探究如何探究,我们能否每天用足够的时间来思考为什么要研究,该怎样研究,对于现有研究有没有需要改进之处等问题,而不是盲目地为研究而研究。我们能否如张志勇研究员说的那样,把结果当作手段,而把过程视作目的,这个目的显然就是真正研究的实现。

《文心雕龙》有言:“夫神思方远,万涂竞萌,规矩虚位,刻镂无形。”当各种各样的念头纷纷涌现之时,如何提取内容,如何选择形式,是多么重要啊!研究与成长也是如此美妙,对研究本身来说,也是研究得越清晰越好啊!

三、研究的品质

研究成长教师、科研发展学校的理念源于对教育科研科学性、创新性、综合化的信任,正因为有了这三个特点,学校教育科研才有了诸如“兴教”“强校”之类的价值。我曾参加过大大小小几十场所谓的学校科研成果展示会、研讨会、推介会、鉴定会,深感学校教育科研功能之大、问题之多。有埋头苦干型的,有高瞻远瞩型的,有自我改进型的,有责任担当型的,也有急功近利型的,而围绕科学性、创新性、综合性来观照这些研究,却多有成功与不足之处。

无论如何,乐于、敢于用教育科研来发展学校,首先是一种勇气,也是一种智慧。综观学校教育科研,应当体现或者坚持什么样的走向呢?

其一,研究成于真实。真实不仅是一个研究道德和研究伦理的问题,也是一种研究方法的体现。作为具有科学研究性质的学校教育科研,真实是第一位的。这种真实源于学校研究问题,即课题的确立必须是立足于学校的真实现状来发现、提取问题的,是立足于学校的需要和能力水平来构建成果系统的。课题不从自我的角度来寻找和论证,这是学校教育科研"失真"的前兆,试想一个学校不需要、不敏感、触动不了学校教育教学脉搏的课题,能引发学校领导与教师的研究热情吗?而一项基于真实的教育教学情境的研究项目就需要研究者以求真的品质和勇气来面对了。从课题论证、实施,到课题研究材料的收集、整理、分析、归纳,都务必求取真实的姿态,因为"真"便是价值,也因为"假"是学校研究的第一毒瘤,对学校教育科研尤其如此;还因为学校教育科研的成果受众往往就是成长中的学生、发展中的教师。然而,现实中之所以出现科研的假现象,除功利驱使、态度不端外,学校研究者对科研认识上的错误假设也容易造成"失真"。这是因为大多数的学校领导和教师不相信在自己学校、自己课堂的土壤里能真正生长出丰硕的果实,认为做出来的不如想出来的完美,学校里的不如书本上的有价值。而事实恰恰相反,真正有价值的研究成果都是由实践得来,即便理论推演也无法脱离实践的品质。所以,选择真实是一个从研究道德到研究认识的综合过程。

其二,研究求于统一。这里所谓的统一不是思路、行为、方法的一致性,而是指学校教育科学研究项目应当与学校的整体价值观相一致,与学校的发展思路相统一。如果也从选题上来分析,指的是学校教育科研课题理应存在于学校整体工作之中,是服务并引领学校发展的项目,是学校领导、教师、乃至学生都认可并积极投入其中的,而不是在学校工作之外"另起炉灶""另立门户",从而脱离学校工作的大背景另外进行的一项工作。然而,当前学校教育科研却在统一的问题上出现了严重的偏差,习惯于选择大项目,大思路,致使学校承担的课题往往与学校实际工作相去甚远。"大"本无可厚非,但"大"的同时"远"离了学校实际工作,则会使课题研究游离到了日常工作之外,成了课题组某几个人甚至某个人的专利,成了学校发展之外的"副产品"。如此,课题价值何在呢？更要命的是，当一项研究课题得不到学校大多数人认同、认可的时候，课题研究只能在夹缝中、在学校大工作之余来进行。如此一来，"说起来重要，做起来不重要，忙起来不要"的尴尬便不可避免了。因此，我们虽然坚持课题研究是要超越常规工作并且引领常规工作发展的立足点，但是，课题研究本身也应当成为一种常态，成为与学校同发展的一项事业。

其三，科研贵在坚持。让我感动的是，许多学校的课题研究工作历经几年、十几年甚至几十年，期间，校长换了一位又一位，教师走了一批又一批，学生更是在成长中来了又去，可是，学校坚持的课题研究项目始终没有变，乃至于最终形成一种学校文化，深深地烙印于学校发展的足迹中，这是教育科研最大的价值与追求。做好任何一件事情都离不开坚持，学校教育科研也是如此，成功的教育科研工作，成功的教育科研发展学校的案例，都不是在一朝一夕之中一蹴而就的。成功在坚持，价值也在坚持，可更多的学校并非如此。科研的坚持与延续不仅是一种从寻求量变到质变的一般过程，而且是符合教育科学研究的内在规律的。这是因为一项课题的内涵容易界定，易于厘清，可对其外延来说，则意味着可大可小，可远可近。小课题可以做大，大课题也往往会做小。在长期坚持研究的过程中，对于课题内涵的把握将会更准确，也容易基于学校的教育教学实际而更全面地把握课题的外延，从而以一项课题而衍生出更多有价值的相关性成果。这些相关性成果只有在长期的研究与归纳中才能有所发现、有所把握。而且学校的课题研究往往是一个边研究边应用的过程，脱离学校实际的纯理论性研究是较少的，因此，也只有在长期的坚持中才能充分获得课题研究成果的真实价值。

其四，研究立足常态。研究与非研究对学校的工作状态来说是有差别的，但这种差别并非体现为研究过程的轰轰烈烈、天翻地覆之势。研究是一种科学理性的行为，虽然研究需要研究者的激情，但激情毕竟是内敛的、可控的，而且是基于对研究过程的内在调控，而不是外在张扬。教育科研最寂寞、教育科研最沉默，然而，现实恰恰相反。许多学校在课题立项之初就勾画出了一系列的宣传图景，先是必不可少地在校门口挂上某一级课题立项的金色招牌，然后是专家名流的现场论证与开题，论证过程自然是极尽铺排之能事。在论证开题之后的相当长一段时期之内,课题往往被束之高阁,没有多少人再去理会,直至课题结题时间将至,便开始再一轮的宣传攻势。几年以前的实施方案稍加改写变成一份像模像样的研究报告,专家鉴定、报纸宣传、会议推介,俨然已经成了科研兴校的典范。即便在学校教育教学工作中的确有许多闪光、可取之处,可又有多少与课题本身有关呢?恐怕只有研究者自己知道。这也就造成了当前学校教育工作中越是“擅长于”搞科研的校长、教师,却越怀疑科研价值的原因。失去了常态,教育科研自然会被异化。常态的课题研究是有问题意识的,因为越是研究越容易接近于问题的本质,越能够清楚地看到问题或困难;常态的课题研究是有自省意识的,因为在研究前必然会了解该课题国内外的研究现状,并清晰把握自己的研究进展,是能够做到自我认知的;常态的课题研究是有随机的成果产生的,学校教育科研一般在于解决学校教育教学中现实存在的问题,在研究过程中会不断有智慧的火花迸发,会不断归纳出一些随机的研究成果,这些研究成果以不同的形式出现,这将比最终拼凑的研究报告或杂辑的“著作”更有实际价值;常态的研究还意味着一种成长,这是课题的成长,也会带来教师的成长、学校的成长,并影响学生的不断成长。

其五,科研基于团队。学校教育科研往往是“一把手”工程,并会借助于上级行政部门或研究指导机构构成一个具有研究型特质的生态系统,这是一种团队式研究。打造一个研究型团队,凝聚一个研究型组织,成就一批志于研究、善于研究的教师,也是学校教育科研的成果之一。而且,只有依托一个研究型团队,才能使学校教育科研的目标与具体研究内容贯彻下去,才能形成一个具有研究力的课题研究机构。在当前的中小学教育科研成果中,个人成功者似乎占据多数,但突出的个人成果往往也来源于一个学校整体的研究氛围,来源于一个区域优良的研究生态。作为校长,要提升一个学校的教育科研水平,必由之路便是整体提升教师的科研水平,这就需要打造一个研究团队。其实,研究团队的打造也就是一个“目中有人”的研究,价值取向,是寄望于关注教师,而使教师做到“人中有物”,从而发挥每一个人的研究潜能,为学校教育科研带来人力资源,并继而产生研究效果。

其六,研究求取释放。许多学校做到了以科研带动教师研究意识的提高,从而使学校大多乃至所有教师参与到研究过程中。在这一研究状态之下,如何让置身其中的教师得到个性的彰显就变得十分重要了。研究过程在精神上、行为上是对教师的一种凝聚,但在思想上却应当是一种释放,释放教师的研究空间,包括心理空间、能力空间、思维空间、价值空间、操作空间等,从而促进教师的个性化研究与发展。比如在合作学习研究中,有些教师擅长小组建设与小组合作方式的引领;有些教师擅长师生共同体式的合作学习;而有的教师则希望置身事外,把学习过程完全放给学生;有些教师希望形成"互助"式的合作文化;有些教师则引入了欣赏作为"人—人"合作的理解方式……这些都可以存在于学校"合作学习研究"的一个框架之下,如果能够从这些不同的方面让教师充分发挥自己的智慧,构建自己具有特色的个性化课堂,那么,学校的整体研究也就因之而有了不竭的源头活水,也就有了个性化。在组织管理中,我们往往担心"一统就死,一放就乱",其关键不在于"统"和"放"本身的问题,而在于如何认识和如何运用"统"和"放"的问题。学校教育科研必须有一个统一指向的价值观,并能够得到大多数人的认可;在这个共同的价值观之下,则要充分释放每一个教师的情感和智慧,让教师实现自我规划设计与自我研究建构。如此,"统"是教师所愿,"放"是教师所能,教育科研便有了生命力。

其七,成果走向简约。判定教育科研成果的价值往往先考虑其信度和效度的问题,由此来审慎地鉴定研究成果显然是具有科学性的。而作为以应用性研究为主的学校教育科研来说,研究成果的标志性价值还应当是其可应用性如何。这就是说,教育科研成果呈现出来之后,理应是可操作、可实施、可推广的。然而,当前的学校教育科研却走向了应用的对立面,体现在三个问题中:一是表意不清,不知所云,审视一项科研成果,其核心价值观是模糊的,实施策略是空泛的,找不到基本的主张与观点;二是理性十足,实效欠缺,突出体现在讲了一大堆"正确的"废话,句句在理,但是鲜有个性,更没有直接指向实践的有效方式;三是理论晦涩,艰深难测,体现在玄奥的名词乱堆砌,把简单的道理表述得极其复杂,把可操作的方法隐藏在一堆堆的理论辞藻之中,难以分辨。究其此类原因的生成,是缺失了对教育科研实际功能的认识,仅仅认同于为了研究而研究的价值取向,未能充分关注一项研究成果的实际应用价值。

科研成果的实践境界是走向简单,体现为“一学就会,一用就灵”的特点,立足于“实用”的本位。当然,过分强调教育科研成果的“应用”“实用”容易使研究庸俗化,失去科研价值的形而上引领作用,这也需要在辩证中统一,事实上,也只有具备“超前”思维的成果才是“可用”的和“值得用的”。

其八,研究归于深刻。教育科研不同于学校常规工作的基本特点是其深刻性。教育科研与一般教育工作相比,具有创新性、综合性和探索性的特点,这三个特点决定了教育科研与常规工作在本质上的区别。如何才能使教育科研本有的创新性、综合性和探索性体现出来,如何让教育科研真正具有研究的特质。这是学校教育科研工作必须最终定格的问题。解决这些问题的关键在于研究者能否以研究的姿态实现对既有研究成果和自我的双重超越。很遗憾,在当前的教育科研中,许多学校将正常的学校工作的正常推进当作了一种研究。比如,规定学生每天读书一小时,每天写日记一篇,就总结为一项“读写研究”课题;再比如,某校启动了“硬笔书法”工程,发动语文教师,并聘请校外书法名家来与学生一起练习硬笔书法,最终是学生的硬笔书法水平得到大幅提升,便论证这是“书法教学研究”。而实际上,这两种所谓的“研究”并非科研,只不过是坚持做了一些别的学校没做或没做好的工作,这些工作的教育价值是大的,但并不能以此就认定其也具有研究价值。研究是建立在深刻的理论思维基础之上的具有科学的“研究性”的过程。研究成果是对现有教育教学行为进行理论和实践成果的梳理整合后,积极创新、积极探索,并进行综合演绎或归纳而形成的新的理论和实践成果。

四、做自己的研究

倡导教师做一名研究者已经不是一个新鲜的命题,但是在教师的自我发展中却是一个必要的命题,只有研究,才能够使教师在日常的教育教学中不拘于重复，才能够从一般的教育实践中收获理性。做研究者，意味着以研究的姿态对待教育教学工作，从而能够主动发现问题，研究并解决问题，将自我发展与教育教学研究结合起来，以一种科学的姿态实现发展的持续。

（一）基于现实的教育生活

教师的发展既然广泛存在于教育教学实践中，那么，就不可避免地与学生的发展需求有着内在的联系。教育的过程可以看作是教师亲身参与的生命历程，在为学生的学习与发展而付出的同时，也应当收获成功的人生体验，应当强调教师教育教学的职业认同与价值认同。"教学相长"是理想的教育境界，是应当竭力追寻的，而实现这一价值的方法则在于教师真正沉入学生之中，在与学生的交往之中获取发展的灵感。教师的研究过程与教育教学实践过程的结合，一方面得以解决教育教学中遇到的困难和问题，获得经验，生成智慧；另一方面，也使教育教学的责任得以真正实现，这样的研究是远离功利的，是深入学生的内在需要的。

让研究基于现实的教育生活有两层含义，一是把教学过程当作研究过程来对待，这样，在教学过程中就有了研究的思维。通过撰写教育教学研究笔记等，可以将教育教学中遇到的问题和自己的想法及时分析、总结，提升出来，并拿出来反思或者与同事进行交流，寻找共性，以期待形成规律性的认识。把教学过程当作研究过程来对待促使教师成为一个有心人，在教学中能够随时发现问题，产生课题，并展开即时的研究，使教学水平得以内在的提升。二是将研究过程放置到教学过程中去，这样，把研究项目与教学结合起来，就使得研究与教学融为一体而不是另起炉灶，教育教学研究得到了实践支持，获得了信息源，并使研究得以常态化。

（二）选择教育叙事和案例研究

教育研究方式有很多种，教师可以尝试，针对不同的教育教学问题，可以选择不同的教育研究方法，而当把教育研究当作一种工作常态，当作日常性的行动研究并致力于促进自我发展的目标后，选择叙事研究、案例研究无疑是最直接、最可行的。

教育叙事是指在教育教学过程中，教师对所发生的教育教学现象的真实描述，通过描述事实来发现并解决问题。它具有典型性、情境性、反思性等基本特征。教育叙事不但是对教育教学事件的真实描述，而且也包含了研究的价值，它构成了一种新颖的研究方式，在这种叙事化的描述过程中，教师必然要经历一个感知、分析、判断、决定的复杂思维过程，研究性的教育叙事构成了教师教育行动研究的一部分。而这一过程，就是教师专业发展所能够依托的过程。通过教育或者教学叙事案例的撰写，就能够使教师的教学反思逐渐成为一种自觉的行为。教师能够随机地、积极地反问自己的教育教学"怎么样?""为什么这样?""该怎样?"……由此，教师的研究之路也便开始了。

叙事研究是一种质性研究，也是一种行动研究方式。作为舶来品的质性研究、行动研究典型代表的案例式研究也是一种重要的研究方式。案例研究是对特定的案例进行分析、讨论、评价、处理，寻求对策的个案研究。案例研究对教师的研究基础要求并不高，易于操作、易于参与；案例研究能够充分保障教师在关注自己每一天的教育教学活动的过程中实现研究的同步，与实践的结合也是其中的重要特征；特别是案例研究以发现教学问题、解决教学问题为契机，将教师的教学过程作为研究对象，教师能够在研究中改进教学与升华自己，从而成为教师自我发展的一种有力依托，内含了一定的教师专业发展性；而案例研究还促成了教师之间真实的合作，以及专家与教师的平等对话，在对同一个案例的解读中，每一位教师都有自己的发言权。的确，一大批教师在案例研究中成长起来，他们研究的、撰写的教育教学案例成为其自我发展过程的真实记录。

（三）案例研究与实证研究的结合

在充分肯定教育叙事研究、案例研究等质性研究在教师发展中的巨大作用的同时，我们也不能忽视另外的一种研究领域，即实证研究。作为实证研究的教育科学研究方式在教育科学发展以及教师专业发展中的作用不能够忽略，而且对于形成教师的科学精神和科学意识，对于教师发现教育的内在规律、准确把握教育的发展方向，理性地改进与看待自己的教育教学具有不可替代的作用。有人指出，如果单纯从促进教师自我发展的角度来看，实证研究对教师的实践性探索具有积极的作用：(1)多角度地收集研究所需资料；(2)更好地认识教育，参与教育改革；(3)各种方法的运用是教师自我素质提高的过程；(4)更好地指导学生开展研究性学习。作为这一系列对于教师发展的作用的体现，使得我们在认识实证研究的过程中更多了几分返璞归真的自信。

作为具有实证研究特征的教育实验研究、调查研究、教育测量等，应当成为具有一定研究能力教师的必然选择。可以说，如果教师从来没有涉猎过教育的实证研究领域，那么，这位教师对于教育认识的深刻程度是要打折扣的。案例研究与实证研究的结合不仅是教师自我发展，而且是实现跨越发展的必然的选择和必经的路径。

(四)在研究共同体中发展

教师自我发展并非单纯的个性行为，不能将其从学校的教育大环境中抽取出来，而应当是立足于学校发展的整体环境之中，特别是应当要紧紧依托着眼于促进教师校本发展的“校本研究”活动之中。

教师的自我发展与研究共同体之间的关系是相互促进的关系。研究共同体往往能够为教师的自我发展提供研究平台和展示平台，能够帮助教师在日常的教育教学工作中得到专注于某一研究活动的机会，而且可以在这样的研究共同体中获得同伴的支持。当然，对于教师而言，一个良好的研究共同体可以为个体研究带来积极的引领，也能够帮助教师寻找到适合于自己的研究与发展空间。当获得大多数教师的认可之后，还可以形成研究的文化氛围，引领教师健康积极地发展。

教师应当能动地参与到学校，甚至区域内所形成的研究共同体中，利用好这样一个研究平台。如何利用一个研究共同体是教师自我发展的一个重要领域,就研究效果而言应当作如下检测:一是从教师的接受性上进行检测;二是从教师的应用性上进行检测;三是从效果的持续性上进行检测;四是从效果的辐射性上进行检测;五是从对学校工作影响性上进行检测。

(五)在不断地写作中成长

写作,应当成为教师的一种生活方式。在优秀教师的成长案例中,许多教师都谈到了写作的重要作用。的确,梳理自己的教育教学思想,使之以文字的形式表现出来,是将教学的感性与理性、具体与抽象、理想与现实进行有机结合的良好途径。写作是思维提升、精神畅游的过程,是极富创造性的生命体的个性活动,是人类文明的承载和表现方式之一。写作的过程是一个自我思想的剖析和展示的过程,是自我的情感、思想、个性、观点等一系列个性活动的充分的展示,由此就构成了教师自我发展的扎实的内动力。

许多教师拥有丰富的教学经验,却因为没有及时记录下来而慢慢淡化,或者呈片段式存在而难以构成自己较为稳定的教育教学风格。虽然写作并不是教师职业的要求,但教师职业从来却没有离开过写作。当前,关于教师该不该写论文话题的争论,其落脚点不应当是写不写的问题,而是如何写的问题。写作能力并不一定属于教师的专业能力,但没有写作能力,教师专业能力的发展将会受到巨大的制约。

有利于教师自我发展的写作内容和方式,包括写科研论文、教育教学案例、教学笔记等。其中,教育教学案例所包含的范围比较广,内含了教学笔记、教学日记、教学反思等一系列质性研究成果的表达。在教师的写作过程中,同样是从教学实践中的一般教学案例写起,最终要进入教学论文的写作层面。毋庸讳言,当前教师写作中的功利性“论文抄袭”现象比较严重,但也正因如此,教师才能够伏下身子,扎扎实实地研究点东西,使其成为科研性的、具有一般学术意义的论文才成为一种必需,显得尤为必要。

（六）做一名幸福的研究者

每一个成功教师的研究之路，都曾经经历过读书、实践、研究、反思、写作等循环往复的过程。读书，并且在读书的同时进行实践研究、反思和写作，也是实现教师专业化发展，并进而促进教师人生发展和生命成长的最好途径，读书也能使教师具有充实的灵魂和不断生长的精神。如果能够边读书边研究思考，进而总结写作，则能够集教育者、学习者、研究者、思考者、实践者、写作者等多重角色于一身，我们教师的精神生活就充实了，人生就更有意义了，而专业成长与发展也就得以水到渠成。

《论语》开篇曰："学而时习之，不亦说乎？"是的，学习与快乐应当是紧密相连的，在快乐中能够学习，在学习中能够快乐，这是同一性的行为辩证。教师的自我发展就是在学习与工作中不断创造、不断成长的过程，其中蕴涵的幸福与快乐的体验，只有全身心投入其中者才能够体会得到。

是的，教师职业本身并不一定具有幸福与快乐的直接元素，但正如幸福与快乐是由人所创造并体验的，教师的幸福与快乐也只有在教育的过程中才能够创造出来。在此，即使老师们都已熟知，我们还是要再一次引用苏霍姆林斯基对于教师教育研究与教育幸福的著名论述：如果你想让教师的劳动能够给教师一些乐趣、使天天上课不致变成一种单调乏味的义务，那你就应当引导每一位教师走上从事一些研究的这条幸福的道路上来。

教师在研究中能够体验幸福、体验到快乐。同样，研究的过程是对自我的超越与创造，特别是自我发展中创造，是教育的意义和教师的生命意义的新的生长点，幸福与快乐就在其中。从这个意义上来说，体验幸福与快乐并不是不可以的，肯定也不是强迫性的，而是在教师的创造之中，只有拥有了创造，才能够在艰苦环境、单调的循环以及平常的每一个教学日子里发现自己的生命价值，才能够使幸福与快乐的体验成为可能。

第五章

“卫道者”灵魂守望

❋

名师成长是需要环境支持的，许多人都在探讨促进名师成长的良好教育生态，也在为培养更多的名师以及发挥名师的作用研究出路。中国历史上大师辈出的时代与今又有什么样的关联？梳理中国历史上涌现的大师，亦可称之为名师的三个历史阶段，分别为春秋战国时期、宋明时期、清末民国时期，界限虽不可如此分明，但这几个时代突出体现出的政治动荡、思想活跃、学术自由等特征，给我们一个假设，宽松自由出大师。这不错，然而仅仅如此吗？为何大师入世都在思想文化，包括政治经济动荡而矛盾尖锐的时期呢？而在中国迎来伟大转型的历史时期，在一个变革时代，大数据、云计算、后现代主义，大师在哪里？错过历史还是错过我们自己？

一、师之惰，之惑？

参加了一所名校的教学研讨活动，学校校长从外地请了两位在语文教学方面颇有影响的名师来给本校的教师上公开课，同时，学校也有一位教师上研讨课。一上午的时间，三节课，一场研讨，效果理应不错。

笔者也受邀参加了这次研讨，参加研讨的总共有21位教师，其中17位是这所名校的语文教师。在听课的过程中，笔者不经意间观察了一下这些听课的教师，其做法却让人大吃一惊。

在这17位语文教师中，有3位语文教师带着厚厚的几摞作文本，在批改学生的作文，匆匆忙忙地写着批语；有1位教师在批改学生的语文基础训练，也是厚厚一摞；有1位教师在批改学生的日记本，边写批语边打分数；有2位教师在批改试卷，应该是刚刚考过的单元检测题；抄写备课的教师则达到了5人，他们对照着教师参考书在备课簿上认真地抄写着。

另外的几位教师在听课，同时在填写学校发的“听课记录簿”，然而，其中一位听课教师的听课记录却也大有玄机。这节课是小学四年级的语文课《我不是最弱小的》，四十分钟的课还没有上完，授课教师也只是带领学生在进行第一课时的新授课，然而听课教师的听课记录却已记到了第二课时，并且在听课记录簿上煞有介事地写出了第二课教师的复习检查、反思提升、总结训练等教学环节。胡编乱凑跃然纸上。

如此听课，如此研讨，如此记录分析，有用吗？有什么用呢？

三节课后，进行对话研讨。笔者观察到，听课教师大多没有提出有价值的问题，而对授课教师的点评则是泛泛的教学水平高、教态自然、学生发言积极等几句话带过。难怪，没有认真地听，又怎能进行有深度的点评呢？而且，在这样的教学研讨中，又怎能实现智慧的碰撞、思想的交流呢？在对话中，有位男教师甚至颇为自负地说:“听课也就那么回事,在你们课堂上体现出来的东西,我们已经都知道了,不是我讲不好,是不想这样复杂而已。”这样的发言,大家无言以对,也无法回答。

虽然这样状态的校本研修并不多见,出现在笔者视野中的也仅此一例,但也足够引发我们深刻的反思:教师为何如此不屑于研究,教师的精力和兴奋点又在哪里?还有更深层次的问题可以来问吗?

其一,教师忙于教学常规的原因何在?来看学校的常规检查,我们调查发现,在一所普通的小学里,一位语文教师需要完成并接受学校检查赋分的项目有:备课、语文作业、大作文、小作文、循环日记、基础训练、听课记录、理论笔记、家访记录、活动计划与总结记录、单元检测题的批改及矫正等。如果把一位教师需要接受检查的作业本堆起来,足足堆满了一个办公桌,这些全批全改的作业以及各种各样的记录,充斥了教师的业余时间,难怪教师都在争分夺秒地补常规,而置宝贵的教学研讨机会于不顾。然而,如此繁多的检查有必要吗?又怎能没有必要呢?学校管理者说,没有检查怎么督促?没有检查,怎么评估?看来都是无奈。

其二,教师不屑于教学研究的思想根源何在?就如同发言的那位男教师所说,我知道但我不做!为什么不做?原因也简单:怎么教都是教,我是为自己而教学的,这还有什么研究的必要?为什么要改?的确,在这次教学研讨中,学校要求授课的几位教师谈一下自己的教学改革思路,笔者虽是受邀而来,也是边听边思边记。但目之所及,参与研讨的这所学校的17位教师中,只有一位女教师在认真地听,认真地记,并且在会后找到了授课教师进行了更深层次的交流。而另外的16位教师呢?出出进进者有之、窃窃私语者有之、忙于自己常规之事者有之,甚至有的教师带着不以为然的蔑视和浅笑,如同观看一部与己无关的乏味演出,而没有人动笔记下发言者的哪怕一句话的个性化经验成果。此景,很戏谑。

困惑与惰性同时呈现,一方面是制度约束下教师行为的偏离,一方面是心态异化后教师精神的缺失。

然而,这是主要的吗?

我们缺失的只是体制，只是热情吗？

作为教师，除了应对外在约束和顺应自我放纵，还有没有一种什么样的人生和价值选择呢？

孔子教人“修己以做君子”。他说：“德之不修，学之不讲，闻艺不能徙，不善不能改，是吾忧也。”(《论语·述而》)孔子之忧，今仍可见，而且今天许多教师的言行似乎已经使其成了“怀己”而不是“怀德”者。缺少了对于教育教学的道德关怀，缺少了付之于真正教育的德性关注，这本身即是一种教育价值的虚浮，又何尝不是人生价值的虚浮呢？

亚里士多德说，人有三种不同的生活，一是享乐的生活，这是奴性的，动物式的生活；一是公民大会的或政治的生活，这是把荣誉等同于幸福的有品位的人和爱生活的人的生活；再就是沉思的生活，这是在普遍的善的基础上对人性敬畏的生活。

人生的意义何在？学生学习的意义何在？教育的意义又何在？

当教育成为一种水质的晦暗的活动而进入教师的内心深处，教育便失去了伦理，失去了人性的根基。不作为的理由最为充足，只要内心无真、无善。可是，这是我们能要的吗？

二、何以名师？

当前，许多学校选择划出一块地盘让“名师”单独发展。诸如名师不参加任何学校活动，包括各类会议、学生团体聚会、学校大型集体活动等；名师可以不做班主任，专注于学科和自己感兴趣的领域；名师所带班级可以不参加各类考试和学校的评估检查；等等。不错，脱离了常规的束缚，“名师”们可以毫不顾忌，一路向“名”了。

然而，诸如此类的“宽松、宽容”实则已将“名师”抛置在了教学实践之外，专业打“名”,价值有多少？李零先生将孔子认定为常人,喻为丧家狗。因为任何怀抱理想,在现实世界找不到精神家园的人都是丧家狗。况且,《史记》中清楚记载:“孔子适郑,与弟子相失,孔子独立郭东门。郑人或谓子贡曰:‘东门有人,其颡似尧,其项类皋陶,其肩类子产,然自要以下不及禹三寸。累累若丧家之狗。’子贡以实告孔子。孔子欣然笑曰:‘形状,末也。而谓似丧家之狗,然哉!然哉!’”孔子的教学一生并没有笼罩着圣人的光环,相反,却往往是四处奔波,结果常常徒有无奈。其实,孔子作为一名教师就是中国千千万万教师的缩影。其生时鞠躬尽瘁、半世坎坷,其形象才能称为万世师表。

看来孔子也非高高在上专属圣师,而是一位教育的实践者。是这样吗?我们有必要走近中国历史上的圣贤大师,看看他们的教育之旅。

在中国,真正的以教为业的职业教师始于孔子办私学。私学中的教师就别称为“塾师”“书师”“学究”“老学究”“村夫子”“门客”“馆师”“馆宾”等。对教师的敬称还有“老夫子”“老师”“师父”“师长”“师尊”“尊师”“先师”等,其中“先师”是对前辈的老师或去世的老师的尊称,“尊师”是对老师或他人师傅的敬称。今天,人们对新时代的教师赋予种种喻称和誉称,如“人类灵魂的工程师”、辛勤的“园丁”、给人类带来光明的“普罗米修斯”、孩子的“第二父母”。更有人把教师喻称为照亮了别人、耗尽了自己的“蜡烛”;年年岁岁吐丝不断的“春蚕”;默默无闻承载千万人登攀的“台阶”和“人梯”……都是对教师崇高品格的讴歌。

教师的称呼在变,在世人心中的位置却始终居高不变,教师何以受到如此尊敬?是他们脱离尘世创造功勋,还是与社会的发展息息相通,与学生的成功一起铸就功勋?

是这样吗?让我们的阅读进入《过去的声音》与《新的足迹》——

三、过去的声音[1]

孔子、朱熹、陶行知，笔者愿意将他们作为中国历史上三个名师辈出时代的杰出代表，其道德、智慧可供聆听、可供信仰。

（一）孔子

孔子一生废寝忘食、乐以忘忧，安贫乐道、主张正义，学而不厌、诲人不倦，待人真诚、重道而行，他的儒学思想无疑仍是当今世界的济世良药。孔子几乎在用一生的时间推行“仁政”和“固礼”，他的思想至今仍极大地影响着中国人的性格和文化。

孔子出身贫贱，却一生以古代贵族为立身之本；他携众弟子周游列国，终生执教，四处游说，然遍走诸侯，却一无所获；他古道热肠，梦想恢复周公之治，安定天下百姓，却终于绝望于自己的祖国，徒兴浮海居夷之叹，最终老死在自己的家中；他毕生把从政当作使命，他的半部《论语》即可治天下，然而却一生无权无势，颠沛流离、郁郁不得志。孔子一生怀抱至高理想，在现实世界里却一直没有找到自己的精神家园。

孔子好古敏求、学而不厌、诲人不倦，传递古代文化，教人阅读经典，终生从事传道、授业、解惑的教育事业，创造了卓有成效的教育教学方法，倡导了一系列具有普遍意义的学习原则，形成了完整的教学内容体系，提出了一系列有深远影响的教育思想，树立了良好的师德典范；他满腹道德学问，是道德治国之启蒙，他的道德主张滋养了世代中华儿女，他的道德格言穿透两千多年的时空，至今仍然振聋发聩。

雅斯贝尔斯这样评价孔子：

---

① 本部分内容曾在齐健、李秀伟编著《第三次成长》一书中详述，在此所引据李秀伟《教育言无邪》细化而来。

假如在过去是显而易见的话，那么通过对过去的探究便可获得真理之道，不过在探究中要能够区分真伪。其方法便是学习，学习并不仅仅是学习关于什么的知识。已经具有的真理并不是要熟记它们，而是要从内心去领悟，从而从外部去实现。这一真正的“学习”入门是要借助于书本和学校的存在。书本方面，孔子从古代的文书、文献、诗歌、神卜、礼法及风俗规定中选取教材，并且以真理和实用为尺度，校订成书。在教育方面他是通过学校教育来实现的，首先是通过他所创立的私人学校，在这样的学堂中他要把他的弟子们培养成未来的教育家。①

在雅斯贝尔斯的视域中，孔子这些学习与讲授方式最为重要：

“吾见其居于位也，见其与先生并行也。非求益者也，欲速成者也。”（《论语·宪问》）

（这就是说没有伦理生活基础，便不可学习。）

“子夏曰：‘日知其所亡，月无忘其所能，可谓好学也已矣。’”（《论语·子张》）

（有意义的学习是有自知的。）

“可与共学，未可与适道；可与适道，未可与立；可与立，未可与教。”（《论语·子罕》）

（学习的道路是艰巨的，好像永无止境。）

“力不足者，中道而废。今女画。”（《论语·雍也》）

（不要认为自己的力量是达不到的。）

“过而不改，是谓过矣。”（《论语·卫灵公》）

（过错不允许不改正。）

“有颜回者好学，不迁怒，不贰过。”（《论语·雍也》）

---

① ［德］卡尔·雅斯贝尔斯：《大哲学家》，李雪涛等译，130页，北京：社会科学文献出版社，2012。

(孔子心爱的学生不犯同样的过失。)

“不愤不启,不悱不发。举一隅不以三隅反,则不复也。”(《论语·述而》)

(教学的原则以及师生关系相处的原则。)

“吾与回言终日,不违,如愚。退而省其私,亦足以发,回也不愚。”(《论语·为政》)

(考验与评价学生的方式并不在随即的回答中。)

“吾之于人也,谁毁谁誉?如有所誉者,其有所试矣。”(《论语·卫灵公》)

(孔子不过分称赞他的弟子,除非经过考验。)

“我非生而知之者,好古,敏以求之者也。”(《论语·述而》)

(要做古代文化的真正热爱者。)

“见贤思齐焉,见不贤而内自省也。”(《论语·里仁》)

(留意自己身边的人,看见别人身上好的地方,便向他看齐,别人身上不好的地方,提醒自己不这样做。)

“多闻,择其善者而从之;多见而识之;知之次也。”(《论语·述而》)

(知识不是与生俱来的。)

“吾十五而志于学,三十而立,四十而不惑,五十而知天命,六十而耳顺,七十而从心所欲,不逾矩。”(《论语·为政》)

(随着年龄的增长,因学习而促使孔子自身的慢慢成长。)

“诵诗三百,授之以政,不达;使于四方,不能专对;虽多,亦奚以为?”(《论语·子路》)

(所有学习的意义在于实践。)

“小子何莫学夫诗?诗可以兴,可以观,可以群,可以怨。迩之事父,远之事君;多识于鸟兽草木之名。”(《论语·阳货》)

“诗三百,一言以蔽之,曰:‘思无邪’。”(《论语·为政》)

(内心的陶冶是在学习之中形成的。)

“好仁不好学,其蔽也愚;好知不好学,其蔽也荡;好信不好学,其蔽也贼;好直不好学,其蔽也绞;好勇不好学,其蔽也乱;好刚不好学,其蔽也狂。”(《论语·阳货》)

(雅斯贝尔斯做了调整。)

(如果不学习,德行会像被雾笼罩一般,并且马上就会堕落退化。)

这是雅斯贝尔斯对孔子学习与教学的理解与梳理。

雅斯贝尔斯感兴趣的是:孔子如果通过临界的自觉意识,亦即他有关教育,可传达性以及认识的临界知识,他有关自我所受挫折及心灵受到触动时的知识,以及使其整个一生的事业成为问题的一切,从而使这一思想世界的尽善尽美进入悬而未决的开放之中。①

雅斯贝尔斯冷静的判断不会湮没孔子在中国社会与思想史上的光辉,其实,宋朝理学家说:"天不生仲尼,万古皆如故。"康有为也曾经说过:"中国一切文明,皆与孔教相系相因。"孔子施教主张主要有:一是有教无类、不讲出身;二是针对学生特点,因材施教;三是不愤不启、不悱不发,开展启发式教学;四是对学生无所隐瞒。这些与我们今天素质教育的教育思想并无二致,立德树人、启发式教育、愉快教育、和谐教育等层出不穷的教育思想模式无一能超出孔子的思想。因此也就不难理解,孔子成为师之圣者。

(二)朱熹

孔子之后的教育大师首推朱熹。青年毛泽东说:"吾国宋儒之说与康德同。"事实上,以朱熹为代表的宋明理学与康德、斯宾诺莎、怀特海、黑格尔都有可比之处。朱熹是南宋著名理学家、思想家、教育家。他 19 岁即荣登进士榜,历任宋高宗、宋光宗、宋宁宗等四朝,去世 27 年后被追封为信国公,是程朱学派的主要代表。

朱熹是宋代理学的集大成者,完成了客观唯心主义思想体系的构建。他构建的理学文化体系,几乎完美地体现了儒家伦理理性的精神,展示了中国 10 世纪以来传统文化陷入困境以及艰难反思探索新路的历史足迹。宋代理学文

① [德]卡尔·雅斯贝尔斯:《大哲学家》,李雪涛等译,132 页,北京:社会科学文献出版社,2012。

化的崛起是儒家在对抗日益泛滥的道教和佛教，振兴自救中又融合了佛道的一些思想，对儒家文化进行重新调整的文化运动。具体来说就是用儒家的伦理理性整合、重组调整传统文化的结构，给儒家文化注入新的力量成为封建社会后期统治阶级的官方思想。

朱熹理学文化体系的中心其实是“人”而不是“理”，他的理学文化的真正根源是内圣外王的“人学”，他借助古老的天人合一的文化模式将“人学”与“理学”统一起来，孔子的仁学才发展成本体论和伦理学的人学，才具备了完整的思辨理论形态，朱熹认为认识宇宙之心、天地之本，全部世界的问题解决都可以归结为人的问题的解决，全部人的问题的解决又最终归结为人性问题的解决。朱熹的这种人本思想，强化了传统文化以群体为本位的伦理道德取向，表面上强调主体自身“正心诚意”的自我完善，实际上要求群众的绝对服从，人对天的绝对服从，由天的他律代替了人的自律。他通过统一“心本”与“天本”的矛盾，完成了儒家由“心”的自律的主体论理学向“天”的他律的宗教伦理学的过渡。

以教育的视角论朱熹，“格物致知”“知行合一”“与天地参”均代表思想的高度，其实，我们更愿意从他的读书、治学思想中予以梳理：

1.循序渐进。“字受其训，句索其旨，未得乎前，则不敢求其后，未通乎此，则不敢志乎彼，如是循序渐进焉。”(《读书之要》)

谈到读某一章时朱熹说：“且如一章三句，先理会上一句，待通透，次理会第二句、第三句，待分晓，然后将全章反复细绎玩味。如未通透，却先看先辈讲解，更第二番读过，需见得身份上有长进处，方为有益。”(《朱子语类》)

2.熟读静思。他说：“大抵读书先须熟读，使其言皆若出于吾之口；继以精思，使其意皆若出于吾之心，然后可以有得而。”(《读书之要》)所以朱熹认为：“泛观博取，不若熟读而精思。书须精读……读十遍时与读一遍时终别，读百遍时与读十遍又自不同也。读书之法，读一遍了，又思量一遍；思量一遍，又读一遍。诵读者，所以助其思量，常教此心在上面流转。若只是口里读，心里不思量，看如何也记不仔细。”(《朱子语类》)

朱熹还提出了熟读精思的方法，即“三到”之法，他说：“余尝谓读书有三到：谓心到、眼到、口到。心不在此，则眼看不仔细，心眼既不专一，却只漫浪诵读，决不能记，记亦不能久也。”(《童蒙须知》)

只要做到“心到”，口、眼自然就到了。

3.虚心涵泳。朱熹认为：“大凡读书处事，正当虚心博采，以求至当。”(《学陆子寿书》)他说：“凡看书须虚心看，不要先立说。”(《朱子语类》)，又说：“读书著意玩味，方见得义理从文字中迸出。”(黄宗羲《宋元学案》)“读书之法无他，惟是笃志虚心，反复详玩，以为有功耳。”(张伯行《学规类编》)

4.切己体察。朱熹认为：“读书穷理，当体之于身”，“读书须要切己体验，不可只做文字看。”(《朱子语类》)所以他说：“读书便是做事，凡做事有是有非，有得有失，善处者不过称量其轻重耳。读书讲究其义理，判别是非，临事即此理。”(《朱子语类》)

5.著紧用力。读书必须要“痛切恳恻做工夫，使饭忘食，渴忘饮”，如果“有丝毫气在，必须进力，除非无了此气，只口不会说话，方可休也”。甚至说：“看文字须是如猛将用兵，真是鏖战一阵；如酷吏沿狱，真是推甚力到底，决不恕他，方得。”(《朱子语类》)

因此他说：“为学不进，只是不勇。”(《朱子语类》)

6.居敬持去。所谓“居敬”即集中精神和注意力；所谓“持去”乃树立远大的目标，明确读书的目的。朱熹认为：“敬字功夫乃圣门第一义，须将心贴在书册上，逐字逐句有着落，方始好商量。”(《朱子语类》)“持去”为“为学”首要问题，认为：“书不记，熟读可记；义不精，细思可精。惟有志不立，直是无着力处。”(《沧州精舍又论学者》)“立志不定，如何读书？”(《朱子语类》)

另外，朱熹哲学体系内在的逻辑结构，决定了他进一步完善了传统文化特有的思维模式，集中表现在他的理一分殊和敬知双修。理一分殊是区分儒佛二道的最高标准，佛教有理一而无分殊，所以是空理；儒家有理一也有分殊，所以是实理。理一分殊也是理学的最高哲学原则。是按照伦理理性建构起来的一种典型代表儒家文化精神的思维模式，是一种宇宙观与方法论相统一，知的认识论与德的修养论相统一的独特的思维模式。所谓“敬知双修”是持敬和格物致知的统一，就是敬义挟持、诚明两进。持敬是一种认识天理的道德涵养功夫，儒家一直以内心自我道德修养的完善为根本价值取向，但对如何进行道德修养却一直含混不清，持敬的三层含义——专一、虚静、敬畏，指明了道德修养的要义。格物致知作为一种认识论强调了向外即事即物穷理的思想，是对儒家封闭内向的认识论的一个突破。具有深入事物内部探求规律的真正认识论的意义，但这种认识过程中终又归结为道德至善的追求，科学理性又被道德伦理覆盖了。在由持敬和格物组成的无限的修养-认识链环中，持敬与格物都是通向同一个“天理”，共同肩负着“存天理，灭人欲”的道德使命，不同之处在于前者是“养理”，后者是“穷理”。

朱熹的“理治”思想，保持了儒家“仁政”的理想主义色彩，向其中灌注了“存天理，灭人欲”的思想，仁政变成了理政，德政变成了理治。确立了唯贤治国的原则。朱熹的理治思想是对东方封建统治的理想建构，在这里伦理即法，法即伦理，他的“理”具有伦理与法律的二重性和二重功能，理治、法治、德治具有同一的意义，法有了“天理”的神圣性。

大师有行，也有理，我们在追求实践，只是从每一天的出勤率来看待自己的教育的时候，丢掉了什么？

（三）陶行知

一个应该永留史册的教育家，一个被历史低估了的教育家。陶行知少年时期贫寒的家庭和农村生活的环境，让他自幼了解、同情贫苦农村和农民的生活；国势贫弱、外强欺凌、民族危亡、风雨飘摇的时代，培育了他忧国忧民的思想。所以，尽管教会学校的教育、留学国外的生活，使他先后获得学士、硕士、博士、教授的优越地位，他却放弃一条高官厚禄的道路，怀着深厚的爱国爱民的思想，不断探索和追求祖国富强、人民幸福的前途，奔走于中国大地，接触贫苦人民，推动平民教育运动。“捧着一颗心来，不带半根草去”——这是他从事乡村教育时期书写乡村教师的诗句，也是他一生为人民教育事业鞠躬尽瘁、死而后已的写照。

清朝末年，出现了废科举、兴学校的新学运动，整个国家的教育面貌有些改变，但是陶行知抓住了旧教育“读死书”的要害，既反对“老八股”教育，也反对“洋八股”教育，主张以实验主义教育理论为武器，针对“老八股”、“洋八股”教育脱离生产劳动和人民大众的症结所在，坚持从中国国情出发，办中国人民需要的教育，提出了“生活教育”学说。其基本观点是教育是为人民大众生活向前向上的需要，与社会生活实践和生产劳动密切联系的。当时的中国是一个民族危机深重、贫穷落后的农业国家，陶行知意识到必须先从农业文明走向工业文明，然后再过渡到现代社会。他紧跟中国民族民主革命的历史发展，把生活教育同中国人民的斗争结合起来，把唤起人民大众的民主主义革命觉悟和斗争热情作为主要的教学任务。

陶行知生活教育的全部出发点和归宿就是开发人民大众和儿童的创造力。怎样培养创造力，陶行知提出了著名的“教学做合一”，他主张手脑并用，培养学生生活、生产、创造的能力。“教学做合一”的教育思想主要包括以下几点：一是“先生的责任不在教，而在教学，教学生学”就是说老师不是把解决某个问题的现成办法教给学生，而是引导学生找出解决这个问题的办法的具体程序，并能用这种经验解决其他的问题，在教学过程中培养自动、自得的自学能力和独立的工作能力。二是“教的法子要依据学的法子”，也就是因材施教，这样就能使学生从被灌输的被动地位转变为积极的主动地位，这就要求老师必须在更高的教学水平上发挥指导作用。三是教与学都要以“做”为中心，老师拿做来教乃是真教，学生拿做来学乃是真学，做是教和学的中心。“教学做”不仅是一种具体的方法，而是一种教学理论，或说是教育方法论，涉及课程、教材、教学制度、教学组织等问题，陶行知一生为此作了不懈的探索。另外陶行知还提出了“五个解放”来培养孩子的创造力，至今仍然有很强的现实意义。首先要“解放小孩子的头脑”，唯有思想解放才能产生创造的力量；其次要“解放小孩的双手”，唯有动手的机会，才能发展孩子的创造力；第三要“解放小孩子的嘴”，只有言论自由，尤其是有提问的自由，才能充分发挥创造力；第四是“解放小孩子的空间”，只有解放空间才能获得丰富的资料；第五是“解放儿童的时间”，不能让无穷无尽的考试和学习占据了孩子所有的时间，让孩子失去了创造的欲望。陶行知关于孩子创造力的深刻见解，针砭了我国传统教育的痼疾，这些思想贯穿在他对中国新教育的探索之中，并在实践中得到进一步发展。

1926年11月26日，陶行知在南京明陵小学召开的第一次乡村教育研究会上发表了题为《我们的信条》的演说，较为明确地阐述了他的教育观点，生活教育的思想也初次系统的提出，信条一共18项：

1.我们深信教育是国家万年根本大计。

2.我们深信生活是教育的中心。

3.我们深信健康是生活的出发点，也就是教育的出发点。

4.我们深信教育应当培植生活力，使学生向上长。

5.我们深信教育应当把环境的阻力化为助力。

6.我们深信教法学法做法合一。

7.我们深信师生共生活、共甘苦，为最好的教育。

8.我们深信教师应当以身作则。

9.我们深信教师必须学而不厌，才能诲人不倦。

10.我们深信教师应当运用困难，以发展思想及奋斗精神。

11.我们深信教师应当做人民的朋友。

12.我们深信乡村教师应当做改造乡村生活的中心。

13.我们深信乡村教师应当做改造乡村生活的灵魂。

14.我们深信乡村教师必须有农夫的身手，科学的头脑，改造社会的精神。

15.我们深信乡村教师应当用科学的方法去征服自然，用美术的观念去改造社会。

16.我们深信乡村教师要用最少的经费办理最好的教育。

17.我们深信最高尚的精神是人生无价之宝，非金钱所能买得来，就不必靠金钱而后振作，尤不可因钱少而推诿。

18.我们深信如果全国教师对于儿童教育都有“鞠躬尽瘁，死而后已”的决心,必能为我们民族创造一个伟大的新生命。

陶行知的生活教育学说是从中国的土地上生长起来的,是在深刻了解中国的文化和社会现实的基础上,结合西方先进的教育理论提出来的,既强调了教育的现实功能,又关注了教育的终极目的,引发了全世界教育家的注目。他所研究和实验的教育问题,直到今天仍然感到很中肯、很新鲜,仍有进行实验的价值。他的"千教万教教人求真,千学万学学做真人"的教育信条更令我们不得不反思自己的教育行为。对于这位近代教育的圣人,如果我们仅仅是顶礼膜拜,他九泉之下是会难过的,我们只有躬身践行他的教育思想,踏着他为我们修筑的阶梯继续攀登,贴近教育生活实际,做真正的教育,才不会愧对他!

大师背后,是中国教育的思想、精神之根,同样的,与他们同处一个时代,千百万没有留下姓名的教师,与他们一起构筑了中国教师的精神历史,中国教师的精神就在所有教师每一天的教育实践中。

离开了教育实践,脱离了真正的教育的职责,求取单纯的功名之教,此"名"何用?从孔子到朱熹,从蔡元培到陶行知,中国历史上的名师大儒,无一不是积极入世者,正是他们在寻求教育强国、救民的道路上,才成就了一生的师表风范。

而今,我们以"名"来定"名师",让"名师"不再肩负最基本的"俗务",而专注于"名",这样的"名师"有什么样的社会价值和教育意义呢?

如此学校,名则不"明",如此"名师",不"名"也罢。

四、新的足迹

(一)"点"到不止

通过现代教学论的分析,我们将教学划分为不同的方面,如教学设计、教学组织、教学目标、教学环境、教学技术、教学评价等;也将教学划分为不同的流派,如主体性教学、探究教学、情境教学、价值教学、尝试教学等。即便对于教学的组织与实施过程,我们也可以借鉴众多的理论,如布鲁纳所强调的学生自己发现与比照,加涅所强调的教师的充分指导,皮亚杰的建构主义学习乃至布鲁姆的掌握学习等。然而,在真实的教学场景中,教师往往不会刻意带着某种方式或理论走进课堂,而是用自己的综合理解来结合自己的价值选择而驾驭课堂。这就使得教师的每一节课都介于"有形"和"无形"之间。

如此最好,教学是教师自己的事情,是教师与他的学生之间一段特殊的认知过程,也就是一段丰富的生命之旅。

然而,有些教师却在教学中抽取其一,做一些"点"的深化,让自己的教学有那么一"点"特殊,一"点"亮色,如此,是否会偏离了教学所应有的整体性价值呢?

王清华老师是一所农村小学的英语教师,这是一所特殊的农村小学:只有1~4年级的四个班级,连同校长全校的教职工不到10个人,而王老师也并非英语专业毕业,仅仅是一位兼语文、体育、思想品德、科学、英语于一身的小学教师而已。他的英语课怎么上呢?让我们来看看王老师带给学生的英语"秀"吧。

第一环节:单词"秀"。

教师拿出几张纸,上面写着一些汉语词语,教师让学生用英语表达出来,并在表达中尝试记忆。这是再平常不过的教学工程。但是,当学生一开口,不平常的事情就发生了:孩子们用发自内心的最热烈的、最激动的、最美好的童音"宣泄"着对于词语的理解,每一个原本毫无生命意蕴的英语单词被学生用澎湃的激情"秀"了出来。恍惚间,我甚至认为这是学生在刻意地表现,甚至是表演。可是随着教学过程的推进,学生的表演也因为更加精彩而更加真实了。

第二环节:句子"秀"。

教师要求:听录音,跟读句子,边听边跟读,看谁读得最"悦耳"!随着教师的一声"come on!"抑扬顿挫、绘声绘色的跟读开始了,这哪里是在读"老外"的英语呀,师生随着简陋的录音机,在简陋的平房里,一起沉醉地朗读着,那声音、那表情,似乎是在背诵大家烂熟于心、触动于情的中国古典诗词。一遍、两遍,师生忘我地投入到句子的跟读中。我在感动之余却迷惑了,学生为什么会如此迷恋地学习本来是没有任何情感因素的英语词句呢?接下来的教学更让我的感动无法自抑。

第三环节:表演"秀"。

教师说:课本上的对话句子我们已经会读了,下面来表演,让我们来表演人物所做的事情吧,看谁表演得最"出色"!于是,学生们很自然地走下座位,找到自己的好伙伴,开始了"一对一"的对话表演,学生在表演中显然是一种自由状态之下尽情地张扬,那语气、那神态、那动作,自信中透露着一种逼人的锐气,张扬着一种无拘无束的幸福与快乐。学生不断变换着表演的伙伴,也争相与教师一起表演,教师在学生中间举手投足也是一种忘我的沉醉。十多分钟过去了,这群农村娃们的精彩表现,他们的成长与收获,让每一位听课教师的眼中噙满了感动的泪水。

第四环节:应用"秀"。

精彩在继续,教师让学生用自己的方式来应用所学的单词和句子,学生自由发挥,做卡片的、画图画的、写故事的……随着学生的精彩展示,课堂又被大家好好地"秀"了一把。学生已经没有了任何的拘谨,一个学生在几个小组展示后,自发地站起来说:"同学们,这两个小组表现得好不好?"掌声响起来,同学们都被感动了。当其他学生表演、展示的时候,我清晰地感受到,坐着倾听的学生是那么期待,那么关切,眼神、动作里包含的是一种祝愿成功的渴望,由衷地希望同学更精彩些、更成功些!一个身心交融、坦诚互信的情感场凝聚起来了,课堂上的每一个人都会被同一件事情吸引。一会儿热情被同学的成功点燃,一会儿惋惜又因一个同学的失误出现在每一个人脸上。生命的童真和求知的热情在同一刻交融在一起。

短短四十分钟,学生在教师的带领下学习了 11 个单词,学会了九段对话,课堂知识含量是很大的。虽然我对英语不在行,而且我在听课中也没有刻意去记忆教学内容，但课下，这些单词和句子却在脑海里久久萦绕、一直忘不掉。那么，学生呢？“秀”出了自我生命真诚的学生会学得怎样呢？可想而知。

据校长介绍说，这些农村孩子近乎疯狂地爱上了英语学习，虽然孩子们家里没有人懂得英语、没有学习资料、没有英语学习工具、没有英语对话的环境，但学生还是把英语学习迁移到了生活中，有的学生甚至在放牛的时候把英语学习卡片贴到牛背上去读、去背，学习真的成了学生的生命需要。

成功的秘密何在呢？仅仅是一个“秀”字吗？一个“秀”字能产生如此大的效应吗？如果不是，又会是什么呢？

当前的农村教学环境受到了广泛的关注，教师年龄老化、专业不对口等一系列问题，使得农村的英语教学、音乐教学、美术教学、体育教学、综合实践教学等面临着严重的困境，哑巴英语、走调音乐成为一种无奈，农村的学生失去了接受良好教育的机会。而作为农村学校的校长、教师也往往束手无策，自身专业素养的缺乏使他们面对特殊学科、综合学科时的确难以招架。

出路在哪里呢？均衡诉求之下的政策倾斜是必然的需求。然而，面对暂时无法改变的现状，有没有从改变自身起赢得成功的可能呢？王老师给出了解答，方法一变天地宽。作为一名英语的“外行”教师却把英语教学演绎得如此精彩，其关键在于理解学生的学习需要和兴趣特点，通过学生“秀”课堂，让学生成为课堂表演与展示的主人，让学生在课堂这个舞台上“秀”出生命深处渴望被认同、被肯定、被关注的激情，当学生的生命火花迸发出来的时候，无需英语大师，仅凭一台录音机，学生就爱上了发音标准的英语。虽是无奈，但这起码是在此环境下能够使教学成功的极为可行的教学选择。

从系统的教学论上来分析，王老师的“英语秀”没有什么先进的理论支撑，算不上什么科学的教学模式，也似乎欠缺了结构性的策略和方法，但仍然是成功的。当教师意识到问题，并找到破解问题的方法时，教师就坚定不疑地把这一点做到极致，尽情地发挥，当师生由认识到情感完全接受了这一方法的时候，这一方法就自然地触类旁通，从而会对课堂产生深刻的影响。

在教学改革中，我们曾经有许许多多貌似成功的经验，但是有更多的经验与改革成果自生自灭了。真的是因为在教学中无法产生有效的作用才消失的吗？喜欢标新立异，乐于好高骛远，期待急于求成，让原本坚持一下就会成功的、再坚持一下就会给学生带来终身受益的教育教学方法中途夭折，许多有价值的经验，许多有价值的成果没有在实践中产生应有的效应，不是因为经验、成果脱离教育教学实际，而是因为我们根本就没有在教学实际中坚持一下、再坚持一下。

教学是艺术也是科学，艺术需要情感、智慧、创造力，科学也需要情感、智慧、创造力，但是科学更求真。真在哪里呢？真就在实践的过程中，在每一天的教学活动中，唯有到真实的教学现场做真实的改革，教学才能成功、才能发展，才能使原本平常不过的教学方法的价值得以放大，得以延伸，进而触及教学的本质层面。

问题很明显，方法很简单，教学改革无论是整体的还是仅仅只是一点点，只有信任与坚持才能有所发现。

（二）“画”之不尽

曾经，教师基本功得到很大的重视，以普通话、三笔字、简笔画为代表的教师通用基本功热过也冷过。可是，对教学的帮助到底有多大呢？面对这些并无新意的教学传统，是否有纳入教学改革范畴的必要呢？

临朐县城关街道北苑小学的于化红老师将简笔画辅助教学坚持了下来。于老师的小学英语简笔画辅助教学法，就是用简笔画来辅助小学英语教学。这里的简笔画是通过目识、心记、手写等活动，提取客观形象中最典型、最突出的特点，利用一些简单的几何图形，组合成一些幽默风趣的画面，以创设尽量真实的语言情景来实施教学的一种手段。简笔画用“画——英”取代了“汉——英”的思维方式，克服了单纯将英语译为母语的传统教学模式的束缚。那么，简笔画进入教学是否必要？如何为之？又怎样才能产生效应和意义呢？

于老师借用简笔画的造型规律，体现简笔画象形特点，让英语具体化。

一是概括性。抓住物体最显著的基本形状，用简练、流畅的线条概括出来，从而把物体简化成由各种形态的点、线、面组合而成的虽简约却神似的物体形象。如同样一个头型,画老人和小孩的主要区别在嘴巴和皱纹上。

boy　girl　grandpa　grandma

二是可识性。通过比较和鉴别,找出同类物体之间的差异和不同类物体的各自特征。如画大象,要选好角度突出大象的长鼻子;画骆驼,则要突出它的驼峰。利用简笔画还可以直观地区分一些近义词、反义词。如方位词 on 和 over 的区别,靠汉语解释,既麻烦又难理解,采用简笔画则一目了然。

三是示意性。对物体从外形轮廓到各个部位进行提炼、概括,再抓住特点做适当的夸张,使其成为既简单而又富有个性特征的物象。如下图:

fat　thin

教学中,巧用简笔画的基本笔画画出简笔画。因为简笔画的基本笔画是线 、角、方、圆,利用这些笔画便可以组合成英语课堂上所需要的图形。如:

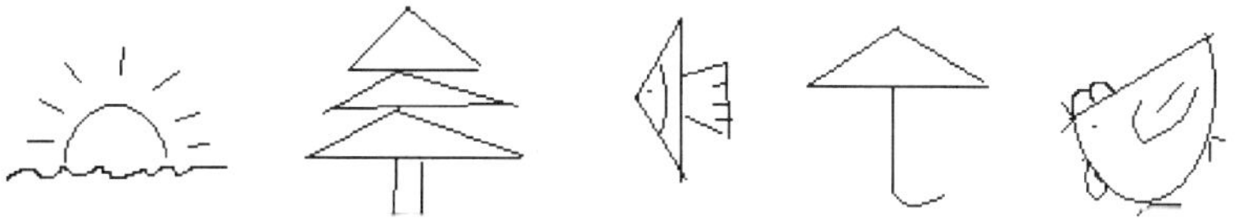

sun　pine tree　fish　umbrella　hen

再看一个圆的变形:

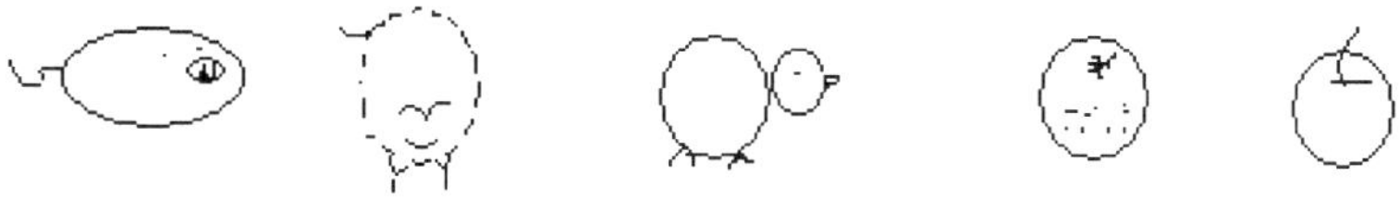

pig　sheep　chick　orange　apple

一个方形的变形:

book　desk　TV　computer　radio

简笔人物画要把握住最能体现人物活动的那一瞬间的动作，经过加工，画出所需要的图形。如各种运动的造型：

play table tennis　play basketball　play football

于老师活用简笔画与多媒体技术的整合，丰富训练内容，拓展训练空间，扩大课堂知识容量，提高课堂教学效率。

教材中有些内容仅靠简笔画还不足以更形象、更直观地去理解和学习，这时，简笔画与多媒体技术的整合就显得更有说服力。如第二册 Module 7 Festivals 一模块，虽然这一内容都可运用简笔画，但节日的一些喜悦气氛却很难表现得更贴切，于是，于老师把简笔画放到课件中，用多媒体向学生展示了一个“Christmas Day”的全部活动场景，并配上“We wish you a Merry Christmas”这首歌。在这一过程中，多媒体课件使简笔画动起来、活起来。两者优势互补，丰富了训练内容，拓展了训练空间。

当然，在简笔画教学的实施与应用中，并非单纯地“随遇而用”，而是进行精心的设计，体现出贯穿于整体教学过程，引领学生学习的整体学习目的。走进于老师的课堂，有这样五步使用法：

一是“画——读”法。在教学单词、短语时，先画出该事物的形状，以平面化、程式化的形式让学生先感知它，而后学它的读音和书写。如新标准英语第二册第五模块，主要学习：get up，go to school，have lunch，go home， watch TV，go to bed 六个短语，并能根据实际情况，向别人介绍一天的活动。从“起床”入手,逐一画出下面六幅图,短语和活动情况很容易呈现出来。

简笔画还有助于课文的整体教学。如讲课文前先改编教材,或缩写课文,或长篇故事改成故事梗概,或剧本改写成短文,让原来的课文既简单上口又容易被听懂。然后根据改写的内容编绘一组简笔画。讲课时,边画边讲。遇到生词时多勾勒几笔。

二是"画——写"法(或"写——画"法)。这是一种形象记忆法,通过画出该事物的图形,从而在单词和事物之间建立联系,通过视觉效果加强记忆。如 tree、house、apple 等很多单词都可以迅速画一个图形后再写单词。为了考查同学对单词的掌握,还常用老师写出单词,学生画出相应的图画,或学生写出单词,老师画画的方法。

三是"画——猜"法。这种方法像做游戏一样,让课堂充满了智慧与挑战。如学习现在进行时时,于老师就在黑板上画了一只松鼠,并问学生:What's this? 当学生回答出:squirrel,于老师就继续问:What's he doing? 于是有的学生猜:playing football\playing basketball,有的猜:listening to music\watching TV,还有的猜:taking pictures 等。当于老师再画上一根长长的风筝线时,学生就马上回答出了:flying kites.在这一过程中,学生的注意力和好奇心都得到了满足,积极性也被调动起来了,现在分词的用法很快就学会了。

四是"读——画"法。即老师读词语或句子,学生画出代表该词语的简笔画来,这是一个思维升华的过程。它要求学生在对所学知识能够快速加工、整合、创造,做到文图结合,这样有利于培养学生用英语进行思维的能力。如学完第二册有关方位in,on,under的用法后,于老师就安排:于老师读单词,你们小组合作创作一幅画来表现这几个方位词的用法,很快一幅幅图画交上来,无论是树上的窝、窝中的鸟,还是树下的鸭,方位词的运用非常正确。

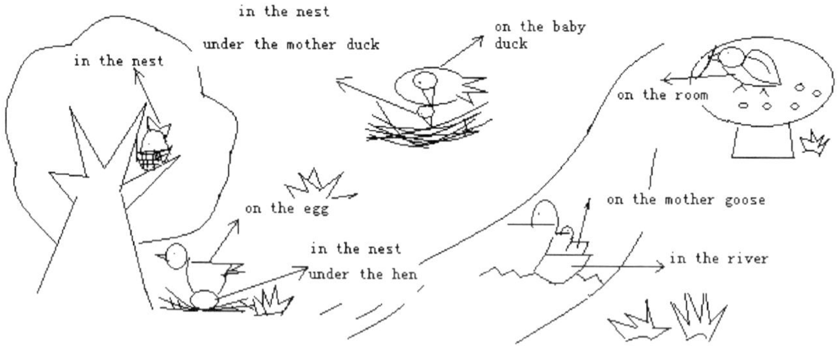

五是"看——画——读——写"综合法。此法考查学生看图说话,看图写画的综合语言运用能力。老师在黑板上画出一幅简笔画,学生通过自己的观察明白这幅画的含义后,模仿老师的读音读出单词,进行读写训练。如学习单词deaf和blind时,学生很容易混淆,通过"看——画——读——写"一系列过程,就从本质上区分开来。

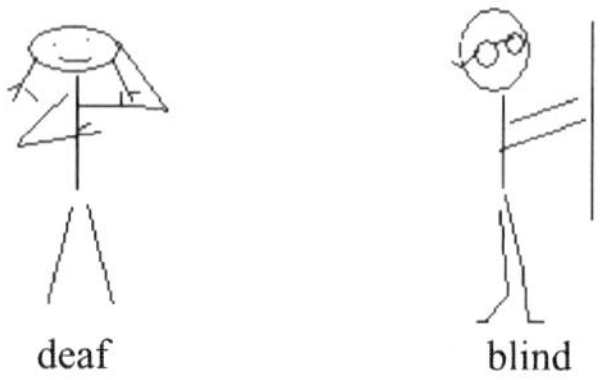

看来简笔画虽然简单,但是手法新颖,趣味性强。英语是陌生而抽象的,而简笔画却让英语活了起来。小学学生年龄小,课堂上总是对直观形象的事物感兴趣,诙谐风趣、图文并茂、生动活泼的图画呈现在黑板上时,学生的眼睛为之一亮,产生了强烈的表达欲望。简笔画帮助教师抓住了学生的兴趣,让英语学习走向了简约和容易。

于老师和她的同伴们说:“在英语教学中,坚持用简笔画教学单词或课文,有时会让人一下子觉得茅塞顿开,原来很多生词靠死记硬背才能记住,现在只要一想到图形,单词张口就来,学生的学习热情高,效果好,课堂自然也有了生机和活力。轻松活泼的课堂氛围使师生配合默契,不知不觉地完成了教学任务。”

而教学实践也证明,运用简笔画教英语,学生的成绩提高很快,特别是对单词记忆的效率大增。据统计,2008 年、2009 年学生毕业考试,运用简笔画教学的班级英语高分段人数占高分段总人数的 80%以上。很多升入高年级的学生在提到小学英语的学习时,很自然地提到英语老师的简笔画。他们由衷地感到:是简笔画让他们有效地把单词的音、形、义结合起来,牢牢地印在了脑海中。采用简笔画情景教学法教课文,一篇 200 词左右的文章,学生在课堂上用三十多分钟就可背出来,而且记得很牢。

的确如此,虽然仅仅是一种简笔画的方式,但它可以让学生与语言材料之间形成联想,实际就是对语言材料进行了编码,如同给商品贴上了醒目的标签。如此一来,在任何课型和任何教学环节中都可以找到应用空间。

简笔画教学是成功的,成功背后又有什么更有意义的启迪呢?如果没有积极而热情的实践,我们能够发现简笔画辅助教学之后巨大的教学效应吗?或许可以自问,如果让我们从一开始就要运用简笔画进行英语教学,我们会信任并且一往无前地实验验证吗?

教学是具有研究性的,教学的每一天都意味着改进和创新,然而,这种改进和创新却不是标新立异、巧立名目,而是基于学生发展需要,坚持有效的策略,坚持简单却真实的选择,即便初始阶段我们并非情愿,即便这并非完美的选择,但是对真实效用的追求仍是最具教学德性的,是研究的一种常态。

(三)“合”则有道

课堂应有的走向是什么?特别是面对学科内涵挑战时,如何将学科特点发挥出来,并运用课堂优势呈现出来,是成功教学的关键,而二者的统一,只有在实践中才可以得到思维依据。

基于语文学科人文性与工具性相统一的性质，结合国内主流版本语文教材以主题单元编排的实际，我们采取了一种“单元推进，学生自控，课内外结合”的教学法，以快速阅读实现海量积累，以学生自主的课内外学习实现迁移应用。

寻找回来的课堂精彩

这是一种“单元引领”教学法的课堂。这一单元是关于“爱”的主题单元，教师希望用一节课的时间即完成整个单元的教学。显然，这样的教学假设是需要学生认知与情感的高度投入。因此，那节课，教师用一个故事导入单元阅读。

有这样一位男孩，他九岁之前，父母视他为掌上明珠，是那么的疼爱他。后来有一天，他的爸爸和妈妈去了一趟医院后，妈妈变了：整天对他冷言冷语，甚至破口大骂，也不给他做饭了，他只能自己痛苦地生活。半年后，妈妈去世了，他没有哭，甚至有一点解脱的兴奋。

三年后他有了继母，他的继母对他非常好，因为他有很强的生活能力，继母和父亲都夸他很懂事、很会疼人。十五岁他进了县重点高中，考上高中了要交大笔的学费，继母和父亲都为这笔学费而发愁，突然间父亲眼前一亮，说：“你母亲在去世之前给你留下了一个铝制的盒子，要你在上高中之前打开它看一看。”他气得要把那个盒子剁碎，但后来他打开了。里面是几张信纸和一张存折，信上面这样写着：“儿啊，当你看到这封信的时候，我已经离开你六年了，妈妈得的是绝症，肝癌，我们在一起的日子不多了，你要学会照顾自己，当我用锅铲打你的时候，我的心有多疼？我爱你，我多想拥抱你，像原来一样。当你睡觉的时候，我偷偷地坐在你的床边看看你的屁股还肿不肿。儿啊，这五千块钱是你姥姥为给我治病凑来的，我想用在我身上没什么用了，我留给你上高中、上大学用吧，可能不太够，但是我的儿现在已经自立、自强了，你去打工自己挣钱的话，也能养活自己了。我想让你恨我，是要你喜欢上你的继母。儿子，我爱你……"

在学生的泪光中，他们被这位母亲伟大的爱感动了，认识到：爱是无私的，父母的爱更是这样的伟大，爱其实就在我们身边，有那么多人关爱我们，我们也在付出真爱。由此自然引入第五单元——爱的篇章。

接下来，为了让学生更清晰地从整体上把握这一单元的内容，学生识读课题："十六《爱如茉莉》、十七《月光启蒙》、十八《爱因斯坦和小女孩》、十九《谈礼貌》"；再倒着读回来"十九《谈礼貌》、十八《爱因斯坦和小女孩》、十七《月光启蒙》、十六《爱如茉莉》"。学生就对整个单元课题有了通感。

这四篇课文不仅文字优美，感情也是那样的丰富细腻。于是教学进入学生实践的第一个环节，整体朗读课文。在快速朗读的过程中，很容易遇到生僻字等难题，于是老师提出了这样的要求：第一，同桌一起读，可以随时寻求帮助；第二，不动笔墨不读书，让学生拿着笔，边读边进行勾画，提出疑问，或者写出第一感受来；第三，读完一篇文章后要稍加思考，每篇课文都写了什么样的情、什么样的爱呢？

于是，同桌两个学生合作开始了快速阅读。这时，教师也拿出课本，认认真真地和学生一起读书，很快地，师生沉浸在了忘我的读书中。

十五分钟以后，四篇课文读完了。学生洋溢着收获的欣慰和跃跃欲试的激情。教师鼓励了学生的读书态度和能力，于是一起解决读书前提出的问题。在交流问题的过程中，是以同桌的形式两个同学一起来交流的。

在关于"每篇课文都写了什么样的情、什么样的爱？"这一个问题时，"范榕明"组（学生自己确立的小组名）说的是："第十六课《爱如茉莉》讲的是真爱，第十七课《月光启蒙》讲的是母爱，第十八课《爱因斯坦和小女孩》讲的是友情，第十九课《谈礼貌》讲的是友爱。"虽然不完美，但是也赢得了掌声。

针对这一单元四篇课文的各自主题，师生之间进行了深入的交流和探讨，认识到这几篇文章有的讲的是夫妻之间的真爱；有的讲的是母亲对孩子的无私的爱和启蒙；有的讲的是忘年交，也可以说是一种友情，它不分年龄；还有的写了对待别人应该做到有礼貌,礼貌待人。

由此,第二个单元整体教学环节开始了。

这次是快速浏览四篇课文,然后“四人小组”(由读书的二人小组变化为四人小组)共同来讨论学生和老师一起提出的四个问题。第一,为什么说“真爱如茉莉”?你认为自己父母之间的爱如什么?第二,“启蒙”应该怎么来理解?文章题目为什么是“月光启蒙?你想为文章起个什么题目?”第三,在爱因斯坦和小女孩的故事中,你认为爱因斯坦是个怎样的人?从哪里看出来的?第四,人要讲礼貌,那么礼貌待人有什么好处?你是个有礼貌的人吗?你打算怎么做?”

每个学生都是自己先快速浏览课文,自己先埋头读书并尝试着思考解决以上问题;在每个学生充分思考并有了自己的观点以后,组长带领各组进行讨论,充分讨论完以后,各组登台展示讨论的成果。程序是:组长抽签——各组抽题或选题——全组成员登台合作展示。每个人都要发言,让每个小组的每个学生都有充分发言的机会。

小组充分讨论后,全班的交流开始了:

师:小组抽签决定汇报顺序。组长起来报一下号,(1、2、3、4、5、6、7、8、9)一题5星,二题5星,三题5星,四题5星。

师:1号做好准备了,你们组上来要先交代选择的是哪些题目,然后回答。大家来当裁判,根据你们的回答各组伸手示意你们所得的星数。

生:(1号组长)我们组要展示的是四个问题,每人一个,第一个问题由辛卓颖来回答。

生1:为什么说真爱像茉莉?我认为茉莉是纯洁美好的,爱就像茉莉一样纯洁又美好;我认为自己父母之间的爱就像这淡淡清香的茉莉,我爱自己的爸爸妈妈。(鼓掌)

生:(1号组长)第二个问题由张明州回答。

生2:我回答的是第二个问题“启蒙是什么意思?”我认为启蒙就是最初的教育。为什么这篇课文叫月光启蒙?因为这是在月光下母亲对孩子最初的教

育,我认为新的一个题目可以叫《月光下的母爱》。(鼓掌)

生3:爱因斯坦是一个怎样的人?我认为爱因斯坦是一个慈祥的、谦虚的、会接受别人批评的人。(接下来第一小组依次汇报了自己的学习结果,小组内还有补充)

生:(1号组长)大家有问题吗?先问我们的4号吧。(其他组的学生提出了问题)

生4:我回答的问题是:"礼貌待人有什么好处?你是个有礼貌的人吗?"首先我回答这个问题中的第一个问题,我认为礼貌待人的好处很多,这样会使别人也用礼貌来对待你,有人说:人与人之间的交往就像一面镜子,你对他笑,他才会对你笑,所以我们要对别人有礼貌。(鼓掌)

生4:我再回答这个问题中的第二个问题,我认为我是一个有礼貌的人。师:我有意见,你得举例子,你怎么有礼貌了?哪儿能看出来呢?同学们是不是从她的回答问题当中看到了?她回答问题完整不完整?例如:"我回答的这个问题的第一个是什么?第二个是什么?"你看人家回答问题有条有序的,再来给她点掌声。

(热烈鼓掌)

师:好了同学们,这是他们组的理解,可能你还有意见,不要紧,下面还有机会呢!师:各组商讨亮出你们的星数。哎呀,心善点吧,别在那苛刻了,能得多少?这是乔乃松组,"二十一颗"、"二十颗"、"十九颗",十九颗……

师:就十九颗了。

生:(1号组长)谢谢大家给我们的星数。(鼓掌)

接下来,各组的汇报异彩纷呈,掌声不断,各个小组之间也是在自主地提问交流着,课堂一时间成了学生自己自由活动的场所,而且交流的深度足以达到对单元主题、对课文内容的深刻解读。

第二组的学生说:"我们回答第三个问题,爱因斯坦是个怎么样的人?和第四个问题,礼貌待人有什么好处?你是个有礼貌的人吗?"现在是第三个问题:我认为爱因斯坦是一个谦虚的人,因为他虽然获得了很大的成就,但是他很谦虚,谦虚地接受小姑娘的建议。我认为爱因斯坦是一个……就像她说的一样,他非常的谦虚。(学生边读书边解释)因为他非常相信这个小女孩可以帮他纠正自己。

“现在回答第四个问题:礼貌待人有什么好处?你是个有礼貌的人吗?”礼貌待人可以交到很多的朋友,如果你尊重别人,别人就会尊重你,我觉得我不是一个太有礼貌的人,因为我以前给别人起过外号。

第三组的学生说:“我回答的是第一题,我认为爱如茉莉,真爱是不需要太多修饰的,就如一株茉莉,存在无奇,只需要对对方默默地付出就行了;我的父母的爱,就如玫瑰,有时会有刺,小小的争吵。”(掌声)“我回答的是第二个问题,启蒙的理解,我认为启蒙是母亲对孩子传授知识,最初的教育。为什么称为月光启蒙?因为母亲是在月光下传授孩子知识的,给予教育的,所以叫月光启蒙;我觉得还可以用《我的启蒙老师》这个题目。”“我回答的是第四个问题:礼貌待人有什么好处?你是一个有礼貌的人吗?俗话说得好‘礼到人心暖,无礼讨人嫌’,礼貌待人可以在人与人之间搭起一座理解的桥梁,减少互相的矛盾。(有关周总理的故事)第二个小题‘你是一个有礼貌的人吗?’我觉得我不是很有礼貌,因为见到熟人或者老师都不敢打招呼。”(鼓掌)

第四组、第五组、第六组……伴随着一组一组学生的交流,课堂也临近了尾声。为了提升学生的理解,教师最后提出:归纳关于“爱”的四篇文章,你对“爱”有什么整体的理解?学生畅所欲言后,教师提出课下后大家要找到更多关于“爱”的文章和书来读,并期待着下一节课的交流,师生在“爱”的歌声中结束了课堂学习。

纵观这一节课,师生共经历了这样六个学习活动:

活动一:故事感染,开篇以“异样的母爱”打动学生,让他们懂得爱的无私、爱的伟大,学会理解、珍藏“爱”,调动学生内在的情感与动力,为单元学习做好铺垫。活动二:同桌互助读课文。学会二人合作,与同桌相处;做到步调一致,互相监督、帮助,加快阅读的速度。活动三:自己思考问题。先是学会独立思考问题,提高独立解决问题的能力。活动四:小组讨论交流。学会与多人合作攻克难关,训练小组的团结意识。充分交流各自的理解,学会容纳,学会舍弃,学会查找。活动五:登台展示。一个也不能少,每个人都有说话的机会。学会选择,锻炼胆量,提高语言表达能力;张扬个性,学会接受别人的评价,训练心理承受力。在这一过程中,学生的交流、思维游走于四篇课文中间,倾吐与倾听完美结合。活动六:感受、提升。寻找学习方法,引领课下学习。静下心来感受,寻找那一份感动,学会体会,学会爱。

课堂的精彩就在属于学生的这六个环节之中,虽然是一节课的时间,虽然是四篇课文,我们看到了学生的真实收获,看到了学生游刃有余的自主学习。

匠心独运中的思想支撑

仅从环节上来看,结合这一节课的精心设计与组织,又体现了许多特殊的价值,而且这些价值又蕴含着这一教学选择的独特思想。

1.“单元引领”教学第一课时教学环节

第一环节是以学生真情的激发来导入新课。教师一般以感人的故事或吸引孩子的事件引入,本单元教师生动地讲解故事“母爱凶狠”引入第五单元“爱篇”的学习。这一种异样的爱具有感人至深的力量,学生被深深地打动了,此时,学生自然就深入到教学过程中来,这就为接下来学生的自主、主动学习做好了情感上的铺垫。

第二环节是齐读本单元所有课题正反两遍。这一环节看似呆板,而且对小学高年级学生来说,单纯读课题没有什么意义。但是,结合单元教学细细想来,又是如此的必要,通过正反来读课题,可以让学生试着将课题记到心里去,强化学生的感性认识。

第三环节的字词学习是通过分组合作来完成的。这里有三个要求,而每一个要求的背后,都是有利于学生的单元整体学习和学生的小组内自主学习的。

要求:(1)组长带领组员共同拼读本单元一、二类字各两遍。(2)每个字试着组两个词。(3)读课后的词语两遍。

汇报展示学习词语情况(一般以多种形式,加快学习的步伐)。方式:(1)

课件出示所选部分字、词，检查读音——试着给所选生字组；两个词——试选一个喜欢的词语造一个句子——用一口气试读重点词语（正反试验，激发学生的兴趣）。（2）每个学生分别读生字、生词（开火车）——造句。（3）以小组齐读某一课的形式，分小组读完字词，试选一个喜欢的词语造一个句子。（4）最简单的操作是：各小组端起课本分别试读字词——选代表词造句。

动笔描红生字。（教师这时候巡视，有针对性地重点作了指导）

第四环节是让学生专心听范读，初步感受每篇课文的内容。

第一个要求是："不动笔墨不读书。"（1）将自己读不准的字边听边注音、标自然段。（2）用波浪线画出你认为写得最好的地方（每篇课文）。

第二个要求是组长带领组员交流听读情况。各自说说画波浪线的地方好在哪里？

2."单元引领"教学第二课时教学环节

第一环节是师生自读课文，整体把握教材。一般要求是：（1）同桌一起读。（2）初步思考：四篇课文各写了什么"爱"？（3）教师是学生的榜样，要和学生一起专心读（在黑板上随时记录合作好的同桌的名字，激励他们）。然后汇报自读收获。（让学生畅所欲言，各组展示，得星级标志）

第二环节是以来自学生或者教师的重点问题引领，深入自学，分组研讨，体会表达。

如本课中课件出示：（1）为什么说"真爱如茉莉"？（2）"启蒙"是什么意思？为什么文章题目为"月光启蒙"？你想为文章起个什么题目？（3）你认为爱因斯坦是个怎样的人，从哪里看出来的？（4）礼貌待人有什么好处？你是个有礼貌的人吗？你打算怎么做？

学习要求是：（1）组长带领组员认真阅读重点问题两遍。（2）针对问题，每位同学首先自学（需要用到笔、笔记本）。（3）各组组长带领组员通研、讨论解决问题。

然后是小组汇报展示。程序包括：教师提前准备好题签、音乐——1 号抽签决定展示顺序——2号抽题——各组登台解答所抽题目。要求：(1)全员参与，上台、下台有礼貌。(2)回答问题要完整，有条理。(3)展示方式：可以加音乐叙述出来；可以用朗读读出来；可以合作演出来，用自己组的方式表达。

第三环节是随机渗透，根据课堂上的需要或者生成性的问题，作一随机的引领。这一单元的教学随机渗透的是：

第一：采访同学：你感觉或希望自己父母之间的爱像什么？举例说明。

第二：童谣那么美，让我们共同来阅读感受。

第三：谁还知道爱因斯坦的其他故事。(我比别人先知道)

第四：共同识记《礼记》，介绍推荐"礼记小故事"的书籍，课下阅读。

第四环节是拓展延伸，将单元教学与单元基础上的阅读进行延伸。这节课安排的是：

(1)让我们一起来倾听！让我们一起来欣赏！播放《最浪漫的事》歌曲；欣赏爱的镜头图片；教师总结解说。

(2)动笔给你的父母或老师或同学……写一封信，告诉他们，你有多么爱她(他，他们)；你心中的爱；你的心里话。

(3)让学生读自己的真爱。(伴着音乐)

最后是总结提升，引领学生的课外阅读，这也是"单元引领"教学价值实现的最为重要的一个环节。

由此可见，"单元引领"教学的重点在于"单元"教学和"引领"教学。

"单元"教学目的在于结合语文教材单元来整体组织教学，并根据这一单元的主题来选取语文主题学习的文章课内学习，以及让学生自主选择与本主题相关的其他文章实现课外学习。"单元"性质的教学不仅是语文教材和学生学习需要的选择，也是根据潍坊市的主题学习实验而采取的教学方法。

"引领"的目的在于实现四个引领：一是"课程对教学的引领"，这是因为，这一教学法中的单元代表课程是单元引领下的教学,实际上是先由教师对课程有了整体把握才来组织教学;二是“整体对个别的引领”,这是因为,单元教学考虑的是整个单元的主题和特征,学生从一个单元为整体进行学习,在这一基础上再来分析个别课文;三是“课堂对课外的引领”,这是因为,这一教学法以单元快速阅读作为学生能力的培养点,学生在课堂上学会方法,培养兴趣,可以在课外读更多的书,获得更多的语文知识;四是“学生对过程的引领”,这是因为,这一教学法强调学生的自主、互助学习,学习的进程、学习中课文的补充、学习的评价等都由学生控制,所以学生自然成为语文学习的主体。

生命整体即教学价值

教学的价值在哪里?仅仅是整体推进一个单元的教学就可以了吗?其实,无论是一节课一个单元、一节课一本书,还是一节课只教学一个字、一个词,都可以产生应有的教学价值。而以“合”为基点,选择学生的整体认知发展来重构课程与教学是关键。

透视语文“单元引领”教学法所呈现出来的“爱”的单元教学,我们能够发现语文教学走向学生价值的基本途径。属于学生的教学价值的流程是:教学首先要“顺应性情”,顺应学生的情感;要让学生“获得方法”,学会自己去学习;要让学生“积累兴趣”,积累从方法得来的内在兴趣;最后要让学生“形成习惯”,形成一个自觉学习的习惯,通过方法和兴趣进入审美自觉的学习状态。

价值起点是“顺性情”,即顺应学生成长天性与成长需要。“爱”的教学显然极大地关注了学生的性情。“顺性情”是第一位的,《中庸》说:“喜怒哀乐之未发,谓之中;发而皆中节,谓之和。中也者,天下之大本也;和也者,天下之达道也。致中和,天地位焉,万物育焉。”致中和,才能使天地万物更加适应,对于学生的发展来说也是如此。当学生的感情没有激发出来的时候,他是一个平静而平庸的状态,当我们把学生的感情激发出来的时候,一定要顺应学生的年龄特点,一定要顺应学生的认知前提,有些时候教学无法有效调动学生,无法让学生有效地参与,学生的主动学习不能够正常地展开,是因为教学的感情激发不适合学生，没有达到一种中和之态。

怎样的教学才是“顺性情”的呢？第一点是看教学是不是“因学定教”了；是不是根据学生的需要来确定教学内容；是不是根据学生的情感需要、认知前提来思考教学的实践策略。而不是单纯根据教学内容，根据这节课需要教这篇课文，就开展教学了。是根据学生现在会的是什么，不会的是什么，他们的兴奋点在哪里，最近发展区在哪里等，由此来设计教学。第二点是看教学是不是“因势利导”了。当学生自主学习的时候，当学生把学习当成自己的事情的时候，学生才真正产生需要教师帮助的欲求，而此时最需要教师把握“点”与“度”：学生的哪个地方还需要提高，哪个地方还需要发展，有时候学生自己可能说不出来，也意识不到，但是学生是会遇到困难的，这就需因势利导。第三点是看教学是不是“因材施教”。因材施教是看到学生的发展需要，看到学生在哪个方面更需要教学，更需要有针对性地引领。不同学生的需要是不同的，那么，当教学能够贴近学生需要，能够把握学生兴奋点的时候，才能够唤醒学生的情感，才能够引起学生有意义的学习。

价值智慧是“得方法”，让学生获得学习自主自控自动的能力和兴趣。当学生获得方法的时候，他才能够收获成功的喜悦，他才知道自己怎么去学，怎么去享受学习，他才能够享有兴趣。其实，方法才是兴趣的前提。很多学生之所以厌学，并非始于先天，是因为苦于找不到好的学习方法，费了好多劲儿，下了很多功夫，但是效果却很不好，久而久之，学生的学习兴趣就丧失了。教学是方法之教，方法之教是智慧，也是教学的价值所在。

怎么获得方法？有一本关于学生学习方法的书，介绍了600例方法。600多种方法都需要学生获得吗？获得了没有问题，但是单单那些方法就非常复杂，不同的学科，不同的程度，不同的层次，不同的分类，教学何以应对？学生何以应对？如果每一节课要教给学生两三种方法，是没有作用的。方法是在尝试与体验中得到的，是学生在自觉主动的学习中逐渐发现、使用并固化的，教师的职责在于学生方法固化全过程的有效促进。

价值走向是“积兴趣”，让兴趣凝聚成为一种学习状态。当学生有了方法的时候，我们才能够说学生逐渐地迈向兴趣。兴趣是最好的老师，这是最简单的一句话，最耳熟能详的一句话，却对教学有很深的启发，当学生有了兴趣，学生才能够逐渐形成学习习惯，逐渐将学习作为自己的一种自觉的行为，当学生有了自主、有了自由，教学就有了足够促进学生发展的空间。兴趣也是有层次的。入情入境，使教学变得有趣，使得学生喜欢，这是第一层次的；当学生觉得教学过程有趣之后，就要引领学生走向方法，当学生有了方法之后，他才能够从这种感官上的、直接的有趣变化为一种发自内心的乐趣，对学习才能够乐此不疲。科学家进行科学研究，夜以继日，乐在其中，这是责任感和研究乐趣的整合。从方法到乐趣，教学还需要有目标，有激励，让学生形成一种稳定的志趣。经由“有趣”到“乐趣”再到“志趣”，这是关于教学兴趣的三个层次。

价值境界是“成自觉”，即让学生在学习中快乐成长并对此心向往之。应当说，学生参与教学过程并且习得知识、形成能力，实现了初步的内化与自主建构时，他们的学习仅仅是一个开始。对学生来说更为重要的是精神的提升，是对于所学内容的自觉自愿的观照，这个时候，对于学生学习状态包括身心自由发展的透视与引领体现的就是教学的智慧。也就是让学生的认识与情感从无序、他律走向自律而进入自由的阶段，而精神的自由无疑就是学生生命整体性发展的境界，是不存在技巧、不留痕迹的认知与情感的真正统一。真正的教学是“移情”和“忘怀”的，师生都在摈弃了功利、摈弃了私我、摈弃了形式的境界里进行情感和精神的自由遨游。

让学生感觉在课堂上是有我的，当学生在课堂上看到自己，感觉到自己的存在时，他才能够有责任，才能够去学习。我们经常说要培养孩子对家庭的责任，对学习的责任，对社会的责任，但是，当一个孩子在家庭当中，在学校里，在社会上感受不到自己的位置，感受不到自己的重要，感受不到作为一个人的地位与作用在哪里，这时让他培养责任只是一句空话。在教学当中也是如此，教学环境关注到每一个学生的时候，学生的自尊感得以成就，他就拥有自信了，拥有自觉意志了，拥有信念了。当学生的习惯形成的时候，学生就能够自觉地学习了，如此的教学，才是“从心所欲，不逾矩”的，才是师生“乐此不疲”的真实的教学。

(四)“加减”自有深意

两位教师在不同学校、不同学科中的教学带给了我们很多反思和争议:

一位小学语文教师仅仅用了开学不到一个月的时间,就带领她二年级的学生学完了江苏教育出版社、人民教育出版社、语文出版社三个版本的语文教材,并且不布置家庭作业。在剩余的教学时间里,教师带领学生进行了大量的课内阅读。从《三字经》到《千字文》,从《论语》到《老子》,学生在课堂教学以内海量地阅读,大量地背诵,在经典诵读中感受着文字的魅力,体验着与书相伴的童年乐趣。语文课堂成了书的海洋、阅读的天堂,学生的阅读量超过了课程标准规定数量的几十倍。语文课堂做足了加法。

一位初中数学教师仅仅用了一个学年的时间,就带领学生学完了初中三年的数学内容,整个学习过程主要是依靠学生的自主学习来完成,教师不布置任何家庭作业。在这位数学教师三年的数学教学中,剩下的两年带领学生去寻找数学的乐趣,借助数学教科书学习过程中“框架推进”的理念,让学生从生活化的角度、从哲学的高度投入数学中,学生体验数学的快乐、享受数学的艰难,在思考中领悟着生命的成长。大量的数学问题进入了他们的数学课堂,三年初中数学学习,学生研究过的数学问题超过教材几倍。数学课堂做足了加法。

然而,新一轮基础教育课程改革对于课程内容的改革目标是:改变课程内容“难、繁、偏、旧”和过于注重书本知识的现状,加强课程内容与学生生活以及现代社会和科技发展的联系,关注学生的学习兴趣和经验,精选终身学习必备的基础知识和技能。课程改革的理念是要求学生学会做减法。

回到这两位教师的实践中,我们看到的是教师做了加法,将改革后的课程进行了恣意的增添,其中当然不乏“难、繁、偏、旧”,而且对于书本知识的重视也是有些“过于”的。这应该吗?

其实,在教学加法还是减法的问题上,我们还是需要寻找足够的理性和赋予足够的辩证思维的。

课内大量阅读，甚至超过课程标准几十倍的课程内容增加以后，从形式上看是做了加法，而从语文学科教学的本质上来看，则又有了做减法的妙处。课堂内教师带领下的海量阅读，实际上做了对语文教材的删繁就简、大道归真，教的过程已经不再繁杂，不再越俎代庖地面面俱到，而是直接指向学生阅读学习的根本，让学生与阅读直接对话，课堂是学生自己的、书是学生自己的、读书是学生自己的，在读书中的成长与发展也是学生自己的事情。这样，学生的书读得多了，而课堂却变得简单了，而学生综合素质的发展却能够实现更大的超越。自然，这是一种对学生日常生命状态进行干预的教学，学生的成长在“自发”的轻松与愉悦中实现了。

然而，对于以思维能力培养为主的数学课堂，是否也如此呢？在这位以“框架推进”来带领学生高密度学习数学的教师那里，数学课上，学生无论是做题还是进行更深层次的思考、探究，形式上是在做加法。而在教学中，教师让学生用整体的、统一的眼光来看待数学时，初中三年的数学内容却变成了寥寥几个框架结构图式而已，当这些图式被学生自主地建构在脑海里的时候，学生的数学知识、数学方法、数学思想、数学智慧，甚至是数学哲学思维都达到了同步的生成。这不是在做减法吗？减法的前提是以一个整体的概念对课程内容进行形式上的累加，然后解构的结果。事实上，当学生的数学能力形成了，而且能够从整体、系统的意义层面来看待学习的时候，数学已经成了学生能够自己把握的事情，数学学习也变得趣味无穷。

大、多、整体、高度、综合、自反等的教学理念，事实上内含着的是教学的思维、方法的开放性，是对学生与学习内容之间的人本化关注。

而且，即使同一节课里的高密度、高难度，也并非单纯的加法，从过程到结果是能够实现双赢的。

然而，伴随着教育改革对传统的批判、对现实的反思，我们看到、听到的却更多的是对课程内容、教材文本量等的苛刻的批评，在多了与少了的问题上争执不休，却没有人愿意从学生那里论证一下。

正是这些反其道而行之的、勇敢的教师，在激情投入教育改革的过程中，从教育发生的地方找到了实践支点。支点就是学生，就是对于真实的学生的真实的理解和付出。远离了学生论证教育问题是走不通的，没有过激情投入的“冷思考”是可怕的“冷漠”，当我们在改革前进的行程中不断遇到“冷思考”者的时候，还是和教师们一起问一句：你曾经热烈过吗？

五、圣徒

学生的成长是一个沿着人类的智慧重新走一遍的过程，学生成长需要教师在重新走一遍中的先成长。

多元成长，这是后现代主义者的基本主张。在乐陵实验小学，成长已经成为一种常态。

刘德芸老师在学校的课改氛围中开始以课程的视野重新审视以往的教学，渐渐看清了自己的不足，她的教学视野拓宽了，课堂驾驭能力提高了，对教材的把控也明显熟练了，再上课时就有居高临下、伸缩自如之感。她爱好文学，喜欢写作，以前看的文学书籍较多，课改后，她就有意识地研读一些专业书，并且接受任务开发“文学课 · 古文阅读”课型。2008 年，她将研究打磨这一课型的心得体会写成论文，以课程与教学相结合的方式成长起来。

韩玉珍老师的改革缘于一个暑假，课改组讲阅读课《跳水》，一个个地讲课，第一个人讲完，挨批；修改后第二个人讲，又挨批；再修改，第三个人讲，还是不行……李校长请名师指导，带领大家外出学习。但不久，她就看到了自己的进步。2009 年一次送课下乡，她为几百名老师讲课，异常顺利而且很成功，为她赢得了人生中第一次喝彩。也就在那时，她感觉自己得到了认可，受到了尊重，感受到了课改带给她的崭新变化。现在，她经常外出送课，讲授自己的课程主张，每次都广受赞誉。

2014 年，当学校的数学课程开发全面启动的时候，两位深度参与语文课程改革的语文老师兼任数学课，从过程上引领数学改革。

用学校的规划来看,第一年已经实现了数学理念和理论基础的内化,体现在将数学作为链“条状的知识结构来进行思维的体操训练”,并且将数学学习定义为“旧知上的自然生成”,而且是“每一个学生的自然生成”。第二年则是要求教师“一字一句地读课标”,从而完成教师数学知识体系的梳理,因为学校研究发现,教师自己的思维体系里往往没有知识体系,没有学科知识体系进行的课程改革,要么是“坐井观天”,要么是“妄自尊大”。

其实,引领教师深读课程标准,理解课程的过程,恰恰是重新赋予教师课程权力,让教师能够发出自己的课程声音的过程。

这就为教师的课程开发营造了一个后现代性的社区。

多尔认为后现代型社区是一个“没有人拥有真理而每一个人都有权利要求被理解的迷人王国”。后现代课程的实施不是在某条路上找到自己有关的问题,也不是一种沿着别人所规定好的路线前进的活动。课程应该由自我去建构。第一,抛弃线性的预定的课程。第二,抛弃“目标游戏”。使课程成为一种迷失的机会。第三,创造身份。带领学生离开机械单调预先设定的清晰可见的路线,而进入“迷途”,转向自己身份的创造。

学生的学习是师生通过不断对话而探究未知领域的过程,在不断探究课程过程中,真正的知识或观点不是预设的,往往在“未经探索的联系中”、在“半遮半掩和半透明的可能中”逐渐的创造出来的,课堂充满着神秘。同时,为了保证教学过程的高效,必须保证让学生能积极自主反思,积极与文本对话,创造出更多灵感;特别在学生与其他因素作用时有许多交接点,这些是具有催化作用的点,是“保持在学生能力成长边缘上”的点,教师在这些点出现时及时给予正确的干扰,把课堂教学过程引发一种有效的快乐。后现代课程的实施特点无不说明这是一个不可预测的充满魔力的世界,孩子在不断转向自己身份创造的过程中,遨游在快乐的王国里,

小威廉姆·多尔的后现代课程观在乐陵实验小学的课程人本化实践中得到了展示。

教育是一个过程,这个过程“没有固定的起点和终点”(小威廉姆·多尔),而是以师生的独立创造为旨归。乐陵实验小学以师生课程权破解了校本

课程开发教材化、特色化、功利化，枝繁叶茂却根基浅薄的倾向。

“只想做一名教育路上的朝圣者，追寻教育的真谛，营造美好的教育环境，让成为我学生的孩子们接受良好的教育，获得终生幸福的能力。”这是李升勇校长的教育独白。

在效率化、功利化、市场化影响下的学校教育逐步成为“唯特色”取向的“异形”，特别是2011年国家倡导普通高中特色发展的思路之后，一方面追逐特色成为一种常态，另一方面，给自己的学校安插、界定特色也成为一种变态化的发展。学校教育的特色是可以打造的，但肯定不是一蹴而就的，更不是一种标签。

其实，能够体现一所学校教育特色的唯有课程最值得发掘，而乐陵实验小学在课程开发中取得了极大的突破，却久久不愿也没有做出“特色化”的标识，笔者曾戏称，这所学校课程改革启动最早，课程改革的成果已经走向全国，到现在为止却没有属于自己的课程标签，甚至没有一个值得拿出来展示的课程体系。

究其结果，还是来自于那一批教育的“圣徒”对于课程价值本身的坚守吧。

课程改革之初，面临着诸多的困难。学校反其道而行之，要求学社成员采取自愿报名的形式参加，凡是申请参加学社的教师，每人必须预交1000元的押金，作为课改风险基金。并明确规定，自愿参加课改的成员，凡学校的教研活动、外出学习等，必须遵守纪律——不能缺席！无论什么原因，缺席一次就从风险基金中扣除50元，直到扣完为止。

截止日期，交钱报名的有11人。包括李校长在内，12人的“圣徒学社”成立了。

“圣徒学社”成立之日，也即开始了清教徒式的魔鬼训练之时——

每个成员必须做到“三当”“四要”“五有”“六做”。三当：生活中当“傻子”，搞课改就要放弃一些世俗杂念；学习中当“呆子”，潜心课改，心无杂念；工作中当“疯子”，只为课改，不争名利。四要：要有责任心，要细心，要有耐心，要有爱心。五有：有正气，有大气，有才气，有灵气，有锐气。六做：做一个胸怀天下的大写的人，做一个远离世俗的高雅之士，做一个宽厚仁慈的谦谦君子，做一个学识渊博的清贫书生,做一个立己达人的教育圣徒,做一个开拓进取的改革先锋。为了让社员们静下心来搞课改,不受外界的影响,也不因此影响家庭关系,“圣徒学社”要求每名成员跟家里签订“君子协议”,取得家属的支持。只有取得了家属的支持,课改团队才没有后顾之忧,才可以轻装上阵。

于是:

每星期一、三、五晚上五点半到八点半和星期六下午,是课改组学习时间。校长带领老师们逐字逐句解读课标、学习理论,领着老师们出去参加企业培训,聘请专家、学者到学校培训。只要有机会,他们就走出去学习外地经验,听专家讲座、名师授课;再就是静下心来读书,让老师上网。当时他们学校没有一台电脑,他就鼓励老师自己买电脑。平日里,社员们白天要上课,备课,改作业,处理班级事务,教研交流会就放在晚上和双休日进行。

学术讨论在晚上经常要到十点多钟,每次教研回家大家一路披星戴月,由此,他们的活动便不由自主地得了个诗意十足的名字——“星光论坛”。由于时间晚,有的老师亲人不放心,常常接人接到学校门口。别的学校是大人接小孩,他们学校经常是父母接刚刚从教的子女,丈夫接妻子,儿女接爸妈,大人接大人成为了全国学校独有的一道亲情风景。

由于条件有限,学校规定:外出学习100千米以内不在外住宿,早上走,晚上就要赶回来。李校长上车就开始布置学习目的、学习重点等,回来在车上就开始点名发言,交流讨论。他们出去学习一般坐中型面包车,他坐在副驾驶的座上。回来的时候,老师们发言他就侧着身子听,等到他总结发言时,如果冲着前面讲,他们就听不到,他只好回过头来说,可又直不起腰,只能跪在座位上回过身来给老师总结提升。

……

“圣徒学社”恐怕也只有在乐陵实验小学才能够得到这样的落实。这是一群真正的教育人在做真正的教育。

李零先生曾经斥责:古代有用《春秋》断狱,用《河渠书》打井。“文革”有用毛主席哲学著作养猪、打乒乓球。现在,则流行用《易经》算命,用《孙子》搞商战,用《论语》格言提高道德,当功过格。活学活用,既糟蹋书,也糟蹋人。

福柯则警示：事物本身背负起越来越多的属性、标志和隐喻，以致最终丧失了自身的形式。

小威廉姆·多尔提出的课程观：不确定性、异常性、无效性、模糊性、不平衡性、耗散性与生动的经验。

乐陵实验小学给出的答案：课程就是课程，研究教育就是用教育的方式去研究。

十多年过去，乐陵实验小学的课程开发经验回归真正的课程，回归真正的教育，继而破解了校本课程开发受制于官员、专家、媒体、时尚、生活而唯独不是课程本身的问题。属于学生的课程就此建构起来。

六、不再落后于时代

杰里米·里夫金在第三次工业革命的浪潮中重新发现并且定位教育机构为“世界上最落伍的机构”。

一方面，前沿信息、纳米技术、生物科技、地球科学、生态学、系统理论以及各种职业技能未能以超越社会的态势进入学校课程；另一方面，技术背景之下，许多人却忘记了“自然不该用像素来呈现”，树林里、山野中“最后的小孩”已经被电子媒体绑架。

无需过多地设想未来，我们所处的这个时代已足够引发我们对于“颠覆性创新”(克里斯坦森)的真切体验。

知识经济、后现代、大数据、云计算……这个世界在规整中变得界限模糊。虚拟与现实在结合，数据供应链突破孤岛，云计算规模无限膨胀，众包创新让行业无界，世界运营不再间断，一个个技术与观念突破人的认知域限在升级，技术超越技术的时代就这样存在着。达尔文说：大自然吝于突变而选择渐变。但是，我们却与一个突变的时代不期而遇。

突变的是时代，归因于这个时代现代技术上的颠覆性创新，技术创新的核心仍然是人的创新。

“实践发展永无止境，解放思想永无止境，改革开放永无止境。”“加快事业单位分类改革，加大政府购买公共服务力度，推动公办事业单位与主管部门理顺关系和去行政化，创造条件，逐步取消学校、科研院所、医院等单位的行政级别。”

这是《中共中央关于全面深化改革若干重大问题的决定》中面向未来的改革信念，教育会不会在学校外发生并被购买？学校教育的某些甚至若干领域会不会通过现代技术被“众包”出去？别忘了，“世界是平的”，学校就在其中。

“电脑硬盘、钢铁到重工业机械制造等行业的巨头都死于自己最大的优势，它们的错误在于做对了所有的事情。我没有战略可以告诉你，我只有一套理论：我无法告诉你怎么做，只能教你怎么想。”

这是克里斯坦森透视这个颠覆性创新时代给出的结论提出的策略。人有三种力量：管理力、领导力、影响力。如果我们对于个人的影响力还力不从心，那么至少应该对自己有面向未来的领导力，仅仅把规定性的事情“做对”是不够的。

我经常告诉学生，学习经济学重要的是对经济学里的规律重新发现一遍，顺着前人走过的道路再走一遍。其实，不仅仅学经济学如此，学一切学科都如此，都要重新发现一遍。这样，知识才会变成你自己的东西，才会应用，而不是食古不化。

这是茅于轼从怀特海《教育的目的》中扩展而来的人类学习的基本智慧：面向未来，关注足下，循着过程，重走一遍。学习的最终结果是“改变”，仅仅累积知识能改变自我吗？鸟在空中意味着飞翔，鱼在水中意味着游弋，人在学习中在于“重新发现”的过程。

将人类的文明“智慧复演”才有了真正的教育学，现代技术推陈出新并深刻地影响着学校教育的今天和未来，我们作何选择呢？

我们能不能在有限的时空里尽可能地重走技术产生的理论的、热点的、方法的、技术的过程，决定着我们能否在这个时代拥有教育所必须的时代性。

“技术改变教学”，这是无奈的选择。

如果我们对此表示怀疑，至少我们不会怀疑另一句话“教学会被技术所改变”。

前者意味着“人拥有技术”进而主动改变或者优化我们的教学；后者则意味着教学会被改变了的技术被动改变或者颠覆。

从学校教育现场来看，老师们从来没有停止对教学辅助材料、辅助技术的开发，曾经的教学挂图、四机一幕、导学案、多媒体课件等，都算得上是老师们做过、能做到的教学辅助材料或技术的运用。显然，与技术的发展相比，这些改革与创新远远落后并直接制约着教育的发展。教育与现代技术，特别是与学生已经大量触及的网络技术、平板媒体技术之间遮遮掩掩、若即若离，甚至相悖而行。

技术改变的是教学，用杰里米·里夫金的话来说，就是要通过技术实现分散的、小范围的杰里米·里夫金合作学习，一切技术都会大有用场，这就需要教师学习技术。

其一，深入理论，说服自己。理论学习的目的不在于理论知识的堆积，而是透过理论反思实践，形成自己的理论思维，触动自己的灵魂，让改变自我的勇气发生。愿意学习，愿意经历一场足以改变自己的学习，这是最困难的事情，却也是人在学习与成长路上最为重要的事情。将自己的职业生命与人生价值重新评估与建构，只有自己能够告诉自己怎么想，怎么做。

其二，精心选择，点到不止。年龄稍长的教师或者农村学校的教师面对如此丰富并有些复杂的技术课程时，常常会有两种并不相同却内涵一致的感受：一是兴奋忙乱，都想学好却不知从何开始到哪里停止；二是畏缩焦虑，这么多的新鲜玩意我能学会吗？且我怎么能学会呢？其实，学习总会有迁移效应，选择自己最感兴趣的自认为最重要的，从现在就开始行走，就会获得一个点到不止的综合性的收获。

其三，冥思苦想，奖励自己。技术的改革创新是灵动鲜活的，然而，技术如何产生与发展？技术如何获得？技术如何为我所用？技术如何构成我的人生体验？在对诸如这些问题的沉思中，生命与现代的距离在缩短，教育研究的幸福感在此凝聚。

其四，独学互学，切磋琢磨。当面对学习中的难点、问题的时候，还要以最为及时的方式与学习同伴、专家取得联系，让互学互助的优势在现代教育技术的学习中显现出来。很多时候，技术的问题往往百思不得其解却可以被学习同伴一点即透。切磋琢磨的另一层意义在于“学以致用”，问询别人是学习，给别人作指导也会给自己带来更有价值的学习结果。

其五，一以贯之，本立道生。技术的价值在于应用，在常态的教学环境中，熟门熟路的机械重复必然会在不经意间生长并成为主导。将技术学习得来的方法一以贯之地坚持下去，将自己的学习信念作为发展之本树立起来，让技术与思想在学校里迁移并落地，唯有如此，发展才能够成为可能。

其六，触类旁通，开放学习。曾经接受陶继新教师的观点，我诵读经典；曾经接受李希贵局长的指点，我读经济学；曾遵从内心的趣向，我读奥威尔、茨威格、福柯、李零、陈丹青……后来渐渐发现，这里面都有教育。展开一场触类旁通的学习之旅，我们的成长蕴含其中。

我们或许会说，农村教师该怎么办？技术在农村有价值吗？大量的农村孩子甚至从未见过平板电脑，农村学校根本无法进行网络学习。但是，这是拒绝改进与超越现实自我的理由吗？

沂蒙山深处，蒙阴县桃墟小学的刘乃昌校长面对着全校大山里的留守儿童，说：“我们要让山里的、农村的孩子接受国际教育。”

成功与否，没有条件，没有理由。选择改变，只因为他对那片土地爱得深沉。

然而，仅仅如此，教育机构仍然会是“世界上最落伍的机构”。我们需要的是从技术入手,超越技术。超越有时候也是回归,回归什么呢?杰里米·里夫金认为应当“将生物圈变成学习环境”,这个生物圈即是指“人—人”对应的生物圈,更多的应当是指“人—大自然”对应的生物圈,如此一来,教育的范畴就接纳了整个生物圈。再拓展出去,如果教育能够引领整个“体用合一”的整个宇宙世界,那么,这就不再是落后的。

说到底,还是中国文化传统里的“天地人”合一,只不过是建立并超越现代社会的新的“天地人”合一。

第六章

“思想者”求索之道

人的行走路径决定着人的发展轨迹，如果说教学是“建立在科学基础上的真实艺术”，那么，作为课堂教学的主体之一，教师所拥有的就不仅是教学的“艺术技巧”，而且还有无时不在的“科学基础”。事实上，当教学饱受批评，甚至进入“病理学”诊治之时，对教师而言，教学行为更多的是以一种实践者的勇气呈现的教学思想。教学行为本身永远不应被批评，教学应建立在对教学思想的反思上从而寻得改进的路向。朱熹说，涵养、致知、力行三者，便是以涵养为首，致知次之，力行又次之。教师的成长也如此吗？成长终究是一场人格的历练，回到教学现场，从一个个的问题来重新定位教学行为，是问题破解、经验积累还是对自我的超越？

一、办法在哪里？

这是一节思想品德课，是某市一次教学能手选拔比赛上的公开课，这节课的学习内容是《资源保护》。

一上课，年轻的教师信心百倍地来了一段开场白："同学们，学习是同学们自己的事情，老师要为大家服务。在课前，老师就为同学们提供了两个网站，上面有大量的关于'资源保护'的知识，这些信息都是我们学习教材《资源保护》时宝贵的资源。"教师顿了顿，接着说："这节课我就交给同学们自己来上，结合你们搜集的信息，我们来一个'资源保护大 party'！同学们自主研究、自主交流。教科书只是你们的学习资料之一。下面我建议大家先小组内交流、研讨，确立自己组的交流内容和交流方式，然后再集体研究，好不好？"学生响亮地齐声回答："好！"

是的，热情洋溢的开场白，不仅激发了学生的学习动机，交代了学习方法与策略，更重要的是，我们可以从这位教师的语言中捕捉到他在全新的教学思想指导下的现代教学行为。搜集信息、自主学习、合作探究、交流互动等现代教学思想的光芒在闪耀。

然而，课堂教学却并未向着教师所期待的方向前行。

在学生分好组准备讨论时，其中一个小组的组长站起来说："老师，我们小组的同学都回家上网了，可是您说的那两个网站都是'该页无法显示'，我们什么都没有查到。"这时，其他小组的学生也纷纷表示，他们的调查结果也是"该页无法显示"。此时，这位年轻的教师一下子慌了神儿，当他确定全班学生都没有打开那两个网站之后，汗水已经从他的面颊上流了下来，而且，这位男教师红红的 T 恤也很快湿透了。在焦急而匆忙地与学生交流了几次之后,这位教师一边不停地在嘀咕着:“那是怎么回事呢?那是怎么回事呢?……”一边让学生恢复原来的座次,并要求他们打开思想品德课本,翻到《资源保护》一课。教师说:“同学们没有查到资料,下面我们来‘上课’。”

接下来的“上课”就这样展开了:

学生读书,然后看书上的图,并且归纳其特点,然后是读书、做选择题。教师“狼狈”地带领学生按部就班地讲解、分析着文本内容。显然,由于准备不足,教师讲得很仔细,但是很不到位;提出的问题很多,但是大多没有思考价值;而对于当今是否还有哪些破坏资源的行为等问题却再也没有涉及。也就是说,师生在重复学习课本上呈现的那几个案例。直到下课,直到布置作业,教师再也没有提出让学生通过其他途径去搜集信息资料的要求。

一节以知识为核心的“串讲串问”“讲解分析”的思想品德课,一节封闭的思想品德课就这样结束了。

好无奈的教师呀!可是,真的无奈吗?“该页无法显示”是一个多么大的遗憾呀!可是,“该页无法显示”之后就没有教学的机会了吗?或许正如有的人所评论的,这位教师只是缺乏一点教学机智,只是没能够随机应变而已。可是,真的只是不会随机应变而已吗?真的只是用缺乏教学机智就可以解释这位教师的教学行为与教学思想吗?

我们无意批评这位年轻的教师。“在这样的情况之下,能把课完整地上下来已经实属不易了。”

但是,值得反思的是,教师在教学开始的时候洋溢着教育的智慧并呈现着与先进的教学思想的对话,怎么会与其后的“满堂灌”式的教学有如此大的差异?既然教师能够阐释出“搜集信息”“自主学习”“合作探究”“交流互动”等教学与学习行为方式,我们就有理由相信,当遇到学生说“该页无法显示”的问题时,他就能够带领学生从他的这些教学思想出发去寻觅新的课堂教学组织方式,教学可能会“漏洞百出”,但是仍然应当蕴涵这样的教学思想。然而,没有!事实是没有了“搜集信息”,没有了“自主学习”,没有了“合作探究”,没有了“交流互动”……而完全恢复到了讲授式教学的场景之中。

另一位教师遇到问题的时候，显然就没有如此慌乱。

山东省安丘市金冢子初级中学官杨杨老师在讲《奇妙的二氧化碳》一课时，为了提高学生的学习兴趣，制作了精美的课件，设计了自认为完美的导课。想通过泰坦尼克号的沉没引出冰山，然后转换话题，说现在冰山的面积不断减小，引出温室效应，最终导出本节课的重点——二氧化碳。她在网上搜索了一幅泰坦尼克号的沉船图片，并且加上了主题曲作为背景音乐，幻想着在那优美的旋律中开始本堂课的学习。可她却遇到了一件意外的事情。当她满怀激情地说道："《泰坦尼克号》这部电影大家都看过，这艘号称'不沉之船'的豪华邮轮最终还是没有摆脱沉没的命运。大家能一起告诉我沉船的原因吗？"她期待着全班同学异口同声地回答："撞上了冰山。"可回应她的却是鸦雀无声的沉默。她很意外，茫然失措地问道："大家没看过这部电影吗？"五十几个小脑袋像拨浪鼓似的使劲地摇着。难怪了，没看过电影怎么会知道呢。这部风靡了全世界的电影并没有来到这个角落。为了缓和气氛，她问道："大家想知道这个故事吗？"学生们顿时来了劲头，使劲地吆喝："想！"于是，她娓娓道来。孩子们瞪大眼睛听得津津有味，好像从来没有听到过如此精彩的故事。这让她感到有些心疼。这部电影在她上初中的时候就已经家喻户晓，然而这里的孩子到现在却一无所知。她惊讶于城乡之间的差距不仅仅表现在经济上，由此带来的文化差异更是不容忽视。

不得不承认，这堂课对官杨杨老师来说是有遗憾的，她的教学计划没有完成，课件也没发挥多大作用。事后，她反思失败的原因，其中最重要的一点就是她缺少跟学生的了解和沟通。她以为她的学生和城市的孩子一样，喜欢看电影，玩网游，对新鲜事物了如指掌，她一直用这个标准衡量每位学生。而这样做的结果就是学生和她之间产生了距离，师生关系变得冷漠。找到失败的原因后，她要想办法解决。

她首先要让学生了解她，而了解她要先从了解生她养她的家乡开始。农村的孩子不了解外面的世界，不代表他们不渴望了解。其实，孩子们内心充满了好奇和向往。她通过照片这样一个既简单又直观的方式，利用学校有限的条件让学生足不出户就实现了这个愿望。假期回家，她带着照相机穿梭于济南的大街小巷。清晨，她骑车到英雄山拍摄市民晨练的照片；中午，她顾不上休息又匆匆忙忙赶到泉城广场和趵突泉；下午，她又拖着疲惫的身体奔走于护城河畔；晚上，她在爸爸的陪同下，沿经十路拍摄夜幕下的济南。整整两天时间，她采集到了大量富有济南特色的照片。她把它们压缩处理后，用 PPT 制成课件，分自然景色和城市风貌两个方面介绍这座城市。假期结束，回到学校的第一节课上，她就给学生们展示了她的作品。那堂课孩子们听得格外认真，聚精会神地看着大屏幕，生怕错过了每一个细节。那一张张充满无限憧憬的笑脸和一双双闪烁着智慧的眼睛，又一次震撼了她的心。他们是多么迫切地想了解外面的世界啊！她不能让她的学生落在时代发展的后面。从此以后，她在课堂上有意给学生补充了许多课外知识；课下走入学生的生活，和他们促膝谈心，每次回家还会带来最新的照片。于是，孩子们知道了纳米技术，动车组；看到了山东会堂，长清大学城……

她的良苦用心没有白费，学生们逐渐接受了她这个与众不同的老师，并且喜欢上了她。相互熟悉之后，师生关系也变得融洽。在她的课堂上没有学科的界限，学生们问她千奇百怪的问题，好像她理所当然应该知道一样。在她的鼓励下，孩子们编织着美丽的梦，并为之不懈努力。她欣慰地感到，学生懂事了，长大了，有志气了。许多学生对她说："老师，长大后我要去济南上大学，到时候去看你。"略带稚气的一句话包含着学生的理想和对她的尊敬。农村的家庭大都依靠种地为生，生活并不富裕。在她所任教的班级中，有许多家庭困难的孩子，为了不伤害他们脆弱的自尊，她都是以奖励的形式送给他们学习用品、衣物、书籍。她经常对他们说："你永远不是最苦的那一个，但是通过努力，你可以成为最幸福的一个。"

在同样遭遇尴尬的情况下，有着怎样的教育思维品质就会做出怎样的选择，官杨杨老师的学生是幸运的、幸福的，他们拥有一位有责任心的，拥有理论思维的，勇于改变的好老师。

二、思想会有多远？

既然教学总是有思想理论的支撑，那么，我们总会在教师每一天的教育教学行为背后透视并发现教学思想、教学理论，也能够获得教师对于教学思想或教学理论的理解与运用程度。教学理论是事实存在的，我们从来就不缺少教学理论，教师占有教学理论，理解、应用教学理论，并转化为自己的教学实践的能力就是教学的理论思维，理论思维是建立在对自己的教学实践与自己掌握的教学理论的哲学反思之上的。显然，教师的理论思维赋予了教学理论以实践的意义，也赋予了教学实践以哲学思考的品性，构成了教学理论与实践的行动中介。

（一）仅仅是等待吗？

龙应台说："孩子，你慢慢来！"简单的话引发多少家长，包括教育工作者的感动和深思。在教学中，在单位时间内要完成预先设定的教学任务并有效达成教学目标，而且是让几十个学生都能获得其应有的发展，那么，当孩子一时无法达到教师预先设计的教学目标时，谁还能再对孩子说"你慢慢来"呢？

一位教师正在执教小学语文课《我想》。这是一首儿童诗歌，充满了童真、童趣，诗歌以儿童的口吻，充分发挥想象，写了一个孩子一连串美妙的幻想，表达了儿童丰富的想象力以及对美的追求和向往。教学中，教师首先让学生带着两个要求去读书，这两个要求分别是：(1)读准字音，在课文中画出生字、新词；(2)标出小节，感受课文的主要内容。学生读书之后，教师要求学生把从课文中读出的作者"独特想象的句子"说出来。本来在此前布置的读书要求中没有这一项，因此学生面对这一问题时有些不知所措，但是他们很快就从诗中找出了这些句子:我想把小手安在桃树枝上,我想把脚丫接在柳树根上,我想把眼睛装在风筝上,我想把自己种在春天的土地上……看来学生理解这首诗并没有问题,当然也有一部分学生在理解时遇到了一些障碍。但是,在这一教学环节中,教师面对学生积极地边找边回答的良好学习状态不但没有允许学生"慢慢来",反而急于让学生说出"标准答案"。而且所谓的"标准答案"不是"独特想象的句子",而成了其中的关键词语"桃树枝""柳树根""风筝""春天的土地"等,因为教师要板书这些词语。于是我们看到,当某位学生准确地说出其中的词语的时候,教师马上迫不及待地将其写在黑板上,当学生在教师的紧紧牵引下把每一个词语都说出来之后,教师的板书也就结束了,而这一环节的教学也就结束了。

然后,教师带领学生马上进入另一个问题的讨论:看看诗中哪些句子写得好、写得美?这本来也是一个属于学生独特感受的问题,然而教学过程中所显现出来的仍然是教师引导学生急着说出最后的"标准答案"。事实上,是教师一步一步引导学生说出了教师所认为"写得好、写得美"的句子。

在这一教学过程中,学生在教师迫不及待地得到正确、标准的答案的"渴望"中,帮助教师迅速而顺利地找出了教师所"期待已久"的答案。而每当学生说"对"一个问题,严格地说是学生的回答符合教师的预先设想时,教师便流露出释然的神情,似乎是完成了一项重要任务一般;而当学生的回答并不太符合教师的设想,或只是接近于"标准答案"时,教师却没有耐心给予学生"再想一想""还有吗"之类的等待性话语,而是面露急色地点拨、带领学生最快地接近并说出"标准答案"。有些时候,教师甚至由于着急而将问题的难度以及层次引导得极低,自己说出多半,而让学生仅仅说出一点点。比如,教师说:我想把脚丫接在——学生接着说:柳树根上;教师引导说:飞到遥远的——学生接着说:地方。这样的回答总能够得到教师的由衷鼓励:"对!请坐!"

课堂的效率如何?这似乎是高效课堂的典范,因为学生在最短的时间内找到了最正确的答案。然而,真的如此吗?从表面上看,这似乎是一种对话式的高效教学,师生在进行着充分而积极的对话交流,而黑板上的"标准答案"也是在最短的时间之内由学生说出来的。这一切无疑体现着教师“效率至上”的教学质量观。然而，这种高效的价值又是什么？或许可以说，“标准答案”都已经获得了，难道不是吗？但是，除了答案的所谓“标准”之外，答案还有什么意义呢？问得更清楚一点，这所谓的效率是属于课堂的、属于教师的，还是属于学生的呢？如果说上述问题都还不是什么问题的话，那么，我们是否还可以问，这样追寻“标准答案”的“高速率”教学过程对学生有多大的益处呢？学生获得了知识吗？训练了能力吗？培养了情感、个性与创造性思维吗？

问一问学生，他们是否在参与教学过程？如果是，那么他们所参与的教学过程有多少时间和空间是属于自己的？而且，学生有没有获得其所需要的教学与所需要的发展？《我想》本是一首清新动人的儿童诗歌，不仅具有诗的韵律与空灵，而且有着鲜活的童心旨趣。然而，课堂上，学生却无暇去体验和品评，他们只是在教师的拉拽之下去找、去答，去获取教师的那句：“对！请坐！”

在一节小学四年级的数学课上，教师正在带领学生学习统计。教师首先让学生观察近三届奥运会上的中国、美国的金牌统计柱状图。教师问同学们：你们有什么发现吗？此时，并没有一个学生举手，学生显然是遇到了思维障碍。这时，教师只是微笑地看着同学们，并没有给予点拨或者提示，也没有一丝一毫的着急。过了几分钟，有几个学生举起了手，显得很兴奋，显然有些胸有成竹的感觉。然而教师仍然没有急于让他们回答，还是在说：“别着急，还有时间！”……就这样伴随着“别着急，还有时间”的宽慰与宽容，大约 5 分钟以后，大多数学生举起了手。接下来的交流过程中，虽然学生的理解以及语言表达的方式不尽相同，但是，因为每个学生都有了接近 5 分钟的观察、思考，他们大都能从柱状图中看出两个国家金牌数量的对比以及变化。教师满意地一一肯定，并且鼓励更多的学生说出自己的观点。

紧接着，教师又为学生出示了一幅更复杂的条形统计图，其内容是近三届奥运会上中国、美国、俄罗斯三个国家的金牌统计比较图。这时，一部分反应比较快的学生马上就开始嚷嚷着要回答，而教师示意他们先举手，这几个学生高高地举着手，要说出自己的想法。此时，教师仍然微笑着说：“别着急，给其他同学一点儿思考的时间。好吗?”

这是一位能沉得住气的教师。而他似乎丝毫不在乎自己的教学效率,只是在等待,再等待。

其实,我们都很清楚,这种等待是多么的重要而难得。就在这样的等待中,每一个学生都能够全身心地去观察、去思考,真正沉入属于自己的思维活动中去;就在这样的等待中,每一个学生都能够从容地拥有属于自己的学习时空;就是在这样的等待中,每一个学生都得到了来自教师的信任和鼓励;就在这样的等待中,每一个学生都能够充分生成并把握具有自己独特价值的思维方向。学习成了学生自己的事情,而且学习成了学生可以拥有自己个性的事情。在教师“别着急,还有时间”的鼓舞中,学生可以从懵懂走向明朗,也可以从浅薄走向深入,学生是有差异的,但每一个学生肯定都有属于自己的体验和收获;在教师“别着急,给其他同学一点儿思考的时间”的宽容与理解中,那些还在冥思苦想的学生可以获得心灵的平静,他们不会担心被别人嘲笑或者被落下,能够积极地继续进行属于自己的思考,哪怕最后仍是以失败而告终,但是他们思考过,也就收获过,哪怕收获只是一点点儿。

(二)从思想中寻觅渊源

至此,我们似乎在两个极端评论这两位教师的教学行为。是否急于探寻“标准答案”就意味着教学的错误?是否给予学生更多属于他们的时间,给予学生更多的等待就值得肯定呢?显然不是。急于寻求教学过程中的“标准答案”不能被全部否定,而留给学生更长的时间也不能够成为普遍的价值所在。那么,我们对比、品评这两种教学行为有什么必要吗?贬抑与褒扬是否太随意了呢?

其实,还是应当回到教学思想上去寻找根本,我们不应批评外显的教学行为,不应对教师的教学行为就事论事,我们要做的是通过反思来挖掘此类行为内在的教学思想,或者此类教学行为的教学思想有何得失。

《学记》中有这么一段话:“今之教者,呻其占毕,多其讯言,及于数进,而不顾其安,使人不由其诚,教人不尽其才,其施之也悖,其求之也佛。”意思是说现在的教师教学,老是照本宣科,令学生呆读死记,上课搞满堂灌,急于赶进度,却不考虑学生学习能否巩固,不注意学生学习的自觉性,也不发挥学生的聪明才智。采取的措施既不符合教学原则,提出的要求也不从学生的实际出发。(高时良,《学记研究》)显然,《学记》中所批评的“今之教者”不是21世纪的教师教学,而是几千年前的部分教师教学;显然,《学记》中所批评的几千年前的“今之教者”的教学行为在今天还存在着,而且是“如此对应”地存在着。

其实,没有必要再回到前面两位教师的教学中,我们已经能够获知其教学行为所隐喻的教学思想内涵。该问一问的是:怎样才不是“照本宣科”?怎样才不是“呆读死记”?怎样才不是“满堂灌”?怎样才不是“急于赶进度”?又可以问一问的是:怎样才是“考虑学生学习”?怎样才是“注意学生学习的自觉性”?怎样才是“发挥学生的聪明才智”?这些问题还是问题吗?问一问当下的教师,他们或许能够将其内涵甚至策略说得极为精彩。应当说,这些问题我们曾经搞清楚过,至少在思想上、理论上我们已经搞清楚了,那么,在实践中做到了吗?如果在实践中没有做到,我们能说在思想上、在理论上搞清楚了吗?几千年以前的教学思想早已经被证明是可遵循的了,难道实践转化就这么难吗?难道实践要比理论晚不止两千多年吗?显然不是,看来问题并不在实践转化上,而在于教者有没有形成自己的思想,有没有拥有属于自己思维了、内化了的理论。如果说理论是静态的、相对固定的,是可以通过培训、学习等“一劳永逸”地让教师掌握的,那么,产生上述问题的原因并不仅仅是理论不足,而是缺乏理论思维。

当我们再次面对实实在在的教学问题的时候,我们还是会选择“君子之教”,要“道而弗牵,强而弗抑,开而弗达”。因为“道而弗牵则和,强而弗抑则易,开而弗达则思”。这是教学理论吗?是,又不仅仅是,因为,这里不仅有教学理论,还有教师教学的理论思维。占有教学理论,我们的教学仅仅前进了一小步,而只有理论思维的存在,才能使教师开始超越之旅。

教学当然不是对教学理论的解构，而应当是教师对自己心灵的不断拷问。教学理论或许我们知之甚多，但是为了实现理论与实践、理念与行为的统一，我们的理论思维却不能再少之又少了。

三、科学与人文，教学谁属？

这是一节小学数学课，全班学生在教师的带领下进行一个关于行程问题的应用题研究，为了检验各个小组的学习成果，教师让每组派一名同学到黑板前做题。在几名学生走上前之后，教师让在座的同学为做题的几位学生齐声喊加油。结果，在热火朝天的加油助威声中，做题的几个同学手忙脚乱，都没有做好。下课了，在与这位教师的对话交流中，授课教师解释说："我认为数学课太呆板了，喊喊加油增加点人文气息应该是对的，没想到效果不好，真不知该怎么办才好。"

看来，寻求变化也有一个遵循规律的问题，教学的规律和学科的规律对于教学的实施有着内在的约束性，如果违背其中的内在规律，课堂教学显然不能够达到我们期望的效果。那么，如同许多专家所质疑的那样，我们的教学到底是缺少了人文性还是科学性？二者孰轻孰重？怎样处理二者的关系才能使课堂教学达到理想的境界？我认为，首要的问题是在于搞清"科学"与"人文"的内涵及关系，而更重要的是如何理解教学。

（一）什么是科学的？

对于"科学"的概念，亚里士多德曾对科学知识做过一般性的阐述，牛顿、爱因斯坦也曾经为科学做过一些界定，然而，对科学真正明确定义的是罗素。他认为："科学是依靠观测和基于观测的推理，试图首先发现关于世界的各种特殊事实，然后发现把各种事实联系起来的规律。”[①]以此为代表的许多科学家都曾经以自己的理解给科学下过定义，中国科学院院士杨叔子有独到的见解：“科学所追求的目标或所要解决的问题是研究和认识客观世界及其规律，是求真。”科学的定义虽然呈现百家争鸣之势，但其中不乏许多共性的认识，综合起来，科学的特点无非是客观性、精确性、实证性、效用性等。因此，我们可以将“科学的”用一句简单的话笼统地定义为“正确的”。日常生活中，这种观点更为普遍。

马克思、恩格斯进行的科学研究中，科学的对象首先是一种知识体系。由此，我们可以清晰把握，科学思想指导下的课堂教学无疑是一种关注严格知识体系的教学活动，正是由于这种理论，才形成了传统的“教师中心、教科书中心、课堂教学中心”模式。在科学性理论完全占据教学主导思想之时，课堂教学所体现的是科学知识、科学精神和科学方式的绝对统治地位。具体外显的特征为：教师带着知识走向学生，将丰富系统的自然科学知识转化为教师教学行为的一部分，让学生无条件地从教师那儿接受这些知识，当然，这些知识都是已经证实了的、人类已有的系统知识经验。

由于教师主观认定科学的即正确的，所以，为了保证课堂教学向“正确”的方向发展，因此，教师的要求是严格的、严厉的，是不容学生出错的。这样，学生的学习过程、学习方式和学习体验就受到了严格的控制，一旦学生的学习行为或学习结果与教师预设的科学知识相悖，那么，他们就要接受教师科学的，即正确的指导、矫正、批评，于是学生不得不屈从于各种科学权威。科学性指导下的课堂教学特征为：学生最根本的追求是围绕教师提供的知识体系进行苦苦地思索，积极地探求和准确地记忆。

即便如此，科学仍然是教学中一道不可或缺的美丽风景，科学精神所带来的求真、唯实，所彰显的高效率，是中小学教学必然的选择，远离了科学精神的教学，也就远离了教学应有的价值取向。

---

① ［英］罗素：《宗教与科学》，1页，北京：商务印书馆，1982。

(二)什么是人文的?

在我国古代,"人文" 是指诗、书、礼、乐等。现在从广义上理解,人文即人类价值和精神领域。杨叔子把"科学"归结为"人文所追求的目标或所要解决的问题是满足个人和社会需要的终极关怀,是求善"。由此,我们从直接意义上可以这样理解,人文即"以人为中心的",它的核心是关注人的生存状态,关注人的发展空间,而不像科学那样只关注客观实在。教学是以人为中心的,教学的出发点和归宿无疑都是具有主体地位的学生,从人文的诸多认识出发来理解课堂教学,它必然要具备人文性的特征,可以说,关注人文性是课堂教学的根本追求。

首先,具有人文性的课堂教学体现为尊重学生的主体地位,以学生为中心,能够充分尊重学生的身心发展规律和特点。人文性的课堂教学最为突出的特征便是"目中有人",是进行人的教育,而不是进行单纯的知识教育。

其次,如果说科学性的课堂教学需要教师带着精心准备好的知识走向学生的话,那么,人文性的课堂教学则需要教师带领学生投身于广阔的知识海洋,去探求未知、掌握未知。科学是让人关注客观事物,拥有知识产生智慧,人文就是关注人生,让人拥有理想产生信念。如果科学说一粒沙子就是一粒沙子,半片叶子就是半片叶子,那么人文就会说一粒沙子是世界,半片叶子是人生。

再次,人文性的教学在各种关系处理上更趋向于民主和平等。由于以尊重人、关注人、促进人的精神提升为出发点,以为了一切的人,为了人的一切为核心,因此,课堂教学更强调每一个生命的个体发展与进步,形成民主平等的人际关系便成为可能。正如肖川教授描述的那样:"师生关怀问辩,亲密无间,循循善诱,相互熏陶,教学相长,使师生浸淫于一种丰富、和谐、光明、温暖、纯洁、疏朗、博大的氛围之中。在这里,充分展开的思与思碰撞,心与心的彼此接纳与宽容,自由交流成为常态。”①在这种典型的人文环境中,每一个学生都能平等、自由、充分地参与教学全过程。

最后,人文性的教学以其开放、多元的特征,使课程的建构成为可能,使教师的教学反思成为可能,使思辨与挑战成为可能,使培养学生的个体意识成为可能,使学生学会认知、学会做事、学会生存等成为可能,使学生在未来不断变化的社会生活中具备持续发展的能力成为可能。

(三)科学与人文相融合的教学

生命一体,科学与人文是相对但绝不是相悖的概念,其价值取向具有一定的融合性。科学性与人文性的教学虽然各有特征,各有优势,但也各有弊端。在当前教学改革的呼声中,我们听到最为强烈的是回归人文关怀的教学。究其原因,是因为我国几十年来的教学过于强调系统性、知识性、科学性,而完全忽视了学生的生命发展和个性特征。改革是必要的,然而,科学性的教学也并非一无是处,严格要求是要有的,苦苦思索亦应当得到强化,即使作为教学手段的惩戒也不应完全抛弃。科学是真,人文是善,科学给我们提供了一个观察客观世界的大视野,人文给我们提供了面对客观世界的谦虚和活泼。

只有将科学性与人文性融为一体的具有生态化的课堂教学理念,才能使课堂教学呈现出应有的实效性。孔子曰:“爱之,能勿劳乎?忠焉,能勿诲乎?”(爱他,能不叫他劳苦吗?忠心于他,能不教诲他吗?)这种观点代表了严格要求、硬性管制的教育观的同时,不也体现着遵循学生身心发展规律的“循循善诱”“顺木之天”吗?这些经历史验证的教育真理性观念具备同等的教育实践价值,从不同侧面向我们提出了全面看待教学问题的角度。科学性方式与人文性方式的融合是必然的选择,也是实现课堂教学最优化的必然之路。

本部分所举的案例,其实就是一种科学情境或者人文情境营造的问题,关

① 肖川:《我们究竟需要什么样的教育》,载《教育参考》,2000(5)。

键不在于谁更重要，而是二者如何有机地结合。理想的教学正是坚持这样的认识论观点，将情境的创设给予多重的界定，既有严格、理性的要求，又有开放、自由的人文关怀；使课堂内既有科学的思维方式，又有有助于科学思维推进的人文环境；使二者综合、有效地作用于课堂教学。客观知识是生命获得圆满不可或缺的条件，但客观知识的获得只有与人的认知情感和认知智慧同步发展，生命才能绽放出绚丽的光彩。

因此，教学是为了学生的发展，适合学生发展的即为有效的，而阻碍学生发展的则为无效的甚至是有害的。从科学与人文的角度来说，即使我们科学与人文，将科学性课堂与人文性课堂搞得异常精确，如果这些理论不能内化于我们的思想，不能转化为我们的理论思维，教学价值的实现仍旧遥远。

四、怎样走出“大一统”？

中国人习惯把十二年当作一个循环，如此看来，自 2001 年开始的基础教育课程改革也已经历了一个循环。（本文写于 2012 年）现在该是审慎过往、铺垫未来的最佳时机。如此，很多有识之士在亲历中开始了反思，他们痛感今日的课程改革，特别是课堂教学领域内的改革，正在走入一个另类的“大一统”。的确如此。

正如前文述及，曾在一所高中学校考察其教学改革，听完两节课后，笔者与两位授课教师，十几位骨干教师，以及学校业务校长、科研主任进行了一个半小时的座谈。针对全校推进的这一教学改革项目，业务校长、科研主任侃侃而谈，而笔者一再追问与提醒，十几位教师包括授课教师自始至终未发一言。后来电话交流中教师说：“全校课堂都要求这样，我们只是上课，的确说不出什么来。”

笔者曾先后在国内的三所学校观摩过书法特色课程，三所学校分布在大江南北，但都取得了让人惊叹的成就：偌大的操场上，几千名学生同时挥毫泼墨；校园都是学生的书法作品，一件件可谓上乘；字如其人，人如其字，学校文化即书法文化……深入座谈却突然发现，这三所学校的校长都是当地小有名气的书法家，校园里陈列最高大、水平最精湛的那些作品都是出自校长之手。校长爱，所以几千名师生都爱。

凡例不止这些吧？如此看来，即便课程与教学领域内有了学校的极大的自主权，另一种“大一统”仍然是存在的。

如果到此就得出结论，显然是不正确的，显然是不负责任的。如果这样来归纳，我们把几位校长揪出来说事就可以了，但是这能掩盖“大一统”，至少是“统一”的背景和根源吗？关于“统一”的话题，或者说问题，还需要作更深层次的考察。

（一）为什么常常走向“大一统”？

能把“大一统”简单归为个别校长的价值取向和个人选择吗？

美国密西根州立大学的费尔韦瑟教授调查发现，在美国的大学里大约有20%的教师可以同时做好教学和科研工作，也就是说，绝大多数教师是不能同时做好教学和科研两项工作的。对中小学教师而言是否也是如此呢？笔者2008年在潍坊市中小学的调查中发现，仅有18.6%的教师认为自己能够创造属于自己的教学思想。这可能就是我们常提及的所谓“二八”定律吧。

从这一点上来说，如果没有硬性的指标、行政的推进，要想在一所学校创造出优秀的教学成果，创造出有价值的教育产品，几乎是不可能的。

事实上，我们见得多的是在学校硬性规定下走“大一统”路子涌现出来的名校；我们却鲜见在宽松的、无约束力状态下百花齐放、大量名师涌现的个案。

也是在2001年，当中国启动新一轮声势浩大的基础教育课程改革的同时，美国政府也颁布了《不让一个孩子掉队》法案，强化对学校教学质量的“问责制”，同时设奖励基金专门奖励“那些在缩小学生成绩差距方面成绩显著的不让一个孩子掉队的学校”。这是美国政府对于学校教育质量基本走向的调控,十几年的教育问责让美国政府对基础教育有了更多的控制。2009年颁布的《力争上游计划实施摘要》则进一步将竞争机制引入了基础学校。可见,即便是在被誉为最自由开放的美国,其基础教育也在不断走向控制和竞争,这也就为学校发展的“统一性”选择埋下了伏笔。

那么,我们心安理得地漠视甚至选择“大一统”的发生吗?

显然并非如此。

我们很遗憾地看到,在我们身边所发生的所谓“大一统”的教学改革是泯灭教师个性,甚至是泯灭学生学习个性的。

我们会常常看到,教师刻板地重复学校规定的教学环节,按部就班,亦步亦趋,甚至连每一个教学环节承载了怎样的教学功能,会产生什么样的教学效果都无暇考虑,只是单纯地执行;全校几千名学生在同一理念之下,不管男生女生,其性格内向外向、张扬矜持,都被要求走上讲台,大声地表白自己的内心,完全成为模式化的学习机器,鲜有属于自己的思维、思想领地;物理课、政治课、英语课,甚至通用技术课堂上,学生总是要在第十几分钟开始讨论,然后又一起走上讲台,展示自己讨论后获得的结果,不分课时、不分课型,一样的学习流程,可谓以不变应万变;所谓的三级课程到了教师、学生那里,就是教科书、就是导学案、就是考试卷、就是一笔或多或少的分数,即便学生在课堂上有了充足的时间,有了一定的空间,但是从学生的生命体量来看,自由选择仍然是遥不可及的……

无需多做列举,“大一统”教育现状以及改革走向仍然在制约着学生的创造力和责任感,而这是国家与社会对未来公民所最期待的素质。

现状都能够看得清,道理都能够说得透,但为什么恰恰是一批优秀的校长在创生着这样的改革“大一统”呢?其实,道理很简单:

如果终点只有一个,那么一定能够找到最近的那条路,至少是理论上最近的那条路,“大一统”又怎能避免呢?

我们教育的终点是什么?是学生的生命、人生,还是分数、升学率?其实不言自明，教育的短视现象在当前自上而下、自下而上、由内而外、由外而内地存在着。责任仅仅在校长、在教师吗？

其实，课程改革进程中的“大一统”并不是一个学校范畴的命题，但也不能全面归结为高考、中考的牵引，那是一种更可怕的责任转嫁，这是一个社会价值体系综合考量带来的结果。

（二）我们的出路在哪里？

如此一来，我们还能够找到破解课程改革“大一统”谜题的办法吗？其实是有的，在中国历史上，有三个大师辈出的时代，一是春秋战国时期，二是宋代，三是民国时期，这三个时代无一例外地具有时代沧桑巨变、社会动荡，乃至民不聊生。就是在这样的时代中，有识之士痛苦地思考人生、寻求人与社会的发展之路，正是有了人道主义的关怀，大师才能够横空出世。教育是面向人的生命的事业，失去了对人的生命的敬畏与尊重，教育必然会被简单化，简单化的重要标志就是“大一统”。

那么，怎样才能够让改革来得更彻底，而又避免“大一统”的桎梏呢？虽然这并不仅仅是学校、校长、教师的责任，我们也能够寻找到思维路径。

一是有效与无效的辩证。我们的教学改革往往着力于有效性，认为有效的就是好的，甚至曾出现过“有效教学的××条铁律”“删除无效环节就是有效”等的口号。其实，福柯早就告诫过我们：一切社会机制的有效性都来自于“把人不当人。”当我们把课堂的四十或四十五分钟榨取出更多的有效、高效，特别是单纯的知识、技能层面的有效、高效时，失去人性的“大一统”就在所难免了。所以，教学改革的出发点是一个完整的课堂生态的构建，是体现兴趣、习惯、方法的综合性改革体系，由此的教学改革才是具有生命力的。

二是必然与实然的辩证。没有人否认校长、教师的良苦用心，我们都希望能够把最有用的知识、最合理的方法、最美好的道德传递给学生，但是，学生首先是个体，然后才是群体，管理好一所一万多人的学校、教好90多人一个班的课，最好的办法可能就是“把人不当人”。但是，因材施教、因势利导并非不可能，只要我们的课程具有足够的选择性，只要我们的课堂具有足够的耐性，只要我们的作业与考试具有足够的普适性，学生就能够各取所需，群体的进步和个体的发展并不矛盾。

三是控制与发现的辩证。许多学校的教学改革走的是一条先“入模”再“出模”的路子，寄希望于先规范约束教师的教学基本行为，然后再产生个性。事实上，教师个性很少在这样的学校里产生。研究发现，主动改革的教师总是少数，那么，在高压推动下进入模式的教师能够主动探索创新的也不会是多数。因此，学校教学改革的道路似乎应当是先收获，也就是说，校长善于发现学校里不断出现的改革先行者，发现来自于教师中间的改革成果，然后不遗余力帮扶、宣讲，最终使得这些种子萌发，进一步带绿一片原野。

四是名利与福利的辩证。学校教学改革不应是名利的追逐，但是，也不能够完全抛弃功利，其实，真正的研究、真正有价值的改革是能够让身在其中的人们感受到幸福愉悦的。伽达默尔说：理论的幸福是人类幸福的最高形式。释放每一位教师的潜能，关注每一位教师每一天的成长与进步，总结每一位教师都必然有的教学思想，创造每一位教师都可能展示的平台，那么教学改革就已经在学校蓬勃发展起来。而教师将自己得到的这一系列成长关怀迁移到学生那里，课堂也能够成为学生成长的乐园。

李希贵先生说，从管理学的角度看：学生第二；从教育学的角度看：学生第一。校长看教师，则教师第一；校长看学生，则学生第一；教师看学生，学生第一。这是永远都不会矛盾和冲突的。“人”是第一的，特别是在改革中。

蔡元培先生说：“思想自由，兼容并包。”“包”的是思想，是文化，当然更是“人”。

梅贻琦先生说：“所谓大学者，非谓有大楼之谓也，有大师之谓也。大学之大在于‘人’。”

改革需要更多的激情与投入，“统”与“放”不会成为改革道路上的障碍，问题的关键在于我们是不是“拿人当人”，是不是在做一种“目中有人”的教育。

五、讲授可以不尴尬吗?

在课堂教学的讲与不讲之间,我们对“讲”厌弃,而回到理智地分析讲与不讲的内在价值的时候,教师的“讲”已不再尴尬,然而,如何讲却还是一个问题。

这是一节数学课《小数的意义》的教学现场。

师:同学们,刚才大家都说了,你们都有买东西的经历,那么现在,孙老师有一些货品(课件出示)“我有三件商品等待出售,请你根据生活经验,谈一谈,在购买下列商品的时候你会怎样付钱?由于东西很少,每人只能买一样。谁第一个来买?”(生1:我买练习本)师:付我多少钱?(生:一个练习本一块四毛八,买三个练习本要三个一块四毛八,也就是四块四毛四)师:同学们要向他学习,他太厉害了,这个单元里小数乘法他都会了。(学生鼓掌)

(接下来师生之间的买卖互动过程略)

师:看来,我们这次买卖做得很好,都买得很顺利。刚才,这些价格我们都是用小数表示的,小数是我们今天所要学习的内容。不过看大家的表现好像大家都会了,咱们会有会的办法,现在我就请你们跟着老师来思考:为什么这些价格都是用小数表示的?谁知道?(生1:为了清楚)

师:哦?什么意思?谁来说说为什么它是用小数表示的?(手指课件)最后面一个学生。(生2:因为它不是整数)师:你听明白她的意思了吗?(生:听明白了)

师:就是说,我们无法用一个正好的整数来表示这些价格,所以呢,随着历史的发展啊,人们为了解决这个问题,发明了一种新的数,什么数?(生:小数)

师:这样,当我们遇到不能用整数表示结果的时候,小数就派上用场了。你们知道它是怎样产生的了吧?(学生汇报自己在生活中发现的小数,过程略)

师：通过刚才这么多汇报我们可以发现，小数在生活中随处可见。而且它很好用。是不是啊？生活当中哪有这么多正好的事儿啊！哎，不知道同学们想没想过，以前我们也认识一种数，与小数有相同的作用？（生：分数）（师随生说板书）

师：分数与小数是有类似的作用，都是在我们无法用整数表示结果的时候才产生的。你有没有想过，这两种数作用这么相似，那它们两个有关系吗？为什么？（生：有！因为这个小数十点零几，分数也是。比如说一元吧，可以把它变成十角……）

师：哦，这个问题就是有点难。其实回答是肯定的，分数和小数是有关系的，而且关系密切。下面我们就来研究这个问题：分数和小数有什么关系？（课件出示）

师：让我们从简单的、熟悉的情况开始我们的研究。下面我们就要用到这张纸了，同桌一张，拿出来。看一下这张纸，在这个表格当中，第一行孙老师出示了一些什么啊？金额，这叫金额。金额都不足多少？（生：1元）

师：都不足一元，那好，下面呢，孙老师就想请同学们改写成以“元”为单位的金额，明白什么意思吗？好，看一下这个表格，第二栏请你填写的是什么样的数（生：小数），看一看。这一横栏需要填什么数啊？（生：分数）

师：可以用几分之几元来表示这些数，对吗？（生：对）哎，很简单。再一个呢，有一个星级要求：如果你有能力，可以结合你的生活经验，用小数表示上表中给出的金额。如果有的同学实在写不出，不要紧，不丢人！为什么呢？因为我们还没有学。但是如果你会了，你就填上它。明白什么意思吗？（生：明白）关键是要思考“为什么”。我估计一下时间，三分钟应该够了。要提高效率，请你们随意分组来合作，开始吧。（生小组合作，师巡视，参与学生合作）

师：我们来汇报，到台前来，哪个小组愿意？哪一个小组来试一下？（学生汇报，教师引导略）

师：好，刚才虽然我们还没有学，但同学们基本上都把小数这一行填上了。那么请同学们看大屏幕。这就是同学们填的结果，都在上面了。我们还要研究什么问题吗？（生：分数和小数的关系）

师:哎呀,对,学数学最重要的就是不要把目标丢了,我们的目的是要把这个问号解开,对不对?但是刚才同学们在汇报的时候都是把分数这一行单独拿出来,小数这一行单独拿出来。但是我们要找之间的联系,怎样找好呢?孙老师给你个建议,我们这样看:同是一角钱,用分数表示就是1/10元,用小数表示就是0.1元,由此我们就可以推理,谁和谁是相等的?

师:我的问题就在这里,反应快一点。找个同学说一下,就你了。(生:1/10和0.1)

师:结论,1/10和0.1怎样?(生:1/10和0.1相等)

师:很好,请坐。事实就是这样子的。数学家发明这两种数是让它们同时表示把一个整体平均分成十份,取其中的一份。有的时候我们喜欢用1/10表示,有的时候我们用0.1表示更方便。这两种数意义完全相同,什么不同呢?读法不同,这会儿你们明白了吧?(生:明白了)参照这个,谁来说后面的。那个男生。(生1:7/10和0.7相等)后面的,没有回答过问题的,找一个。(生2:0.01等于1/100)他很会汇报,他反过来说,行不行?学数学就应该能去能回这才行,谢谢。我们正在寻找的分数与小数之间的关系,就在这里了,谁能找到它们之间的关系?有点难,试一下。(生:……)到底什么关系呢?有点难,孙老师提示一下。要想发现它们的关系,分类。知道什么叫分类吧?看这五个分数,可以分为几类?(生:……)这五个分数可以把它分为两类,抓不同的特点。(生1:十分之几的分为一类,百分之几的一类)说得好不好?抓到特点了!同样的道理……我还没说就有同学知道了,这叫心有灵犀!(生2:……生3:……)

师:用"0"占位,它叫十分之几。这个小数怎么读?它叫一位小数,那里的这一位呢?小数点后面只有一位,就叫一位小数。那好,它们叫什么小数啊?(生:两位小数)

师:这就叫规律(生笑)那你现在能根据我们整理的这些,总结出它们的关系了吗?一位小数就是……(生:十分之几)什么啊?再来一遍。(生:一位小数就是十分之几的分数)很好,加快速度。(生:两位小数就是百分之几的分数)这就是它们之间的关系。老师还有一个问题,你愿意接着思考吗?(生:好)

师：猜想一下，两位小数后面是……（生：三位小数）三位小数肯定有！同意吗？谁是三位小数？谁知道？（生：0.001）写出来你看看？（生：0.001）同意吗？（生：同意）照我们刚才发现的规律填写，谁来写？（生：1/1000）这个数一般读作……（生：千分之一）表扬这两个同学，非常好。谁来做这个？（生：0.008是8/1000）……后面呢？用省略号表示“等等”。我们通过研究发现，分数和小数有着密切的联系，三位小数就是……（生：千分之几）四位小数就是……（生：万分之几）所以我们就等等，无穷无尽。好了，这就是我们研究的小数。今天有收获吗？（生：有）好，考考你。（课件出示练习）最简单的练习了。（生做练习过程略）

师：通过今天学习，我们认识了……（生：分数、小数）这样我们就可以把分数写成……（生：一位小数、两位小数、三位小数、四位小数，等等）再思考：整数和小数有关系吗？我思考以后才发现，受这张照片的启发（出示桥照片）看到桥墩了没有？这个桥墩就像一个一个的整数，但是整数和整数之间连续吗？（生：不连续）小数就实现了整数和整数之间的连续。对不对？小数就让整数连续地向前……（生：走）这个词非常好，一直走到无穷无尽，没有终点。那么继续思考，我想问你，0到1之间有多少个小数？（生：无数个，无限）无限，0到1之间有无限个，1到2之间有多少个小数？（生：无数个）好，我们知道，在任意两个整数之间都有无数个小数，接着思考：有多少个整数？（生：无数个）无数个，是不是？这两个无数一样多吗？课下请思考。这节课就到这儿好不好？

这是山东省潍坊市南湖小学孙颖校长的一节数学课，我们有意识地完整保留了孙颖老师的讲解、启发、引导过程。

可以看到，本节课的教学是教师讲授引领下的师生对话过程，内容切合学生兴趣需要，学生的合作探究、独立思考同样得到了很好的体现。根据本课内容与教学目标，依据学生的兴趣、经验、能力水平，教师面向学生的生活实际设计、组织了教学，在教师自始至终的主动参与中，学生的活动仍然没有失去主体意义。

(一)言语交流的智慧境界

与他人交流是未来每一个公民必须掌握的基本生存技能。孙老师的课堂鼓励学生在独立思考的基础上与他人进行交流——交流各自对问题的理解、解决问题的思路与方法、所获得的结果等。交流主要有两种:一是让学生在交流过程中体会合作的益处,使"交流"成为他们所认同的一种解决问题的合理方式。二是侧重于学习与他人合作、交流的基本技能,如怎样表达自己对问题的理解、解决问题的思路,怎样理解他人对问题的思考和解决方法等。

在教学中,孙老师通过示范与讲解教给学生进行表达与交流的方法。如发言人如何发言,如何仔细倾听别人的发言,如何评价别人的意见,不同的意见如何质疑、辩论,小组长如何组织组员围绕问题进行讨论,如何集中意见向全班汇报等。通过这些训练,学生由交流时无话可说到争论不休,由不会抓重点与关键到引出继续讨论的话题。

与交流对应的是倾听,只有相互认真倾听对方的发言(包括倾听教师),交流才有意义,才有价值。交流与倾听是一对矛盾,特别对于小学生而言,他们易将注意力集中在自己的观点上,而缺乏倾听他人发言的习惯,所以教师有必要对学生进行有意识训练,使他们做到:无论听教师讲课还是听同学发言,都要听完整;当同学发言有错时,一定要等其他同学说完了再用适当的方式指出其存在的不足;当别人提出不同意见时,要虚心接受,边听边修正自己的观点;在听取他人的交流时,不能盲从,要做到有选择地接受。可见,没有讲授的课堂也就缺少了倾听,缺少倾听的课堂对学生的发展还是完整的吗?

即使是教师的讲授也内含着充分的开放。教师重组教材,增强教学内容的时代性;关注学生生活经验,创设开放性问题;关注学生新经验的生成,创设教学活动主题。教学中,通过设计、呈现核心问题驱动整个教学过程,通过师生对话方式的合作互动达成教学目标。教师从原本至高无上的讲台上走下来,参与学生的研究,获得学生讨论的信息,为有效调控课堂做好充分的准备。在合作之后,教师组织学生进行全班交流,并进行及时有效的学习指导。这一教学过程注重的是学生自身的体验，让学生在自主建构的过程中体会数学之魅力，感受数学之美妙，看到思维之力量，体验思考之快乐（此种快乐源于学生的成功）。在与教师的言语交流中，学生突破定式，实现了思维的发散。可以说，教师的“讲”正是学生学习的“需”，此时有声又何妨？

（二）引领活动建构的生成

这一节课上体现的学生的数学学习是在相信学生具有巨大的发展潜能的理念下提出的，相信学生有能力自己解决问题，高度尊重学生的人格和创造力，这就是数学的研究性学习。以学生的自主性学习为基础，学生掌握学习的自主权，在学习活动中有很大的自由度。在学习内容上，学生从学习生活和社会生活中自主选择和确定自己感兴趣的问题进行研究。这些问题可以是教师提供的，也可以是学生自己选择和确定的；可以是学科知识的拓展延伸，也可以是对自然和社会现象的探究；可以是已经证明的结论，也可以是未知的知识领域。在学习的过程中，学生自己制订计划（包括活动的时间、地点、方式等），进行自我监控、自我评价，这样可以充分培养学生的自主意识和自我教育能力。这种学习过程是学习主体对学习客体的主动探索和不断创新，从而不断发现客体的特征，不断改进已有的认识和经验，建构自己的认知结构的过程。

即便是在讲授引领的课堂上，无论是在学习的方式、进度方面，还是在实施地点、最终成果的呈现等方面，如何让学生拥有高度的自主性和积极性？教师如何不再作为知识的权威，带领学生参与到探究知识的过程中去？这些问题的解决，正是破解教学的“讲”与“学”之间矛盾的关键。而在孙老师的课堂上，教师将学生的思维引领化为无形。

数学学习与实践的脱离以及数学的应用性得不到充分体现始终是数学教育中的一个大问题，因此，强调数学的应用性是各国数学课程改革的一个共同的趋势。数学教学强调与社会、科学和生活实际的联系，特别是用数学知识发现社会和生活中的问题，并在力所能及的范围内解决问题，同时推动学生去关心现实、了解社会、体验人生，并积累一定的感性知识和实践经验。研究性学习中所探究的问题源于社会生活实践，整个探索过程充满了思考、调研、失误、操作、实验，而探索的结果又将被运用于实践。通过形式多样的实践和综合应用，培养了学生用数学的意识，进一步提高了学生解决问题的能力，进而构建了学生数学思维的模型，引领了学生的综合发展。在这样的过程中，教师讲的价值、讲的艺术得以充分体现。

(三) 寻找讲授的艺术

然而，充斥课堂的讲授有时却成了这个样子。这是一节数学课，教师带领学生复习《四边形》。

……

师：非常好，我觉得非常好。那么这个也是属于梯形当中一个经典的辅助线做法，它是通过平移一条腰，从而将梯形转化成一个平行四边形和一个等腰三角形，在这个图形问题当中，它是一个等边三角形，好，下面我想请同学们考虑一下还有没有别的方法？同学们，我记得你们在刚刚学梯形的时候最喜欢用什么方法？是不是把两个腰延长相交啊？那么同学们，在这个问题当中，老师问大家，如果把两条腰延长相交以后，你们最外面得到的三角形是什么三角形？考虑是不是等边三角形？因为它的两个下底角是不是已经是 $60°$ 了？所以，大三角形是一个等边三角形，再考虑，根据上下两底平行，上面三角形又是什么三角形？等边三角形。那么这两个三角形边长分别为 7 和 3，请问腰长是多少？

生：4。

师：嗯，好的。同学们，我们说延长两腰的方法也不失为梯形当中一种好的证法，那么现在，让我们回到第二问，我们看一下，第二问给大家提出的问题是，$\triangle APB$ 与 $\triangle PEC$ 能否相似，那么请注意，它的前提，点 P 是线段 BC 上的一个动点，无论 P 运动到哪里，我们始终保持 $\angle APE$ 是 $60°$ 的话，那这个时候，我请问 $\triangle APB$ 在这个运动过程中能否始终和 $\triangle PEC$ 相似？考虑一下。能不能在运动过程中保持相似？大家请注意，P 点在线段 BC 上运动的时候，P 点不包

括点 B 和点 C,到这个时候就没有三角形存在了,大家说是不是?因此现在的点 P,如果是在 BC 这条线段,不包括 B、C 两端点的情况下,在线段 BC 上运动,那么想想看,这样的三角形能不能始终保持相似?这个三角形运动的时候能不能保持相似?好,现在,老师让大家来看这样的一个运动的过程,(在大屏幕上用课件演示运动过程)那么同学们我们在解决几何运动问题的时候,可能会有一种想法,我选择一个点把它研究清楚就可以了。其实,在几何运动问题当中呢,我们如果能够把一个点它的整个运动的全部过程仔细地进行观察的话,我们解决问题就不是片面的,而是全面的。现在请同学们看一下,点 P 沿着 BC 不停地在变化,那么在这个过程当中,同学们来观察 $\triangle APB$ 和 $\triangle PEC$ 是不是一直在保持相似?同学们看一下,我请大家看这样一个比较特殊的过程,(大屏幕再次演示)在运动过程中保持 $\angle APE$ 始终是 $60°$,当 AP 和 DC 平行的时候,$\triangle APB$ 和 $\triangle PEC$ 都是什么三角形?是不是等边三角形?对不对?知道是为什么吗?是不是等边三角形?如果 AP 和 DC 平行了,仔细观察,同学们,我们能不能证明 $\triangle APB$ 和 $\triangle PEC$ 都是等边三角形?能不能证明?

生:能。

师:可以。平行时我们可以找出 $\angle APB$ 是 $60°$,等于 $\angle C$ 也是 $60°$,同学们说没问题吧?!好的,因此呢,我们看出这两个三角形也是相似的。好,我们再来选择一个特殊过程,(大屏幕再次演示)同学们注意看,这个特殊过程是 AP 刚好和 BC 垂直,怎么知道它们垂直了呢?大家看一下,那个 $\angle EPC$ 是不是度量出来正好是 $30°$?$\angle APE$ 又始终保持 $60°$,大家说 $\angle APB$ 是不是始终等于 $90°$,是不是那个时候是 $90°$?那么同学们可以看到,这两个三角形我们可以通过角的度数来算一下,$\angle BAP$ 也是 $30°$,$\angle EPC$ 是不是也是 $30°$ 啊?那这个时候 $\angle B$ 和 $\angle C$ 都是 $60°$,是不是相似?现在不管是什么时候,点 P 在 BC 上运动的时候,你看,这两个三角形还能不能相似?

生:能。

师:能不能相似?

生:能。

……

显然,这样的课堂,是没有智慧的,学生也是不会提出问题来的,那么,这样的讲授就是一种封闭的、知识形态的授受学习过程,并不是学生发展所期待的。教师的讲授与学生的参与构成一节充满智慧与思维的课才是应有的教学。

由此可见,讲授的原则仍然在于学生,在于学生发展的最大化,那么,讲授的艺术又在哪里呢?

一是讲授的思维逻辑,要把讲授的功能充分发挥出来,关键在于教师对于学习材料、学习主体的理解与掌握,在学科教材内容的基础上,全面地把握本学科教材的内涵与外延,进而使讲授成为对学生思维、兴趣等的引导过程,而不仅仅是传递知识过程。特别是对于有利于活跃学生思维和能够发展学生智力的内容,可以使用引导性的讲述。

二是讲授的艺术逻辑。教师说得美,具有艺术性,学生倾听的兴趣、积极性就高,讲授的效果就好。语言是教师用来传授知识、进行教育的重要工具。教师能否掌握语言艺术,直接影响着教学效果的好坏。苏霍姆林斯基在谈到教师的素养时指出:"教师的语言修养在很大程度上决定着学生在课堂上的脑力劳动的效率。"因此,教师要掌握以下语言技能和语言艺术:(1)富有准确性和精练性。(2)具有示范性和楷模性。(3)具有思想性和情感性。(4)具有通俗性和形象性。(5)具有启发性和节奏感。(6)符合不同年龄特征学生的学习需要。

三是讲授的综合逻辑。教师的讲授还要驾驭非语言性信息。所谓非语言性信息是指借助于姿势、表情、眼神等非语言符号系统而实现的师生之间的沟通。这种沟通在教学中起到了不可忽视的重要作用,主要有以下几种:(1)目光。(2)面部表情。(3)体姿和手势。(4)时间、空间。

如果课堂上教师是必须讲不可,也要有个度,要以引领学生的自主参与为基础。注重讲授内容的科学性、思想性和逻辑性;讲求直观性和艺术性,加强学生的直观感受,激发学习兴趣;讲授语言要精练,情绪饱满,抑扬顿挫,给学生一种美感,同时留有回味思考的空间;教师要把握好讲授时间,更换活动方式,让学生积极主动参与到教学活动之中。

六、怎样来说“有效”？

前捷克斯洛伐克分析化学家海洛夫斯基因发明和发展极谱法而获得1959年诺贝尔化学奖。童年时，他就具有非凡的想象力。他的母亲是个善良细心的人。有一天，小海洛夫斯基从学校回来时愁眉苦脸的，吃晚饭的时候还心不在焉，只是低着头吃饭，没吃几口菜。妈妈发现他有不开心的事，给他添了些菜，并问是否可以帮忙做点什么？小海洛夫斯基才惊醒过来，抬起头看看大家，红着脸说：“没什么，只不过老师布置的一道题我做错了，可我找不出错在哪儿。”“亲爱的孩子，你要记住，无论做什么事都要专心，先吃饭吧。”爸爸也发话了，小海洛夫斯基点了点头，先乖乖地吃完饭。

饭后妈妈建议出去散步，呼吸一点大自然的新鲜空气。小海洛夫斯基和妈妈一起欣赏大自然美妙的景色。青山如黛，千变万幻的云朵分外美丽，清澈透明的溪流，蜻蜓在草丛间飞来飞去，捕捉着小虫，风中带着醉人的气息……他的心情逐渐轻松起来，学校里的紧张也渐渐消除，脑子也灵活起来。散步归来，他又精神抖擞了，坐下来开始做那道做错的题。时间一点点地过去，时钟“嘀嗒、嘀嗒”地响着，只听见小海洛夫斯基写字的“沙沙”声和翻书声……①

教育是一项智慧活动，教学过程真的可以是一段精妙绝伦的艺术之旅，有形与无形之间皆有可能，蕴涵着丰富多彩、生动活泼的辩证精神。教师需要怎样的气质和情怀，才能建构课堂教学艺术生动鲜活的面孔和朝气蓬勃的生机，使课堂教学艺术具有活的灵魂和永恒的生命力？

可见，教学的品性在于合目的性与合规律性的统一，有效教学就是对规律性的尊重和呈现，有效的教学也是学生最需要的教学。在美国的中学课堂里，一位校长曾经谈到了他们对于教学“成效”的多重理解，在他们看来：

---

① 曾知寒：《诺贝尔奖得主成长记录》，83~84页，北京：新世界出版社，2005。

因为学生的水平是不一样的,他们不可能在同一间教室里学习,所以每一节课,学生都会进行不同的组合,来到不同的班级里,根据自己的能力和特点选择不同的班级学习,完全是教师固定、教室固定而学生自选的全面走班学习。也就是说,同一个学科、同一个年级有不同层次的课、有不同的教师在等待着学生的选择。每天孩子上六节左右的课,都是自由选择的。

为了帮助学生选课,学校成立了专门的机构与学生以及家长协商,一旦学生选择了某一门功课,就受到严格的约束,要去好好上课。在换课的过程中,学生是不可能偷懒的,因为每节课之间的换课时间比较紧张,学生要在间隙里匆忙地更换教室。即使学生上厕所,也要拿着通行证,他们的课排得满满的,强度一点都不低,只是课堂上可以自由一点,由着自己的喜好来上课。而在教学的过程中,在学生的课程学习中,教师说:学生现在想做什么我不知道,他们将来能做什么我也不知道,所以我们每天都要想办法知道学生。

多么负责任的两个“不知道”,这就赋予了学生无限的自由潜能空间。这是什么?这是为学生的学习而负全部责任的教学,是致力于对每一个学生都有效的教学。由此,我们可以追问,什么样的教学才是对学生真正有效的呢?

(一)最大意义上对“人”的责任

教学是以知识为中心还是更加关注人的生命本身,似乎是不言而喻的,“人”是教学的原点,而教学以促进人的发展为目的。但是,当教学与有效联系在一起的时候,我们似乎只关注了如何“有效”,即采取怎样的方式让学生的学习更有效果、有效率和有效益,而这样的“有效”更多地回归到了知识更好地传承与能力更好地培养上,而忽视人的整体发展。所以说,即便有效教学是我们的理想,也往往会出现问题,问题在于将有效的着力点定位于教学的基础性目标的达成上,使得有效教学逐渐演变为扎实、有效的“双基”教学。造成这一现象的前提是我们普遍认为“有效”的即是具体的,而所谓“生命”“发展”等问题是抽象的，是不可能在某一教学环节或某一节课来落实的，所以，谈论有效教学就往往回避了教育的终极目标，而回归了教学的现实功利性追求。因此，有效教学原本作为教学价值良好体现的行为方式却没有得到足够的价值拓展。

改变这一现状，就在于认识到学生是一个个鲜活的生命个体，他们处于生命之中最为灵动、敏感、好奇的儿童和少年时期，他们的生命体验更多地受感性的支配，他们更直接地感受生命的幸福与苦恼，而缺少理性的思维，但是，这种感性的印记会长久地留在他们的生命中，最终转化为对生活理性的感悟，教学每时每刻都在影响着并改变着生命发展的质量和历程。如何使学生的生命得到有效发展，这是有效教学的责任性标准，教学与生命的完美与有效的结合是有效教学的最大责任。

(二)具有责任意识的高智慧教学

有效教学并不仅仅是相对于“负效”“无效”教学而言，也相对于“低效”教学而言，所以有效教学追求的并不仅仅是单一的学习效果，而且要提高学生有价值学习的含量，要有效地实现学生智慧的生成。有效教学对教师来说是如何促进学生有效学习，而在学生的层面上则体现为学习的智慧生成与有智慧的学习。如教学的有效应当是思维的有效，面对学习问题，学生有时冥思苦想，有时百思不得其解，有时似乎窥到了解决问题的灵光，于是，由问题本身带来的思维引领，吸引着学生去思索，学生经历了苦苦的思考之后，问题迎刃而解，或者发现了内在的联系，从而长舒一口气，获得豁然开朗的轻松感；教学中的有效应当是探究未知的有效，任何外在的刺激都不如知识本身的刺激更有吸引力，对科学家是如此，对学生也是如此。对未知的探索是学生对自己能力、经验的挑战，也增加对自己的学习的内在压力。因此，探究的过程是有效的，而这一有效也正是探究的兴趣和动力所在。在这些普遍得到认同的学生学习行为之中，有效教学是寻求智慧的突破，寻求学生学习的应有之义。

真正有效的教学不在于教师讲清楚了多少，也不在于学生练习了多少，而在于学生主动参与了多少，主动获取了多少。评价有效教学是以观察学生为出发点和归宿的，也是以教学的现实目标与理想目标的实现为结合点的。由此，我们可以追问教学的责任，追问到学生的发展这一宗旨上。

七、智慧破解困境

知识至上造成课堂教学认知与情感的人为断裂，唯知识而教学成为传统课堂教学生命活力丧失的基本原因。正如许多人所说的，知识并没有错，没有知识的传承与创新，人类的教育活动就没有任何意义，然而，教育毕竟不是以知识作为唯一的目的与意义，而且，知识本身并不能够直接带来教育目标的实现。

在弗兰西斯·培根发出“知识就是力量”的断言后的二三百年间，知识的爆炸式增长，使人类知识的负担几乎超出了人类的承受能力。当专家们蒙上自己的双眼，以便对整个世界不闻不问，而把眼光仅仅盯在鼻子底下那一小块地方时，整体消失了，“事实”取代了理解，而被分割得七零八落、互不关联的知识已不再产生智慧和力量了。正是这种知识的“非人化”，使一般大众为逃避“非人的折磨”而对知识心生畏惧，敬而远之，使大量的人类知识陷入僵死状态。[①] 显然，知识至上是学生忍受“非人性折磨”的原因所在，而只有赋予知识新的内涵和新的载体，才能够使得我们的课堂教学更充分完整，使知识不再尴尬，使知识与智慧同步生成。

（一）从“知识观”的转型中突围

许多理论观点提出，知识也应当具有新的内涵。是的，我们的社会正处于复杂的转型时期，从观念到实践正经历着一系列转变，而“知识观的转型”也成

---

① 引自《“简史文丛系列”出版说明》，2~3页，北京：中国友谊出版公司，2006。

为其中的特征之一。

一是从“知识的无意识”到“知识的理解性”转变,教学要基于对知识的理解。教师是不能进入“无知而无畏”的存在状态的,在搞不清知识“是什么”的时候,就盲目地认为知识在课堂教学中“极端重要”或者“没有必要”都是有问题的。学习与知识的关系大致包括四个方面,即:(1)靠言传的学习。目的是书本知识,听讲为主。(2)靠意会的学习。强调的是实践经验,在做中学。(3)靠内化的学习。关注的是明确知识的学习,是融会贯通。(4)靠外显的学习。知识可以成为目标,在不同的知识认识背景之下,我们完全可以从“明确知识”与“缄默知识”的认识背景之下来探究教学的切入点。我们的教学问题是不理解知识,特别是将知识认定为“书本知识”,认为只要是关于知识教学的,就是书本知识教学的,就是以教师讲授为主的“灌输式”教学,这是不对的。我们必须研究,并从心理学等角度深入认识知识的内涵和外延,把知识教学与学生的整体发展结合起来。

二是从“知识的绝对化”到“知识的多元化”转变,让学生的主体体验成为知识获得的方法。知识的绝对化是与人们长期以来对知识价值观的认识相联系的,人们相信“知识就是力量”,“人们相信知识是推动生产力发展,科技进步的决定力量,是变革社会的基础,认为知识的传授与继承是一项高尚的事业,无知则是最大的不幸”。因此,传统课堂教学奉知识——特别是课本知识为权威,将其作为绝对性的教学内容进行传授,师生在知识面前只能无奈地接受,而这种绝对化的知识观又造成了师生对知识载体——课程与教材的迷信,从而失却了知识的丰富性。知识成为唯一目标,限制了学生的综合发展。学生获得知识的过程是多元的,不是单纯的接受过程,其中既有接受、传承的,又有来自于直接经验的,还有来自于学生的感悟和体验的,多元化的知识获得途径突破了“知识课堂”所带来的冰冷枯燥教学环境。教师可以不在某一知识领域内具有高深的造诣,或许对学科领域里的有些东西并不完全了解,但这并不能阻止教师成为一名这一学科内的教学专家,因为我们必须从学生的身心发展的规律,即脑科学发展的规律来对知识以教学的关注,而这一关注过程,就是把人类所崇拜的“绝对知识”进行多元化的过程。因此,研究学生的情感唤醒、研究学生的主体体验,是基于知识教学的良好选择。

三是从“知识的客观化”到“知识的建构性”转变,让学生的意义建构成为知识形成途径。我们以前的课堂教学认为知识是冰冷的、客观存在的、毋庸置疑的,是指传统课堂教学认为的知识是确定的、固定不变的,可以按照一定的逻辑形式进行传授,而不受其他外在因素的干扰和制约。因此,“完成了教学任务”之类的标准也便成了许多教研部门评课的标准,在他们看来,每一堂课就那么些知识,无论谁来教、无论教什么样的学生,只管将这些知识传授下去,一旦学生接受便视为教学过程结束。事实上,知识是学生在众多的信息中自主建构起来的,学生面对的知识世界肯定是客观的,但是,学生学习这些知识的过程一定会注入他们主观的意义建构。当前建构主义心理学、学习理论有着广阔的价值空间,我们要进一步研究学生如何实现对知识的建构,让知识成为学生积极参与学习的因素。

四是从“知识的简单化”到“知识的整体化”转变,让知识成为学生生命整体发展的一个部分。由知识的简单化而衍生出的教学观是将知识量化、分解化,以各个孤立的知识点作为学生学习的全部,知识与知识之间、不同学科知识之间缺乏应有的联系,强调学生的简单接受。在评价过程中也是以学生掌握、积累这些知识点的数量作为标准,至于对知识的掌握途径、理解程度和应用水平则很少观照。这是一种基于行为主义,并带有理想色彩的教学观。其实“知识不等于发展”,学生知识的获得量并不与学生获得的发展程度正相关,而知识只有在转化为学生的能力、转化为学生的内在素质的时候,才具有其应有的价值。张志勇研究员多次强调:知识可以成为过程、成为手段,而能力是目标。这不是说知识不重要,恰恰是对知识功能的理性放大:知识必须进入学生整体素质发展的结构体系之中,知识不是有利于学生整体生命发展之外的元素。

由此看来,知识不可被忽视,知识观的转变才是课堂改革的根本。以教学质量提升为根基,以自身专业发展为突破的现代教师,在学习与反思中突围,在“个性化知识”的习得与“思想独立性”的建构中实现对教育、教学的“专家式”解构,已经刻不容缓。

(二)教学的智慧期待

课堂教学触及学生的素质结构还是脱离不了知识的,知识的拥有对学生来说是学习的重要前提,当知识也成为手段的时候,学生的智慧生成理应得到实现。

其一,教给了学生知识的课堂并不一定给予了学生智慧,反之,给予了学生智慧的课堂一定赋予了学生知识。知识只有生发出智慧才能产生力量,因此,教学的智慧也在于让学生获得知识和智慧的同步生成。

其二,对学生来说,教学要赋予学生智慧;对教师来说,教学本身也是在智慧地发展着的,课堂教学实践以及教学研究就是一个智慧的生成过程。

其三,有智慧的教学实践赋予了"实践"以思维的价值。因为如果说知识还只是固定的、客观的,那么智慧则具有"人"的思维趋向,课堂教学理应是一种具有思维价值和思维指向的教学。

其四,教学的智慧期待,隐喻了学生以一种智慧的方式投入实践性的大课堂学习中,学生具有主动性、个性化,而一般意义上的知识授受的教学只是在实践中探究知识、迁移知识的隐喻。

其五,因为智慧包含了"智性智慧""道德智慧""实践智慧""理性智慧"等,所以教学的智慧选择让教学充分而丰盈起来,学生的实践有了更大的范畴。

其六,教学是一门实践艺术,学习是一项实践活动;同样,教学是教师的智慧活动,学习是学生的智慧活动与智慧收获的过程,拥有智慧的教学范式就具有智慧活动与实践活动二者广泛意义上的结合。

(三)在信息的引领下获得

教学是信息传递的过程,教学中的对话、交互体现的是一种广义的信息传递。教学中的情感、信念、知识等都是以信息的形态来传递的,显然,信息的范畴大于知识的范畴。

知识当然不能被轻视,知识理应成为教学的目的,因为"轻视知识就是轻视认识,降低知识的质量就是降低认识的质量,这样,学生的发展就得不到保证。往好处说,学生可以学到一些经验知识、生活技能,获得一些初级能力,近期颇见成效,但从长远和根本上说,不能很好地发展其高级能力,如理论思维能力、真正的创新能力等,缺乏发展的后劲"。[①] 轻视知识的教育显然是不利于学生发展的,教学过程必然要实现对知识的"打开""内化""外化"(王策三)。即便如此,也应该看到:"知识不是游离于认识主体之外的纯粹客观的东西;学习过程也不是打开'知识百宝箱'向学生移植信息那么简单机械……特别是就'学校知识'的建构(知识习得)而言,乃是课堂情境的教学过程中师生互动的历程与结果。"[②]那么,在现代教学中,知识到底是被"轻视"还是被"过于重视",显然不是教学实践者深囿其中的一个话题,但是通过这些不同的观点,至少可以明确的是,教学的过程是不能回避知识的。同时,在知识的习得之中与之外,显然还有更多的问题不容轻视,回归教学的目的论来看,知识只能是教学的目的之一。那么,就意味着教学在传递知识的同时,还有更广泛的信息交流在进行着。这就是说,信息超越了知识的范畴,教学既要实现知识目的,又要超越知识目的,因此,理应选择信息来对知识进行引领。

信息引领知识在于走出"从知识到知识"教学的歧途。教师在学生的知识学习遇到困难的时候,往往是选择帮助学生解决当前的知识疑难,为学生增加更多的知识来使其更熟练掌握。显然,由知识到知识的道路仍然是单向度的,仍然在狭窄的知识空间里逡巡,这只会进一步增加学生的畏难情绪,而永远走不出自己的心理空间和单一的知识空间,造成这些学生越补知识越觉知识艰难,越补知识越失去面对知识的信心。其实,换一种角度来看待教学,将教学过程看作一种广泛的信息传递,通过增加信息,使学生从更广阔的领域充实自

---

① 王策三:《认真对待"轻视知识"的教育思潮——再评由"应试教育"向素质教育转轨提法的讨论》,载《北京大学教育评论》,2004(3)。

② 钟启泉:《概念重建与我国课程创新——与〈认真对待"轻视知识"的教育思潮〉作者商榷》,载《北京大学教育评论》,2005(1)。

己，进而激发学生的学习情感、学习兴趣，增强学生的学习能力，便可以促进学习困难学生的知识学习。在苏霍姆林斯基的班里，有一个学习算术应用题和乘法表极为困难的学生费佳，是数学学习的“后进生”。面对这位学生，苏霍姆林斯基“从来没有，一次也没有”给这位学生补过课，他只是教学生阅读和思考。他给费佳提供了一系列需要动脑子的故事集，还搜集了一套专门供费佳阅读的书籍，大约有 100 本书和小册子，供这个孩子从三年级读到七年级，后来补充的书干脆与课堂上所教的内容没有直接联系，而仅是一种智力训练。事实证明，这种智力训练恰恰促进了费佳的能力提高，不仅使其克服了算术上的困难，而且促进了费佳学习的整体进步，费佳最终成为一名高级技师。看来，更多的信息获取不仅仅意味着知识的拓展，而且意味着能力的获得，在师生之间、学生与文本之间、学生与社会生活之间等广泛的信息交流，更包含着多重的情感和价值观的成分。这是学生发展的更重要的内在力量。

将教学的一切交流定义为信息交流，使学习过程既具有明确的知识、能力等目标，又隐喻着信息所带来的学生整体发展的目标，让信息超越知识的范畴而进入教学过程，则使知识既成目的，又成手段；让信息超越文本教材的范畴而进入教学过程，则使教学抛却对于单纯的文本教材的依赖，而建构大课程背景的教学。

第七章

“领导者”生态营造

※

教育成果的创造者是教师，教师的精神状态是其生命质量也是教育品质的内在保障。我们有着一个“师道尊严”的传统，今天却对此产生了广泛的质疑，“师道尊严”也可以用来被质疑吗？在学校里，对于一般教师来说，他们的话语权缺失了，在被动中附和于改革的需要，附和于学校的需要，唯独失去了教师作为一个生命个体的人生价值和生命需要，由此而一并丧失的是教师的职业幸福感。许多教师喜欢在节假日、业余时间寻找自己的幸福，然而，毕竟每位教师的工作时间是其生命活动的主体，失去了工作中应得的意义，教师的人生幸福何来呢？教师的专业诉求又怎么能够实现呢？教师的人生是一种读写人生，教师读什么书？怎么读书？成长的生态诉求在哪里获得？

一、制度是谁的武器？

听一位校长在介绍其民主管理的思想时谈到这样一个管理过程：学校每年都邀请全校三百余位教职工重新审议学校的各种规章制度，请每一位教师充分发表意见和建议，待教师全员通过后，就让教师在这些规章制度上签名。校长说："这一年的时间里，这份签了大家名字的制度就是我管理中最有力的武器，因为这是经过全体教师同意通过的，谁出了问题，就以此来处理，每位教师就都会心服口服。"

我想是的，"心服口服"是一定的，因为集体通过的规章制度自然是具有对这一集体内每一个人都有的约束力的。可是，"心服口服"就足够了吗？"心服口服"背后隐喻的就是民主吗？校长"一个人的武器"里包含着多少以人为本呢？

学校的规章制度具有法则的特征，法则是具有约束力的，而且对每一个人都具有平等的约束力，即便如此，法则就仅仅是行为约束的载体吗？它有没有对人的关注，有没有道德内涵呢？黑格尔认为："法的确定的地位和出发点是意志，意志是自由的，所以自由就构成法的实体和规定性。"[①]这里面至少传递出三个信息，其一，法是因人而存在的，是因人的意志才有了"确定的地位和出发点"；其二，法是自由意志的体现，每一个人都有自由意志，所以法应当是每个人的自由意志的体现；其三，法的本质是自由，是为了自由而存在和具有意义的。

看来，法则的前提应当是人，应当是人的自由，那么，道德呢？法与道德在本质上是同一的，用康德的话来说："如果一种行为与法律的法则一致就是它的合法性；如果一种行为与伦理的法则一致就是它的道德性。前一种法则所

① ［德］黑格尔：《法哲学原理》，范杨、张企泰译，10页，北京：商务印书馆，1961。

说的自由,仅仅是外在完成的自由,后一种法则所说的自由,指的却是内在的自由,它和意志活动的外部运用一样,都是为理性的法则所决定的。”①法则与道德在内涵或本质上都是以自由为实体和规定性的,只不过是指“外在实践的自由”,而道德则是“内在的自由”。法则与道德在内在本质上的同一性让我更清楚地认识到脱离人的自由谈及法则是没有意义的,而自由则也是一种意志的体现和道德的体现。

在此,我们从规章制度所谓的法则角度出发,没有过渡到一般意义的强制、约束层面,而是引申到了自由的问题上,人的本质是自由的,但是自由也是有层次的,用叔本华的观点来说,人类的自由可以分为三种不同的类型:“自然的自由、智力的自由和道德的自由。”②而道德的自由是一种自由意志的体现,是自由的意志决定的,是人在社会关系和社会活动中所体现的自由。

从自由意志的道德性角度来观照学校里的规章制度的制定与实施,至少应当体现这样四个方面的特征:一是规章制度符合学校的整体道德规范和文化传统,是以学校内的每一个人的自由意志为起点的;二是规章制度应由教代会或教职工全体(包括校长等管理者)来制定,规章制度的制定过程应始至终体现每个人的自由意志,制定过程应当具有规范性;三是规章制度以维护参与或置身其中的每一个人的自由意志为核心价值,这种维护是一种道德性的维护,是由人及事,再由事及人的过程,应当让规章先爱人,再让人爱规章制度;四是规章制度在实施中应具有强制性,这种强制性体现在每一个人可以利用规章制度强制性地实现自己的权利,也体现每一个人可以利用规章制度强制性地要求别人尽应尽的义务,作为规章制度的约束性,则也是每一个人都应当遵循的。如此一来,学校的规章制度将作为一个理性的存在而承载学校整体的价值规范和文化愿景。

规章制度是属于每一个人的,规章制度的自由本质注定了它首先应当服务于学校里的每一个人。这样一来,对于制度的使用也就有了新的逻辑起点。

---

① [德]康德:《法的形而上学原理》,沈叔平等译,14页,北京:商务印书馆,1991。

② [德]叔本华:《伦理学的两个基本问题》,孟庆时译,34页,北京:商务印书馆,1996。

校长是以规章制度引领学校规范发展的领导者,向教师应当传递什么样的制度信息呢?换句话说,什么样的信息才能更好地保证教师对制度的理解和遵从呢?

从规章制度的自由意志和道德性规定来看,只有当教师意识到制度是我的,制度是我的自由意志的,制度是对我有道德关怀性的时候,教师才会自觉维护规章制度的内容和条目。从这一角度来讲,制度不是校长管理学校的武器,而是全体教师管理学校的武器,教师以规章制度自律显然要比校长以规章制度强制好得多。

即便是大家都认可的,最完备的规章制度,如果只摆在校长的案头,如果只成为校长的武器,迟早会走到教师的对立面。这样,好的制度却不一定会在执行的时候向着同样好的方向发展。

制度化管理并非理想模型,即便如此,在当前的学校管理中,真正实现制度化管理的并不多,大多数学校的规章制度只是一本本地沉睡在那里。遇事再论事,遇事再研究的堵漏洞式管理常常存在,这其实也是制度的缺失,缺失的是教师与管理并未就规章制度的价值达成一致的认同。

制度的价值就是人的自由的价值,让每一个人意识到了这一点,制度自然会成为学校发展的武器。

二、谁拿走了我的崇高?

一位校长在谈到对教师的管理时,引用了团队智商与团队情商的概念,认为一个教师团队,其情商要远远比智商更重要。显然,这一认识是具有人本化的意蕴的,是能够并有利于和谐团队的建设的。事实上,在教师的管理中,校长也采取了许多卓有成效地提高教师团队情商的方法,能够以情感人,以情来引领人。

其中,有一个典型的案例是以故事的形式来取代法律或者制度条文的传达。采取的方法就是,在校长传达国家的教育法律、法规,在传达学校的制度与政策,甚至在部署一定的工作任务时,不是直接地、毫无感情色彩地就法规、制度、任务的内容进行传达,而是将这些严肃、具体的条文转化为故事的形式通过故事让教师来理解法规、制度、任务。

比如,在讲到维护学校的公共安全教育的问题时,不是冷冰冰地强调安全教育的重要性,而是通过讲述一部分学校里发生的安全事故,自然地引出法律条文;在要求教师不要体罚学生时,也不是直接说,而是展示几个教师体罚学生所造成的悲剧案例,让教师自然地领会……所以,学校里的会议总是有"故事",对教师来说,接触最多的是校长等领导以故事为载体的循循善诱,而不是板着面孔示人。

如此,太好了。从效率论上来看,故事的形式更能够吸引人、打动人,而且具有启迪性,便于教师的理解和把握。这样就使得原本直接、呆板的法律条文具有实际的内涵,其效能显然提高了。

可是,故事的形式原本是用来使教师管理增加"情感性"的,是为了打造团队"情商"的。结果一定会如此吗?

让我们来思考。教师来都是成年人,基本上有自己的是非观和一般意义上的价值判断,而法律、法规、制度等的功能在于指导、约束和强化。正如谁都知道不该盗窃而仍然有很多小偷一样,对于小偷来说,法律要的是制裁,而且对他们要进行的是教育。可是,对于一般的人来说,我们绝对没有必要煞费苦心地陈述盗窃的危害、法律责任和后果,让人们知道这一法律规定,让人们自觉地在法律的约束中自由地生活就行了。可见,对于一个道德完善的一般人来说,直接告诉他法律条文是对他的信任和尊重,是对他的道德能力和行为能力的肯定。只有当我们意识到单纯的告诉不足以产生应有的效果的时候,才会选择更多的方式来启发他,当然也包括了故事。这时候,讲故事的前提判断是什么?是对被教育者自我理解力不足时的一种形式上的补充。

这样看来,如果把每一种形式的传达都要变换成故事,是不是也隐含着对教师的不信任、不尊重呢?是否也在贬低了教师原本的崇高呢?

让我们来看苏霍姆林斯基的教育选择吧：

苏霍姆林斯基执教的少先队集体在自己的葡萄园遭受特大干旱，顽强抗旱时，他这样叙述自己的教育：……我们搭起了一个草棚，每天派两名少先队员在那里值班。每天傍晚和夜里都要给树木和葡萄浇水，有时候一清早就要浇。我给少年们讲了那些具有高尚道德美的人的故事，通过这些故事使他们灵感的火花永不熄灭，我不太敢采取直截了当的做法。因为我感到，在少年们所进行的那种精神斗争中，直截了当的做法是行不通的。假如我在每次紧张劳动之前，都要先讲个故事来鼓舞斗志，这就贬低了他们的崇高思想，也是对他们心灵的不信任。……因此，我所讲的故事在一定程度上与劳动无关。我愈是能巧妙地找到这种与劳动无关的讲故事的形式，就愈能使少年们的精神生活与劳动之间建立起有机的联系。这种有机联系存在于他们的心灵深处：每个人都按照自己的方式对道德美无限神往并因此而激动不已。

他从来不敢在学生面前流露出说教的情感，即便是当为学生讲故事的时候，他也从来不敢把自己的价值观与当时的教育情境直接结合起来，因为他说："这就贬低了他们的崇高思想，也是对他们心灵的不信任。"

而管理者面对教师的时候，却往往在遇到问题的时候就急于"端正"一下教师的思想，"提高"一下教师的认识，"转变"一下教师的观念，甚至"升华"一下教师的道德境界。当教师意识到这些故事是用来"启迪""教育""转化"自己的时候，他们会如何对待这样的故事呢？

三、教师评价善与真

徐老师是一位善于改革创新的数学教师，她把课堂还给学生，构建了"学生课堂”内涵关注下的“自能学习”教学体系。

2008年秋，山东省临沂市罗庄区的考察团来到了徐老师的课堂上。已是下午四点多，学生马上就要放学了，学校匆匆组织学生为考察人员来上这节公开课。学生在徐老师的带领下学习与展示关于“折扣”问题的讨论。因时间已晚，学校希望这节课只上二十分钟就结束，以便让学生按时回家。可是，当徐老师的“自能学习”课堂逐渐展开的时候，每一位听课教师都被学生全身心的参与和高效率的自主学习吸引了。针对问题，在学生与学生之间的对话与研讨过程中，或针锋相对，或启迪共勉，或质疑，或赞许，一会儿是批评，一会儿又是掌声，每一个学生都充分地展示着自我，情感与智慧在同步生成着。预定的授课时间就要结束了，当校长宣布课堂停止的时候，却引起了学生极大的不满。他们希望再继续上下去，再研究一会儿，希望老师能够和他们再多一点共同交流与学习的时间。

这让我们始料不及：原来学生这么喜欢学习！徐老师的“自能学习”不仅让学生获得了知识，收获了能力，更为重要的是，学生爱上了学习，在他们体验到参与与成功的愉悦时，学习成了他们最喜欢的事情。

2009年春，我和徐老师一起到外地上一节公开课，这是一节同课异构的教学研究活动，课题是《斐波那契数列》。在这节课上，徐老师把六年级学生深感困难的“斐波那契数列”问题转化成了学生可触、可感、可思考、可表达的生活化问题，学生一改第一节课学这一内容时的抽象、晦涩，而是兴趣盎然地从生活中抽取出自己感兴趣的、与此相关的信息，相互之间在踊跃地表达、交流、倾听、思考。一个个由简到难的教学问题解决了，一个个由抽象到具体、再到抽象的教学模型建构起来了。事实上，这个班的所有学生都是第一次与徐老师共同上课，然而当下课铃响起的时候，同学们都是恋恋不舍，他们舍不得的是同学之间那些还没有解决完的问题，在回自己教室的路上，有些学生还就课堂上的一些问题讨论、争论不休，而更多的学生则是围在老师的身边，希望继续探讨。

一年的时间里，省内外500多人来听徐老师的课……

一年的时间里，多个地市、学校邀请徐老师去执教公开课，为教师做培训报告……

只听过她一节课和一次汇报的临沂市罗庄区领导决定在全区推介徐老师的“自能学习”,教育局的文件公布实施方案,力求行政推进……

数据案例或许不能说明更多的问题,但是,关于学生的“自能学习”却伴随着徐老师的数学课,演变为一种回归于学生的教学理念,并且产生了极大的影响力。2009 年 6 月,山东省教育科学研究所在徐老师的学校召开全省的“自能学习”成果鉴定与推介会,希望“自能学习”能够辐射山东省并产生应有的效应。

徐老师是一位有思想的研究型教师。她也是一位在教学中实现自我成长的教师典范。

然而,事实却有着异样的发展。

2009 年春天,在徐老师当地的教学能手评选中,作为一位在全省创造了教学奇迹的优秀教师,却在本市(县级市)的教学能手评选中不幸落榜。原因很简单,徐老师的课堂教学没有问题,课堂教学水平非常之高,但是教学能手评选还是要综合打分的,结果把个人荣誉、教龄、论文、其他证书等分数一累加,徐老师的分数排到了后面。

难道是评分标准出了问题?让我们来看这份评分标准:业绩总分 40 分,其中,综合荣誉 10 分,优质课、公开课 10 分,科研论著 10 分,各种辅导等其他荣誉 10 分;现场教学评委打分 50 分(评价标准略);现场教学学生评分 10 分(由全体上课学生打平均分)。

即便我们以挑剔的眼光来看,这一评价标准的出发点与实施过程都是尽可能体现公平的。项目设计不可谓不全面,项目赋分不可谓不科学,分数分布不可谓不合理。可为什么,就是这样一份近乎完美的评价标准,在没有任何偏见与任何违规操作的前提下,却不能把最好的教师选拔出来呢?

当我们把评价标准和被评价者割裂开来看的时候,都是近乎完美的:教师是优秀的教师,评价标准是科学公正的评价标准。然而,完美却不能成为认可另一个完美的条件。问题或许就出在我们试图追寻一个“完美”的评价标准中。

由此，我们是否可以通过“元评价”来认识评价在教师成长中的作用，来发现一些问题呢？

其一，评价只有指标没有目标的问题。或许在教师评选项目中，评价目标是极其明确的，比如，评选教学能手、评选特级教师、评选教学名师等，然而，这能称其为目标吗？评价的目标应定位在评价的行为和结果的期待上：验收为目标的评价、选拔为目标的评价、发现为目标的评价、督促为目标的评价、发展为目标的评价、筛选为目标的评价等虽有交叉，但因目标不同，其实施的出发点也是不相同的，评价标准显然随之发生变化。如同上述评价标准，本是以教学能手的发现与选拔为目标的，理应关注所选拔教师在教学方面的研究成果和发展潜能，但失去了现场感，而过多从“综合”角度观察的评价显然就失去了这一目标调控。

其二，评价只有策略没有理论的问题。笔者比较过某地关于“骨干教师”“教学能手”“特级教师”以及“优秀教师”“师德标兵”“先进个人”等的评价方案，发现其评价策略是大同小异的，难道“教学能手”和“师德标兵”也可以用同一个标准来评出？在形成评价方案的过程中，真的建基于某一评价理论的前提下了吗？不懂教学的人来制定评选“教学能手”的策略，不了解“教师职业道德规范”的人来制定评选“师德标兵”的策略，没在学校呆过的专家制定所谓的“学校一日常规”评价策略等。如此一来，失去了理论根基的评价只能任由思想随着此一时、彼一时的认识跑，难以有根本的立足点，如此，又怎能促进被评价者的发展呢？看来，只有一个“发展性”作为噱头是远远不够的，评价呼唤专业化的评价者。

其三，评价只有权重没有价值的问题。评什么就要把什么评出来，这是很简单的道理，问题是仅仅如此就够了吗？许多时候，由于评价者认识上的偏差，在关注评价指标、标准的权重时，却没有能够从内涵上有所侧重，这体现为价值指向上的根基不牢、摇摆不定。比如在一次“名师”评选中，本应是侧重于专业素质评价的，然而一位教授说：“我们首先要看小学教师中是否有优秀少先队辅导员的称号，中学教师中是否有优秀团干部或优秀班主任的称号。”这位教授给出的解释似乎很有道理，即教育要懂得先育人，后教学，所以先关注教师在德育方面的成就。问题是学科教学和学校德育是分开的吗？学科的价值功能难道不是知识、能力、道德三位一体的吗？如果评价者带有如此的“侧重”性，则任何内容的评价都是德育为先，也就是德智分开、德体分开、体劳分开、德美分开吗？显然，对教育内在价值把握的问题直接影响评价者的思维方向。

其四，评价只有技术而没有人的问题。人是有个体差异性的，而在追求公平、公正、完美的评价中，却往往只关注了指标、标准、过程、方式的公平、公正与完美，却在被评价者的信息采集、变量控制、结果汇总、模型选择、呈现形式等方面，把人失落了，或许这是一个悖论，表面看起来公正无比的评价，而内涵却是“目中无人”的。究其原因，是因为评价方案的制定与实施无意中走向了“因评定评”，追求了“评价”公正的最大化却不是“人”的公正的最大化。显然，评价应当回到人，回到人在某一评价项目中应具有哪些外显与内隐的条件，然后在关注这一系列条件的过程中抽取评价因子，达至“因人定评”的内涵公平上来。

单纯由评价来看，其功能是多元的，并非只为促进发展服务，在教师的成长中，我们却可以更多地关注评价是如何促进发展的。

从徐老师的案例中，我们看到了一位教师成长中所遇见的“宽”与“窄”。“宽”在一个整体优化的教育教学生态中，徐老师获得了自我发展所应有的外在支持，从而走上了一条不断发展的专业化、思想化道路；“窄”在缺少一个足够关注人的发展的评价系统，在“完美”的评价中，更多全面的“平庸者”战胜了有缺憾的“佼佼者”，徐老师因其不全面的问题而落选，从而也失去了一次登上更高发展平台的机会。这也是评价“向善”与“求真”的矛盾。

为了教师的成长，还是要多一些“目中有人”的具有真意的教育评价吧，用人来论评价之评价，以此来破解“表面上的公平、公正掩盖下的事实上的不公平、不公正”。

四、备课还是写教案?

在教学的实践领域,关于教师备课改革与如何写教案的话题,始终处在一个愈辩愈不明、愈休愈难休的境况。这其实有几个矛盾没有处理好:教师机械抄写教案与教师不抄,即不备课之间的矛盾;备课体现教学规律与备课体现教师个性之间的矛盾;教案使用至上与教案项目齐全之间的矛盾;教师分层次要求和备课质量一体化之间的矛盾。当然,备课改革还面临着教师水平差异、教学时间、课时安排等现实的矛盾。

其实,教师备课与写教案是两码事,但不写成教案的备课,又怎能证明教师认真备课了呢?这似乎给管理者出了一个难题。管理本身是向善的,无论让教师抄教案也好、耗时间也罢,其出发点自不是如此,其苦衷也不言自明。可为什么管理不能切中要害,却往往为行为的异化推波助澜呢?

来到教学现场,走到教师身边,在听课与观察教师撰写的教案的过程中,还应当细细地与教师交换意见和心得,让我们仔细考察关于备课,关于写教案的一些类型和特征。

其一,教师精心研究教材,探究学生成长需要认真备课,认真撰写教案,从而整体把握教材因素,实现教学预设的最优化。在教学过程中,将属于自己的教学流程一一展示,并实现教学预设与教学生成的结合。

其二,教师不能够专注于备课,因此撰写的教案也大多是照抄所得,而教师上课过程中却完全没有考虑预先的设计如何,而是只就教学的知识点逐一突破,教学延伸则是信马由缰,没有目的性。

其三,教师能够专注于教案的撰写完成,却不是个人备课所得,因此,教案精彩也好,不足也好,都是属于别人的,而教师在执行教案的过程中便失去了自我,只是按照预设亦步亦趋起来,课堂上自然缺失了教师的生命体验和情感投入。

其四,教师备课与写教案分而从之,很多优秀教师一方面要在教学中展现自己的个性,另一方面还要应对包括教案在内的常规检查,所以他们写好的教案一概不用,有用的反而是脑中留存的经验以及概括性地设计的几个教学问题。

其五,教师备课与写教案都统一为个性化的教学设计,统一于自己的自作主张,达到这一境界的教师,备课、写教案与各种检查评估之间已不再矛盾,该写则写,不该写时不写,一切的教学以学生成长的需要为出发点,亦为归宿。

这是来自教师的所持有的备课、写教案时的一般心态和做法,其中,即便回到教师的需要上来看,许多教师也是认可教案必须要写下来的,因为这是上课的基本依据。为什么到了管理的层面上,反而找不到既让教师专注于备课,又能让教师不至于陷入为应对检查而抄写教案的桎梏呢?评估也好、验收也好,其出发点是“以教定评”还是“以评定评”呢?理论上我们是认可并坚持“以教定评”的。然而,“以评定评”却往往是制定评价标准与实施评价方案的根本出发点,因为作为管理者的一方总有一个担心:评不到的地方没有人做;还有一个假设:平等对待才显现公平。

果真如此吗?当评价事无巨细的时候,被评者也只能是应付了。比如关于备课与教案应呈现的项目问题,我们常常设立这样一些检查项目:教学目标、教学准备、教学重点与难点、教学分析、教法选择、教学过程、教学反思等。基于这些环节,如果教师必须将其规规矩矩写下来,那么,教师上课之余的时间可能大部被备课、写教案占据,可是在评价中去掉哪一项好呢?权衡再三,无法舍弃,因为去掉某一项意味着备课不考虑这一项,显然不行,显然就无奈地选择了全面,于是就无奈地认可了。即便假一点,起码在理论上、在导向上没有问题。再者,平等对待才是公平的吗?显然,平等与公平之间是不对等的,公平是正义的第一原则,甚至被看做是第一德性,而平等则不是,因为公平是致力于每一个人得益的,而仅仅是平等显然却带来了更多的不公,使很多人牺牲个体需要而根本无法得。所以,公平为“善”,而平等并不直接为“善”。

回到教师备课与写教案上来,让教师有足够的时间来做自己所能够做的,来让他自己来预设他和学生之间那生命与生命对话的过程,才是真正的备课管理。可是,哪一个评价方案上明确写着“自己决定”呢?即便教师对自己的学生再熟悉、教师对自己再熟知、教师对自己的教学再熟练，然而，日复一日在被动应付教学常规的过程中，教师原有的颖悟、灵性，甚至自知都消逝了。

或许已经意识到了这一点，当前，关于备课改革的研究也已呈燎原之势，其中的集体备课、电子备课、活页备课、同课异构、旧案新改等备课方式，都取得了一些形式上的突破。特别是在互助共享、资源交流等方面产生了很多有益的成果。然而，备课与写教案之间的矛盾却始终得不到一个学理上的论证和调整。

比如某地所大力推行的电子备课制度中，面对某一教学内容，几十甚至上百的现成教案在网络上点击一下即可获得，而教师要做的则是选择其中对自己最有效的教案，下载之后修改一下，便可变成自己的教案，即可使用。如此试行一年之后，许多教师却反映自己脱离了电脑面对一个全新的教学内容时，根本设计不出一个完整的教案，而且也不愿意再从整体上来看待并构思一节课，教师习惯了在已构建好的整体框架中加入自己的点滴灵感和智慧即可。如此一来，备非备，写非写，教学设计已不再具有整体设计功能了。

那么，备课与写教案是否真的成了教学常规管理之痛？是，也不尽然，备课过程的实用性缺失才是教师之痛、学生之痛，乃至是教育之痛。

可如何才能排解这种无奈呢？还是选择"真"的好！该是谁的事情就由谁来做，该是怎样的事情就该怎样做。如此而已。

当前关于备课与写教案的一些"成功""诱人"的语境不少，诸如"这节课我是用一生来备的。""这一课我的脑海中有十几套备用方案。""一节课备三次，我就在备课中成长。""我从来不备课。""我写的非我教的。"……有的德性丰富，有的个性十足，不管这些来自教学中的专家、研究型教师的话是否具有普遍的意义，但值得肯定的是，发乎于情，抒出于心，有自己的主张和见地，即便仅仅是备课与写教案过程，难道不是需要的吗？

备与写的结合，不也是思想与行动的结合吗？问题其实不在这里，问题在于是否真对我们早已有的认识怀有真意，是否有归于"真"的行为。不管是谁。

五、教师可依

“君子忧道不忧贫”，教育需要精神境界，而教师无疑具有自我发展的内在需求与动力。问题是，许多教师在教学中有了经验，有了初步的思考后却没有展示的平台，没有得到肯定，也无法对自己的研究成果有正确的认知，在犹豫彷徨与不自信中，发展的动力便被磨灭了。而对大多数教师来说，安于现状仍是一种普遍心态。山东省临朐县教研室从肯定教师的发展能力入手，决定启动“特色教学”研究工程，带领教师走富有个性化的“特色教学研究”之路。择每一位教师所善（擅）呵护和培养，从教师精神力这一“软实力”上下功夫，塑造教师研究教学、自我成长的信念和价值认同。临朐县以区域特色教师培养为切入点，带来了良好的辐射效应，出现了许多意想不到的“临朐现象”。

（一）“后生可畏”的“研究生态圈”现象

毕业刚刚两年的郝志坤老师还是一个腼腆的小姑娘，却成为临朐县的第一批特色教师，她的“三小”教学法在临朐也是小有名气，她也被誉为“小名师”。是不是郝老师有什么特别的基础，有什么过人的本领？用郝老师的话来说，她是因为“三小”学生才有了今天的成绩。在她刚刚参加工作不久，课堂上屡屡和学生发生冲突，后来学生告诉她：“老师，我们以前的老师在那里转悠就行了，课都是我们自己上的！”

什么?！教师上课光“转悠转悠”就行了?！郝老师不敢相信五年级的小学生会这样理直气壮地“指导”他们的老师怎样教学。

于是，郝老师在教学的第一年就被学生所引领开始参与龙岗镇吴兴小学已有的“三小”教学模式研究。“三小”教学是在小学教学过程中，学生在教师的引导下当小问号、小工兵、小先生，最终成为一个学习者、探索者和合作者的一种角色教学。比如在数学教学中，就是在整个数学教学过程中，学生在教师的引导下当小问号、小工兵、小先生，最终成为一个学习者、探索者和合作者的一种数学角色教学。

郝老师的课堂随之也发生了变化。

例题让学生自学：自学例题——交流——检查。

比如五年级上册第四单元《简易方程》第一课时《用字母表示数》，郝老师先让学生当小工兵自学课本第44页内容，并简单地写出自己的发现和不明白的问题。然后小组交流：小组内每个人说说自己的发现和不明白的问题。组内请小先生解决。解决不了的组长记录下来。教师检查自学情况，以组汇报为主。当小问号提出组内解决不了的问题时进行全班交流。教师适时点拨，帮助学生突破重难点。

然后是学生"模仿出题"，环节是：出题——做题——互查——纠正。

自学并讨论解决完疑、难点后，让学生当小先生模仿例题给同桌出题，也可以根据本节课内容在小组内轮流出题，大家共同解决，做完后互相检查或请一名同学解答，其他人对照答案，改正错误，不会的请小先生帮忙讲解改正。

"巩固练习"也是学生自己的，环节是：练习——交流——检查——纠正。

这一环节，学生当小工兵做课本中的练习题或教师出的拓展练习，帮助学生掌握本节要点。学生出题并做完后，小组内交流做题时的发现和疑问，两个人互相检查或组长检查。学生板演，全班交流，请小先生评判，教师适当补充。改正错误，不会的可以再请小先生帮忙，组长给做错题的同学出相同类型的题目检查掌握情况。

学生自主的"达标测试"同样精彩，环节是：做题——批阅——纠正——汇报。

这一环节主要检查学生对本节课所学知识的掌握情况。达标测试卡是小先生们选择的，教师审查后分发给学生，学生独立完成。做完后小组内交换批阅或组长批阅，错误的及时改正，不会的请小先生帮忙。小组汇报结果。对易错疑难问题进行讲解。

在这样的课堂里,真正达到了教师轻松、学生聪明,学生习惯了当课堂上的“小问号、小工兵、小先生”,而且,每一个人都在轮换着“小问号、小工兵、小先生”的角色;不习惯在课堂上听教师讲。

在这样的环境里,郝志坤老师自然多了几分对教学的思考,大学里所接受的主体性、人本主义等教育学理论,她也曾经感觉讳莫如深,甚至将信将疑,如何去实践原本就是心生忐忑的事情,其中的奥妙却被学生一语道破。当然,郝老师并没有随便地“转悠转悠”就上完一节课,而是科学地把课堂还给了学生,让学生解决他们自己愿意解决、能够解决的事情,而老师则有了充足的时间思考如何给予学生进一步的引领,如何更好地“因学定教”“因材施教”。

无意间,郝志坤觅到了“不言之教”“不为而成”的境界。

当然,年轻的郝老师是有作为的,作为就在于迅速发现并积极实践着有效的教学方法。良好的教育研究生态让原本好学的郝老师不到一年时间就走出了“入职初期”时的迷茫与困惑,迅速成长起来。

在临朐县,年轻教师的成长也是有个性的,成长的轨迹是不同的,但相同的是他们都处在一个具有教学研究氛围的生态环境圈里。

(二)“周而不比”的“学习共同体”现象

石金彦是临朐县沂山镇蒋峪初中的语文教师,她的“语文主题集结”教学模式,是按某类语文“主题”集结教学内容而开展语文教学活动,使学生形成知识系统,提高语文素养的一种教学模式。特点是主题集结、分工共学;块状推进、知识成树。基本课型包括:集结式预习课、集结式讲析课、集结式诵读课、集结式积累课。

石老师的课不受课时约束,大致分四个阶段:

一是集结式预习(2课时)。

集结式预习主要是整体感知和识记字词。

二是集结式讲析(2课时)。

学生自主批注。教师根据单元(或集结内容)学习重点,确定所要集结的学习“主题”,让学生根据确定的“主题”内容,读课文,用批注符号在文中圈、点、勾、画,学生通过批注知道课文内容、写法、主题等。同时,对自己不明白的问题打上问号。

交流展示。采取合作、互助学习的方式,让学生进行同桌交流或小组交流或班内交流,展示自己独立学习的收获。交流展示可采用抽签式,以调动学生的参与积极性。

精讲点拨。对学生不能解决的问题、重点问题等进行精讲。对学生理解不透、心存迷惑的问题予以点拨。

拓展训练。根据学习内容和学生的学习情况,有针对性地进行知识迁移训练、专项集结(用词、修辞、写法、主题等)训练等,做到知识内化、能力提高,学以致用。

在集结讲析的过程中,构建知识系统,在黑板(或多媒体)上形成知识树。

三是集结式诵读(1课时)。

先是指导,从音准、流畅连贯、抑扬顿挫、轻重读音、感情色彩等方面,对学生进行朗读指导;然后是选读,学生选读朗诵材料,以课本内容为主,或教师指定的文章,或学生自选;再就是展示,朗读展示的方式不拘一格,如小组展示、小组“PK”、个人“PK”等。

四是集结式积累(2课时)。

积累的内容主要是积累语言和积累材料,语言、材料的积累以背诵、摘抄为主。

石老师的集结式语文教学打破了时空界限,整体上统整、建构提升学生语文素养的系列化课堂,得到了教师们的一致认可,大家纷纷借鉴,很多教师自发地来到石老师的语文课上学习研究,并且结合自己的教学进行迁移改造,逐渐形成了自己的教学思路,通过研讨石金彦老师的“语文主题集结”教学,打开了一扇语文教学研究的大门,临朐县中小学语文教师对课堂教学的思考与借鉴越来越深刻和多元:“单元教学”“主题学习”“海量阅读”等教学思想在这里得到了软着陆;“侯忠彦小学语文品诵教学”“白兴玲初中语文批注教学”“王萍语文辐射阅读教学”以及大面积推进的“语文主问题教学”等,而且石老师也借鉴了白兴玲老师的批注阅读教学,多种交流,学术共享,将全县语文教学推向了一个具有生命力的多元化发展空间。

学科间的合作更令人惊喜,语文教学改革启迪了其他学科教师的教学改革思路,马兴山老师的“初中历史模块教学”、吕学良老师的“初中物理捆绑式教学”、胡翠美老师的“数学整体化规律教学”等应运而生。

学术是需要独立的,只有独立才有自由,只有自由才能够产生真正的学术。然而,独立和孤立不同,独立和同舟共济不矛盾。这就是“周而不比”存在关系,在这样的关系里,才能够自由地展示自我,自由地批判与借鉴,达到学术共赢的目的。

在临朐县教研室搭建的“特色教学研究”平台上,就实现了这样的相互依存、对立统一的协作。石老师的“语文主题集结”教学也遭到了许多同伴的质疑,他们认为语文的本质不在于单位时间里的量,而在于学生能否借助单位时间里习得的方法培养自我阅读的能力、兴趣和习惯,但是也同样借鉴了石老师整体性的教学理念,从而使得逐篇课文教学的课堂增加了整体感知和文化品位。

不同学科、不同学段,甚至不同观点的教师在一起研讨、切磋,这样的学习共同体让每一个人在每一天都在慢慢逼近自己的思想制高点。

(三)“送课进城”的“农村包围城市”现象

“送课下乡”“支教农村”曾经是我们在均衡发展和教育服务中的一般选择,在临朐,农村教师豪情万丈地喊出了“送课进城”的口号!

临朐县城关街道北苑小学于化红老师创立了小学英语简笔画教学,她永远忘不了第一次“送课进城”的感受。

12 月 1 日~2 日,在县教研室的统一安排下,我们四位来自乡镇甚至山区的农村学校教师竟然要进城为县直学校师生“送课”(一般都是县直学校教师给农村学校“送课”)。说实话,在备课阶段,我并不像面对自己的学生那么自信,到底别的学校的学生熟悉不熟悉简笔画,到底他们能不能看懂并作出反应呢?我的心里七上八下,吃不好,睡不好,心里总放不下这件事,尽管这些画我已画了上百遍,不管是从速度,还是形象性出发,我都做了最大限度的准备,可总觉得心里没底。当时那种焦虑真是无法用语言形容,11月30日那天晚上我几乎一夜没合眼,整节课的设计像过电影一样在脑海里闪现,唯恐有哪一点想不到而影响到学生听课。第二天我们来到一小,我在黑板上画出了一只大袋鼠,还没等我的问题出来,学生便大喊“Kangaroo”。学生的反应让我一下子找到了感觉,事实证明我的顾虑是多余的,学生完全能明白简笔画表达的含义。最让我感动的是2日下午去冶北小学上课的情景,我认为这节课是两天来最成功的一节,孩子们不仅听讲认真,而且课堂参与性非常强,在“Guessing game”这个环节,有的学生竟爬上桌子回答问题,自始至终的课堂气氛“一浪高过一浪”,不让谁回答都不行,他们争先恐后地要求上台表演,不知不觉一节课就结束了,当我和孩子说再见时,他们竟大呼“No, no”,台下的教师们笑了,我也笑了。下了课竟有一大群孩子围着我要我“签名”,我简直就成了明星,这是我送课两天来最令我感动的一刻,我只不过是用我最基本的教法给他们上了一节最普通的课,就得到了这群孩子这么多的爱。我感受到:只有走进孩子心灵世界的教育,才能引发孩子心灵深处的共鸣。

“送课进城”不仅让于化红老师成了城里孩子眼中的明星,很多教师在听了于化红老师的“小学英语简笔画情景”教学示范课以后,也纷纷学习,引发了“英语教学热”。其他学科教师听课后表示希望成为一名英语教师,因为他们感觉这样的英语课太有意思了,也太有意义了。有的语文、数学教师甚至找到校长希望调课,当然,课不是可以随便调的,于是,更多的教师选择在自己的学科课堂上引入“简笔画”教学,收到了很好的效果。

“送课进城”虽然只是一种教学研究方式,但是,无论对送课者的农村教师,还是学习者的城里教师来说,这一活动引发了足够的震撼。其历史意义是深远的,有着颠覆性的教育价值,让我们看到了教育均衡发展实现的光明路径。

六、书,岂非是一种痛

在以色列,每年人均读书在60册以上;在冰岛,每10人中就有一个人写过书;在教育史上,即便是“述而不作”的孔子也留下了编定的教材、治世箴言。教师从来不可能远离读写,读写是每一位老师的职业行为方式,然而,受制于工作需要的读写只是一个工作流程却不是一个生命历程,生命成长诉求下的读写却能够以一种积极的情绪嵌入整个人生历程。二者的区别在于被动还是主动,在于外因驱使还是内在需要,教师的读写人生其目的在于一个更好的人生,对于自己,对于学生。

在各种关于教师成长的研究中,读书被认为是不可或缺的一部分。的确,在我的成长过程中,书籍也起到了重要的作用,没有大量的阅读,我根本不可能在理论上有所收获,也不可能超越自己的实践来收获自己的理论思维。

构建书香校园,激发学生的读书欲,也需要教师来读书。我们常常见到的情景是,在学校里师生共读一本书,以此来维护学生的读书热情,让学生能够在教师那里获得读书的价值。

然而,对于读书原本不多的教师来说,心头的痛可是多少的无奈。

我经历了一个没有书的童年,父母都没有上过学,记忆中,家里甚至好多年都没有过一张带有字的纸。在沂蒙山区的小山村里,我的小学课本都是两三个学生一本的,从小学到初中,我们的学校就没有过图书室,贫穷让我们远离了书籍。甚至到了初中三年级,为了买一本作文选,我省吃俭用了一个多月,去买的时候,又没有了,于是,买了一本《青年作家》带了回来,那是我的真正意义上的第一本书,也是我读得最多的一本书,书里的几篇文章我到现在还能够背得下来。

后来，随着考入更高一级的学校，书多了起来，我也疯狂地爱上了读书，但是，在学业、工作、生活的三维立体交叉中，我始终没有找到与书的合理节点，在我二十岁以前，可以说是没有书的。

随着自己对教育的认识不断深入，特别是开始了我的教育科研之后，我才真正走进了书籍，开始享受我的阅读生活。

对于很多三十多岁的教师来说，他们的经历和我是相仿的，而且，由于缺乏引领，书始终在教师的生活中若即若离。而年龄更大些的教师，其读书经历或许有着更多的曲折与无奈。

此时，让教师来补读书这一课，是许多教师多么向往的事情。

可是，书到用时方来补，也是很多教师无奈而为之的。

所以，在教师读书少的问题上，还是少一点批评，多一点引领的好。

由此，在对教师读书的认识上，显然不能够期望每一个教师都能够自然达到博览群书、学富五车，所能期望的只能是怎样让教师从现在开始迷恋读书，能够读书。

其实，最终是让教师能够静下心来，能够自己将读书重新纳入自己的生活中来，让读书成为自己生活的一部分。

教师应该怎样读书呢？

古今中外谈读书的方法有很多，对于教师来说，读书显然应当寻求三重意义：一是自我的需要，是由着兴趣使然的；二是发展的需要，是由着认识使然的；三是方法的需要，是由着应用使然的。

对于任由兴趣读书来说，这也是无可厚非的。况且，兴趣是最好的老师，一旦有了兴趣，读书就会进入一种受个人情绪所控制的自由自觉的情境，教师就能够在书籍里获得情感的宣泄，得到生命中所希望的需要的满足。兴趣所致的书一般来说是文艺类的，也可能是通俗类的学术读物。一般不会与自己的工作有过多的联系，而是与个人的情感需要相联系。但是，正是在读这些书的过程中，才能够慢慢地积淀自己的文化素养，才能够于不知不觉中获得发展。而且，有时候这种兴趣所致的书并非只是一种消遣，《莎士比亚全集》《战争与和平》《红楼梦》《名人传记》等书，以及鲁迅、梁启超、陈寅恪、熊十力、徐志摩等人的著作，大多会是日常读书中由个人喜好而选择的，但其思想性、艺术性之深，将会对教师的道德修养、文学素养、文化水平的提升均有非常大的促进意义。兴趣所致同样有价值。

大多数教师的读书还是在认识基础上的主动选择，因为工作、生活等的事务占去了很多的时间，教师在读书的时候如果没有选择，漫无边际，一方面会造成时间的浪费，另一方面也容易在宽泛中丧失了目标。所以，根据自己对于书的认识，有选择地读书是教师所应有和必然的一种状态，这种状态下的读书，会根据自己的工作、成长需要，更多地选择与自己的业务有关的书籍，而且会逐渐地试着从书中找寻自己需要的知识。此时，读书是否有用成了教师的第一想法，其次才是书是否有趣味，是否可读的问题。所以，应用性的读书是对教师的业务发展最有促进作用的读书层次。

方法需要呢？古今中外谈读书法与读书之用者甚众，在此摘取梁启超先生关于抄书之用的部分来做一借鉴，这就是钞录或笔记。梁启超说："我们读一部名著，看见他征引那么繁博，分析那么细密，你所看见者是他发表出来的成果，不知他这成果原是从铢积寸累困知勉行得来。大抵凡一个大学者平日用功总是有无数小册子或单纸片，读书看见一段资料觉其有用者即刻钞下（短的钞全文，长的摘要记书名卷数页数）。资料渐渐积得丰富，再用眼光来整理分析他，便成为一篇名著。……发明的最初动机在注意，钞书便是促醒注意及继续保存注意的最好方法。当读一书时，忽然感觉这一段资料可注意，把他钞下，这件资料自然有一微微的印象印入脑中，和滑眼看过不同。经过这一番后，过些时碰着第二个资料和这个有关系的，又把他钞下。那注意便加浓一度。经过几次之后，每翻一书，遇有这项资料，便活跳在纸上，不必劳神费力去找了。这是我多年经验得来的实况。诸君试拿一年工夫去试试，当知我不说谎。这就是为用而采取的读书法。"事实上，对教师来说，这一方法有更多的启迪，因为我们面对有所研究、有所思考的问题，才会引起我们的关注，也才能够产生深入研究的兴趣。读书与研究，此法异曲同工。

那么，回到教师读书一课的弥补上，教师读书应当是更多地从兴趣出发，还是应当提高认识，有选择地读书呢？

我想，还是以兴趣为主，以认识约束，以方法跟进的结合最为有效。应当怎样做呢？

兴趣为主，就是要多读书，快速读书，对于文学名著、历史传奇、人物传记，包括哲学社科等领域内可读性强的书，教师在读书时要快速阅读，以积累为主，综合提升自己的文化水平，增加自己的文化厚度。

认识约束，就是把有用有效的书读懂、读透，甚至带着一种极其崇拜的情感来读，有些书还可以背诵下来。这就是精读、深读，最后达到与自己的认知和情感水平融会贯通，让书中所写建构成为自己素质的一部分。特别是教育理论类的书，不需要每一本都看，只要把握住其中的经典，一页书可能会读十几遍，一本书也可能会读几年，这时候，才能够使读书变成自我的提升过程。因为，总有几本书要成为自己的，这个时候，才能够“不尽信书”，才能够在“崇拜”后自然而然地批判与建构。

方法跟进，就是读书之时可以采用的多种读书方法的结合，读与思结合、读与抄结合、读与写结合、读与批结合等，将读书的过程与读书之用结合起来。

大量涉猎意在文化积累，精读品评意在思想生成；崇拜敬仰之读能够吸取思想，批判反思之读能够生成思想；为生命而读意在价值，为使用而读意在提高。又能说何种读书方式更重要些呢？

读写人生，这是教师的应有之义。

将“教师学记”最终归属于“读写人生”，意在教师理论知识与实践知识的双重积累。

寻求理论的方向性，因为，“理论”是一组被推论和被修正的法则，具有学术界特定的逻辑体系和陈述话语，对事物具有普遍的解释意义，可以用来确立事物之间的关系，还能用来预测未来。①

阅读中的研究能够获得理论思维。

收获实践性知识，因为，“实践”取行动研究中的概念，即一种在理论与实

① 陈向明：《理论在教师专业发展中的作用》，载《北京大学教育评论》，2008(1)。

际操作之间来回修正二者的辨证张力，渗透了教师的教育信念，表现为教师对学生实施教育教学的方式。①

书写中的研究能够获得实践性知识。

“学”与“记”，理论与实际，思考与实践，顶天与立地，如孔子之言传与身教：“夫子循循然，善诱人，博我以文，约我以礼，欲罢不能；既竭吾才，如有所立，卓尔，虽欲从之末由也已。”（《论语·子罕》）也如雅各布斯的判断：“不，文化是经由言传及身教而存活下去的。”如此，教师可期。

① 陈向明：《实践性知识：教师专业发展的知识基础》，载《北京大学教育评论》，2003(1)。

余论

唯有理论思维

康德说:“研究工作的指导原则……要预先仔细审察理性打算采取的所有步骤,只准它在深思熟虑的思想轨道上一步步前进,不得旁生枝节。”“一言以蔽之,唯有科学,即经过批判性的研究和系统性指导的学问,才是通向真正的实践智慧学的那扇窄门,假如我们所说的实践智慧学,不但是指一个人应当作什么,而且是指教师应当采用什么指南,去指导修造人人要走的智慧之路,把它造得结结实实,明明朗朗,防止其他人误入歧途。哲学必须永远继续成为这种学问的监护者,而且,虽然公众对于哲学的玄思没有任何兴趣,但是,对于这样一种考察所首次阐明的那些实际智慧,他们一定会有兴趣。”①在康德看来,理论可以称作是“我们头上的灿烂星空”,而通向真正的实践智慧的则是“那扇窄门”,实践智慧并不比理论的星空更容易探访。

教师的核心素养里究竟是教学理论重要还是教学技能重要? 其实,很久以来困扰中小学教师发展、困扰教学品质提升的这一话题并不需要唯一的答案。教学理论和教学实践、教学技能都是支撑教学的重要因素,只是教学实践、教学技能离我们更近一些,效果更快一些,而教学理论显然遥远一些,对教学改变带来的效果可能更慢一些,然而,他们却都是不可或缺的。理论与实践的断裂曾让我们那样地困惑而又那样地放声疾呼。其实,我们大可不必在意

---

① 康德:《我们头上的灿烂星空——〈实践理性批判〉结论》,刘克苏译,郑林选编:《智慧花园》,213~214页,北京:文化艺术出版社,2001。

教师的理论究竟到了哪个层次？教学实践就存在教师教学的每一天中，那么教学技能又在何处？我们要做的可能就是，在理论中顾盼实践，在实践中顾盼理论，教师是实践者，在走向研究者的过程中，显然不能只顾解决自己教学中“有用”的“小问题”，亦要关注理论的星空，思想的苍穹，让教学理论和实践技能同样地丰盈起来。有位教师说，如果说教学的过程是一个充满变化的过程，那么就必须在这种变化中赋予教学一种恒常的目标，至少在一定的时期内是恒常的。那些只限于课本讲授、注重考试的教师对学生的影响显然是即时的、短暂的，他只是改变了学生的生活；而另一种教师，具有一种更为宽广的胸怀，他们能开拓更为深刻的心灵，他们对学生是一种“入境无语”的影响。我们的教育一直在提倡一种“人”的教育，然而我们怎样进行“人”的教育？这显然不是技术所能解决的，技术所解决的永远是表面的东西。但是，这必然会在学生每一天的学习中得到解决，学习就是要进入学生的心灵，让学生用心领悟，领悟学科知识以外经典的人生。

关于教学的理论与技能，要回答的问题其实不是谁更重要，而是对教学来说，教学理论和教学技能我们更缺少什么？是的，我们更缺少理论，深一层次说，我们欠缺的是将现有教学理论转化为为我所用的教学理论的理论思维。

教学改革只有到实践中才能够显现其价值，也只有在教学实践中才能够检验教师的理论“成色”。在我们接受一种教学思想或者方式的时候，不只是在实践中去复制它，而是要在理论思维上内化它。中小学教师由于工作的繁忙，对理性问题思考得不够，而在各种教师职责和现实功利的约束下，排斥理论，热衷教学操作技巧的现象极为常见。或许当前专家、教师口径一致地认可“具体实用”而使得“理论思维”远离了学校、远离了课堂。而事实上，当教师只拥有教学技术的时候，技术的实用价值已经“缩水”了。的确，对从事教学实践的教师来说，从现时效用的角度看，读教育学术著作或从事学术研究活动，不如拿来就用别人现成的东西来得方便。而教学理论并不仅仅是抽象的理性，在更深层意义上，理论的“实用价值”并不比“技术”低。正因为学术理论的深奥及研究活动的长期探索，教学理论才充满着无穷的智慧，散发着不尽的魅力。学术理论有助于提升教师的思想观念、思维模式、理论和实践水平，能使教师登高远望，高屋建瓴，时刻反思自己的教育实践，激发思维活力和对教育问题的批判。

理论为教师的教学提供了力量源泉和精神支柱。无视教学理论的价值是一种对创新开拓、对刻苦钻研、对修炼自我素养懈怠的急功近利行为和粗浅浮躁心态，由此使得教师的理论缺失。缺乏理论支持的教学永远也难以实现对学生整体发展的关注。

看来，理论已有，要处理好的是教师和理论的关系问题，也就是教师的理论思维的问题。

教师的理论思维其实就是教师以理论辨析为基点的哲学思维，哲学思维试图解决的都是教学最深层次、最基本的问题。对广大基层教师而言，也许哲学的思维太玄妙、太晦涩而又太辛苦，拥有教育哲学思维方式不如观摩样板课那样快捷、有效，没有阅读教育叙事那样令人投入和着魔，既然立竿不能见影，画饼不能充饥，自然就放弃了教育哲学。许多人认为教育哲学与哲学思维方式不过是让教师的思想行为自圆其说，平息那一肚子鼓荡难平的心气。其实，教育哲学关注下的理论思维就是一种教育智慧，素质教育、新课改本身就是一种教育哲学和教学理论思维的化身。

恩格斯说："一个民族想要站在科学的最高峰，就一刻也不能没有理论思维。"①那么，教学呢？

长期以来，教育、教学研究有两种倾向：学院派高高在上，脱离教育、教学实际，从理论到理论；而第一线的教育、教学工作者，有实践经验，但是缺乏理论思考的深度和广度。还有一种情况是，优秀教师摸索出行之有效的教育、教学经验，再由学院派的理论工作者帮助归纳、整理，寻找理论依据。这都不是教学的理论思维生成的需要和根本。王策三先生对李吉林老师的教学与研究有过精辟的论述："长期以来，教学实践、教学理论研究和教育实验之间界限分明，不可逾越，李吉林通过多年奋斗，把三者融于一体，具体体现了现代教师的

---

① 恩格斯：《自然辩证法》、《马列著作选读（哲学卷）》，159～160页，北京：人民出版社，1988。

新追求和新特色，集教育实践改革、教学理论家、教育实践专家于一身。”李吉林本人更是明确地说明了这一点：“我有个特点，学什么都想和我的教学联系起来，和儿童联系起来，联系了以后我就会有一些自己的想法，有想法我就会去做。多少年来我一直是这样。”笔者认为，李吉林的成功有赖于此种慧心——实践与理论相结合的智慧之心；李吉林的情境教学理论，既有坚实的实践基础，又有深厚的理论基础。“在探索过程中，我始终以儿童的个性全面发展为目标，依据马克思关于人的活动与环境有机统一的哲学原理，借鉴心理学，构建了暗示诱导、情感驱动、角色转换以及心理场整合等情境地教育的基本原理，并构建情境地教育基本模式。”李庆明评价李吉林的研究“是一种试验，不断自我否定，自我超越，不断反思，精益求精，不厌其烦……李吉林的研究从来不拒绝理论，和那么多大师、学者的交往在教育界是不多的……她还学习很多理论，她在试验过程中觉得需要理论来支持；而不是生搬硬套，将那么多理论和谐地融入情境教育中……”①显然，教育的理论思维离我们并不遥远，在许多时候和地方，理论思维方式已悄然渗透到我们的教育思维世界，改造着我们的教学理论、教育实践、教育生活，尤其是杜绝了一些顽固、定式了的观点理论对我们思维的垄断，以批判与生成的视野观照着我们的思想与实践，竭力让我们保持着清醒的脑、明白的心。

教育，你的高度在哪里？你的深度又如何？这是谁来思考的问题？教师的理论思维与实践性知识是一致的。“教育信念、自我知识、人际知识、情境知识、策略知识、批判反思知识”在思考与实践中成为教师的理论思维载体。

看来，我们的成长从来就没有缺少理论，但我们的教育实践，我们的专业却如此需要理论思维。

① 王铁军：《名校长名教师集体性个案研究》，239~241页，南京：江苏人民出版社，2005。